权威·前沿·原创

皮书系列为
“十二五”“十三五”国家重点图书出版规划项目

北京市哲学社会科学研究基地智库报告系列丛书

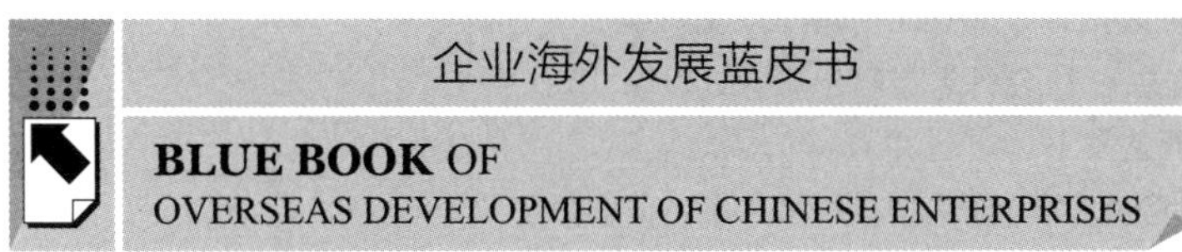

中国企业海外发展报告（2019）

ANNUAL REPORT OF OVERSEAS DEVELOPMENT OF CHINESE ENTERPRISES (2019)

主　编／张新民　蓝庆新　王分棉

社会科学文献出版社
SOCIAL SCIENCES ACADEMIC PRESS (CHINA)

图书在版编目（CIP）数据

中国企业海外发展报告．2019／张新民，蓝庆新，王分棉主编．-- 北京：社会科学文献出版社，2019.12
（企业海外发展蓝皮书）
ISBN 978－7－5201－5873－2

Ⅰ．①中…　Ⅱ．①张…　②蓝…　③王…　Ⅲ．①海外企业－企业发展－研究报告－中国－2019　Ⅳ．①F279.247

中国版本图书馆 CIP 数据核字（2019）第 281345 号

企业海外发展蓝皮书
中国企业海外发展报告（2019）

主　　编／张新民　蓝庆新　王分棉

出 版 人／谢寿光
组稿编辑／恽　薇　孔庆梅
责任编辑／孔庆梅
文稿编辑／李吉环

出　　版／社会科学文献出版社·经济与管理分社（010）59367226
地址：北京市北三环中路甲 29 号院华龙大厦　邮编：100029
网址：www.ssap.com.cn
发　　行／市场营销中心（010）59367081　59367083
印　　装／天津千鹤文化传播有限公司

规　　格／开　本：787mm × 1092mm　1/16
印　张：21.5　字　数：318 千字
版　　次／2019 年 12 月第 1 版　2019 年 12 月第 1 次印刷
书　　号／ISBN 978－7－5201－5873－2
定　　价／128.00 元

本书如有印装质量问题，请与读者服务中心（010－59367028）联系

版权所有 翻印必究

为贯彻落实中共中央和北京市委关于繁荣发展哲学社会科学的指示精神，北京市社科规划办和北京市教委自2004年以来，依托首都高校、科研机构的优势学科和研究特色，建设了一批北京市哲学社会科学研究基地。研究基地在优化整合社科资源、资政育人、体制创新、服务首都改革发展等方面发挥了重要作用，为首都新型智库建设进行了积极探索，作出了突出贡献。

围绕新时期首都改革发展的重点、热点、难点问题，北京市社科联、北京市社科规划办、北京市教委与社会科学文献出版社联合推出“北京市哲学社会科学研究基地智库报告系列丛书”，旨在推动研究基地成果深度转化，打造首都新型智库拳头产品。

本书为北京社会科学基金研究基地重点项目“中国企业海外发展报告2019”的研究成果，项目编号：18JDGLA049；

教育部哲学社会科学发展报告项目“中国企业海外发展报告”的研究成果，项目编号：13JBGP002；

对外经济贸易大学北京企业国际化经营研究基地的研究成果。

《中国企业海外发展报告（2019）》
编　委　会

主　　编　张新民　蓝庆新　王分棉

编　　委　张新民　蓝庆新　王分棉　赵永超　彭一然
朱兆一　姜　峰　唐　琬　罗玉波　陈　廉
陈薇伶　杨立强　黄靖涵　窦　凯　汪春雨
毛志刚　张婉婷　霍星辰　李顺顺　蓝　月
高嘉岳

编辑部主任　赵永超

主要编撰者简介

张新民　对外经济贸易大学副校长，北京企业国际化经营研究基地主任，教授，博士生导师，享受国务院政府津贴专家，2014 年入选财政部“中国会计名家”培养工程。中国报表分析第一人，引领了中国财务报表分析领域的理论和方法创新，创造性地提出了“张氏财务分析框架”，完成了从使用西方方法分析中国财务报表到中国人自己创立框架分析中国企业财务报告的跨越，并将其广泛运用于课堂教学和企业管理实践，是中国 EMBA 教育界最具影响力的专家之一。主持或完成国家自然科学基金重大项目 1 项、面上项目 1 项；国家社科基金重点项目 2 项、一般项目 1 项，北京市社科特别委托项目等省部级项目 9 项；获得北京市第十二届哲学社会科学优秀成果奖一等奖等省部级奖励近 10 项；入选国家第三批精品视频公开课和国家精品课程；北京市教学名师等。

蓝庆新　对外经济贸易大学国际经济贸易学院院长助理，博士生导师，亚洲经济共同体研究院副院长，世界经济研究室主任，经济学博士，对外经济贸易大学优秀教师、优秀研究生导师、优秀共产党员。

王分棉　经济学博士，对外经济贸易大学国际商学院管理学系副主任，副教授，硕士生导师，中国影视产业研究中心副主任，北京企业国际化经营研究基地研究员，美国马里兰大学史密斯商学院访问学者。研究方向为战略管理和国际企业管理。

前　言

《中国企业海外发展报告（2019）》是对外经济贸易大学北京企业国际化经营研究基地组织相关的专家学者，对2018年中国企业海外发展的最新动态和趋势的分析与总结，是对中国企业海外发展战略与新的经营模式的探讨，同时也是精心组织、博采众长、集思广益而推出的最新年度研究成果。

当今中国企业海外经营的发展，正处在经济全球化和全球金融治理格局深入治理的国际大背景之下。一方面，经济全球化和世界经济复苏仍然乏力，国际金融危机引发的深层次矛盾尚未解决，这些加剧了全球市场竞争，使贸易保护主义在一些国家抬头，“逆全球化”浪潮给中国企业海外经营战略带来许多新的棘手问题；另一方面，随着新一轮科技和产业革命的兴起，国际分工体系加速演变，全球价值链深度重塑，赋予经济全球化新的内涵，这些又为我国企业在全球范围内配置资源、促进我国企业“走出去”、推进国际区域经济合作提供了难得的战略机遇。因此，在新的国际形势下，如何抓住机遇，趋利避害，占领国外新市场、新资源，更稳健和富有成效地实施中国企业海外发展战略，是实现国家经济结构调整和转型升级的关键所在。

本年度研究报告编写的思路是：首先对2018年中国企业海外发展及企业主要进出口排行榜发展状况进行总体评价；其次对2018年“一带一路”倡议对中国企业的影响进行专题研究；再次对2018年北京市企业国际化问题展开专题分析与探索；最后对2018年中国企业海外发展的4个典型案例开展了研究。本年度报告致力于跟踪中国企业在国家“一带一路”倡议下的最新发展轨迹，重点讨论其中的热点问题，此外，还重点剖析北京市企业国际化经营问题，具有强烈的针对性、前沿性和时效性。

本报告分为六篇。第一篇为总报告。内容包括2018年中国企业对外贸易总体分析与评价，2018年中国服务贸易企业总体分析与评价，2018年中国对外投资企业的总体分析与评价。第二篇为分报告。内容包括2018年中国企业出口100强排行榜及其评析，2018年中国民营企业出口50强排行榜及评价。第三篇为区域篇。其主要内容有：2018年中国企业对外劳务分省份排行榜及其评析，2018年中国企业对外承包工程分省份排行榜总体评价，2018年中国对外承包工程业务前50名排行榜及其评析。第四篇是“一带一路”专题篇。其主要内容有：“一带一路”背景下我国商业银行国际化机构布局区位选择，我国商业银行在中亚五国经营情况及发展前景探讨，推进“一带一路”绿色能源国际合作，“一带一路”构想与中国—巴基斯坦双边贸易发展。第五篇是北京市企业国际化专题篇。其主要内容有：北京市对外投资的现状和发展策略，北京市出口贸易现状及影响因素研究，提升北京企业出口贸易的措施研究，提升北京企业出口贸易的路径选择研究。第六篇是案例篇。其主要内容有：北汽集团国际化发展案例研究，海信集团国际化发展案例研究，三一重工国际化发展案例研究，宇通集团国际化发展案例研究。

本报告是北京社会科学基金研究基地重点项目“中国企业海外发展报告2019”（项目编号：18JDGLA049）和教育部哲学社会科学发展报告项目“中国企业海外发展报告”（项目编号：13JBGP002）的研究成果。整个研究报告由张新民、蓝庆新和王分棉任主编，他们负责全书的设计、组织与统撰工作。具体参与本研究报告撰稿的成员有（以章节为序）：张新民、王分棉（前言），姜峰（报告1），赵永超（报告2），陈廉（报告3），罗玉波（报告4），黄靖涵（报告5），陈薇伶（报告6），唐琬、蓝庆新、高嘉岳（报告7），唐琬、蓝庆新、彭一然（报告8），蓝庆新、李顺顺、彭一然（报告9），杨立强、胡冠琳、朱晓敏（报告10），蓝庆新、窦凯、朱兆一（报告11），蓝庆新、赵永超、彭一然、蓝月（报告12），蓝庆新、霍星辰、朱兆一（报告13），蓝庆新、朱兆一、蓝月（报告14），唐琬（报告15），张婉婷（报告16），汪春雨（报告17），毛志刚（报告18）。王分棉等同志对全书初稿进行了加工编辑。

本发展报告在研究和撰写过程中，一直得到教育部社科司、商务部综合司、商务部对外投资和经济合作司、国家海关总署统计司、北京市社科规划办、北京市教委、对外经济贸易大学科研处的指导与关怀，特别是郑铁声、刘迎军、王永贵、陈桂林、李明光、包益红、王强、仇鸿伟、鲁桐等同志。正是因为他们在本报告的各个关键问题上给予了大力支持与帮助，本报告才得以顺利完成。同时，北汽集团、海信集团、三一重工、宇通集团等单位对本报告热情支持，并为本报告提供了他们开展海外发展的案例。在此一并表示诚挚的感谢！

《中国企业海外发展报告（2019）》是北京企业国际化经营研究基地对我国企业海外发展的现状、变化趋势、政策取向等问题展开的比较系统的分析与评价，尽管参加本报告编写的专家、学者及实际工作者都对自己撰写的内容进行了潜心研究，但由于面临众多新的问题，加之时间紧、水平有限，本发展报告中难免存在不妥之处，敬请各位专家读者批评指正。

编委会

2019 年 8 月

摘　要

中国经济进入新常态以来，转型发展的压力使得中国企业将更多目光投向海外市场，对外投资总额呈明显上升趋势。在日益复杂的国际市场形势下，欧美国家经济缓慢复苏和新兴国家经济发展减速一方面加剧了全球市场竞争，贸易保护主义势头在一些国家继续上升，给中国企业在海外发展带来许多新的挑战；另一方面又对中国企业在全球范围内配置资源、“走出去”发展，以及推进国际区域经济合作提供了新的战略机遇。在这种挑战和机遇并存的背景下，我国企业如何抓住机遇，趋利避害，占领国外新市场、新资源，更稳健和富有成效地实施海外发展战略，日益成为实现国家经济结构调整和转型升级战略的重要问题之一，具有十分深远的现实意义。

鉴于此，本报告重点研究了 2018 年我国企业海外发展现状，并在此基础上对企业海外发展特点进行概括分析。并以“一带一路”及北京市企业“走出去”为两大特色专题进行重点阐述。全书的主要研究内容包括：第一，对 2018 年中国企业海外发展及企业主要进出口排行榜发展状况进行总体研究，通过分析研判提出其内在的发展特点；第二，对 2018 年“一带一路”倡议对中国企业加速发展的促进作用进行专题研究，发现“一带一路”倡议可以有效推动我国企业海外发展进程；第三，以北京市企业“走出去”为专题进行分析与探究，对北京市企业海外发展的现状、特征、应对措施进行了着重阐述；第四，对 2018 年海外发展取得一定成效的四个典型企业进行案例分析，以期通过对来自不同领域的企业海外发展经验、模式进行梳理，更加全面地说明我国企业海外发展的现状与特征。从总体上看，本报告对中国企业在海外的发展现状、变化趋势、政策取向等问题进行了比较系统的分析与评价。

关键词： 中国企业海外发展　进出口排行　“一带一路”倡议　企业“走出去”

目　录

Ⅰ　总报告

Ⅱ　分报告

Ⅲ　区域篇

Ⅳ “一带一路”专题篇

Ⅴ 北京市企业国际化专题篇

Ⅵ 案例篇

皮书数据库阅读**使用指南**

总 报 告

General Report

B.1 2018年中国企业海外发展评价与展望

姜 峰*

摘 要： 2018 年是世界经济格局大变革、大发展、大调整的一个重要转折点，世界各国加快融入经济全球化进程。中国积极把握新一轮产业变革和科技革命的机遇，提高产品技术附加值，完善出口质量标准，加快中国国际贸易特征转变，从大进大出转变为优进优出、优质优价，连续十年为全球最大的货物出口国和第二大货物进口国，并构建了全球化的国际营销网络，新兴市场国家和发展中国家成为中国进出口贸易的主要目的地，贸易规模呈现高速扩张的态势。同时，在投资保护主义日渐升温的条件下，中国积极推动与发展中国家自贸协定的签署，减轻中国对外投资难度，

* 姜峰，北京大学博士后，主要研究方向为世界经济。

降低企业“走出去”的门槛，并提高向非洲、东南亚、东欧的投资比重。为更好地应对全球不确定性提高的现状，中国应重视加强与“一带一路”沿线国家的双边、多边、区域合作，积极参与国际投资规则制定，多层次、全方位地保护中国对外投资企业的利益，同时，进一步加快相关法律法规的制定与完善，强化对中国企业海外竞争与经营的指导与规范。

关键词： 对外贸易　国际投资　中国企业

一　2018年中国企业对外贸易总体分析与评价

2018 年是世界经济格局大变革、大发展、大调整的一个重要转折点，欧元区政局动荡、全球贸易局势趋紧以及英国脱欧等重大事件，从制度、科技等各个层面，使世界各国完全浸入经济全球化进程。美国借助正常化的货币政策、多样化的保护主义、严格的规则等组合，吸引全球资本，以国际贸易投资新规则为前提巩固发达经济体的“战线联盟”，导致发展中国家遭遇边缘化、资本外流的双重困境。新兴市场与发展中国家呈显著分化态势，除越南、印度等少数国家，其他主要亚洲、中欧的新兴经济体都出现了不同程度的经济增长速度下滑，而加勒比和拉美地区多个国家出现经济动荡，委内瑞拉和阿根廷 GDP 负增长，俄罗斯和中东、北非地区经济则适度回升。由此，2018 年世界经济表现出规则调整提速、分化显著、动能弱化、下行风险上升的特点。

面对外部经济环境深刻变化及不利因素增多的现状，中国应积极推进创新发展，紧握新一轮产业变革和科技革命的机遇，提高产品技术附加值，完善出口质量标准，运用智能制造、大数据、物联网等先进技术提高生产效率和国际竞争力，加快中国国际贸易特征转变，从大进大出转变为优进优出、优质优价，构建全球化的国际营销网络，积极落实、践行WTO《贸易便利化协定》，逐步实行对外贸易“单一窗口”，减弱外贸制度对产品生产的阻碍作用，同时，加强与伙伴国的国际合作，降低贸易拓展难度，增加“一带一路”双边自贸协定签署，扩大中国贸易的“朋友圈”，优化全球消费市场。

（一）2018年中国对外贸易企业总体情况分析

2018 年，中国货物的进出口贸易年增长率为 12.6%，贸易额超过 4.6 万亿美元。其中，货物出口额同比增长 9.9%，达到 24874.01 亿美元，占全球货物出口贸易总额的 12.77%；货物进口额同比增长 15.8%，达到 21356.37 亿美元。继 2017 年以后，中国依然是全球第二大货物进口国和第一大货物出口国，这是中国第十年居于此排名；贸易顺差额为 3517.63 亿美元，比 2017 年减少了 707.76 亿美元，具体如表 1 和图 1 所示。

表 1　2009～2018 年中国货物进出口贸易的总体情况

单位：亿美元，%

年份	进出口情况		出口情况		进口情况		差额
	总额	增速	总额	增速	总额	增速	
2009	22075.35	-13.9	12016.12	-16.0	10059.23	-11.2	1956.89
2010	29740.01	34.7	15777.54	31.3	13962.47	38.8	1815.07
2011	36418.64	22.5	18983.81	20.3	17434.84	24.9	1548.97
2012	38671.19	6.2	20487.14	7.9	18184.05	4.3	2303.09
2013	41589.93	7.5	22090.04	7.8	19499.89	7.2	2590.15
2014	43015.27	3.4	23422.93	6.0	19592.35	0.4	3824.58
2015	39530.33	-8.0	22734.68	-2.9	16795.64	-14.1	5939.04
2016	36855.57	-6.8	20981.54	-7.7	15874.19	-5.5	5107.34
2017	41045.04	11.4	22635.22	7.9	18409.82	15.9	4225.40
2018	46230.38	12.6	24874.01	9.9	21356.37	15.8	3517.63

1. 2018年中国对外贸易企业的贸易方式分析

2018 年，中国一般贸易进出口占中国对外贸易的份额为 56.9%，贸

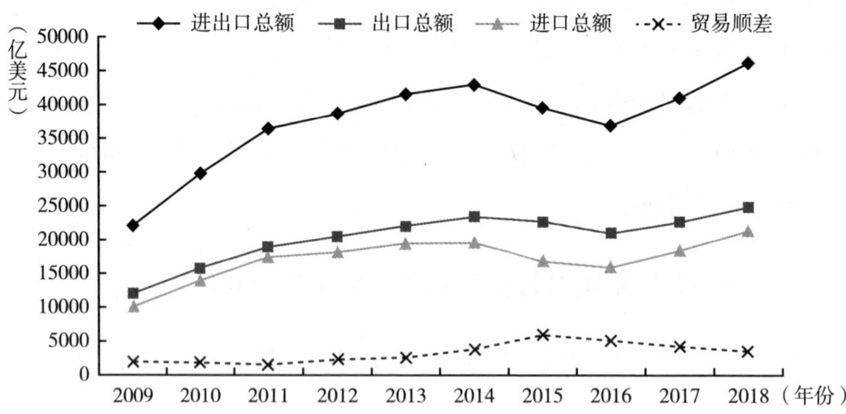

图 1　2009 ~ 2018 年中国货物贸易情况

资料来源：中国海关统计。

易额为 26749. 2 亿美元，比 2017 年上升了 15. 6%。其中，出口较 2017 年高出 13. 9%，贸易额为 14009. 9 亿美元；进口同比增长 17. 7%，贸易额达 12739. 3 亿美元。一般贸易下的贸易顺差额为 1270. 6 亿美元，详见表 2。

2018 年，加工贸易占中国对外贸易的比重为 27. 4%，较 2017 年降低了 1. 6 个百分点，贸易额达 12675. 5 亿美元，年增长率为 6. 5%。其中，出口同比增长 5. 1%，贸易额为 7971. 7 亿美元；进口同比增长 9. 1%，贸易额为 4703. 8 亿美元。2018 年，中国加工贸易顺差额超过 3000 亿美元，同比降低 16. 8%，详见表 2。

2018 年，其他贸易占中国对外贸易的比重为 14. 7%，贸易额为 6805. 7 亿美元，较 2017 年增长 13. 1%。其中，出口同比增长 5. 3%，贸易额达 2892. 4 亿美元；进口同比增长 19. 7%，贸易额为 3913. 3 亿美元。因此，中国其他贸易项下逆差突破 1000 亿美元大关，同比增长率达到 94. 8%，详见表 2。

2018 年，中国进出口保持了较快的增长，商品结构、贸易类型持续优化，效益和质量稳中向好。大量中国外贸企业为满足多样化的市场需求，研发核心技术，打造全球营销和售后服务网络，树立自主品牌，持续增强国际竞争力和创新能力，并且不断探索贸易新模式，外贸综合服务、市场采购贸易、跨境电商等新业态快速发展，“中国制造”正逐步向“中国智造”“中国服务”“中国品牌”升级。同时，中国借助“一带一路”倡议，不断出台外贸稳增长、调结构的政策措施，努力完善国际贸易市场布局，构建覆盖全球的国际销售体系、多层次的贸易合作平台、综合全面的产品结构转型基地，积极推动出口信用保险营销网络全球化，尽最大可能提高进出口企业参与全球竞争的积极性，为贸易强国建设添砖加瓦。

表 2　2009～2018 年中国对外贸易情况

单位：亿美元，%

年份	项目	出口		进口	
		金额	增长率	金额	增长率
2009	总　　额	12016.6	-16.0	10055.6	-11.2
	一般贸易	5298.3	-20.1	5338.7	-6.7
	加工贸易	5869.8	-13.1	3223.4	-14.8
	其他贸易	848.5	-7.9	1493.5	-18.0
2010	总　　额	15779.3	31.3	13948.3	38.7
	一般贸易	7207.3	36.0	7679.8	43.9
	加工贸易	7403.4	26.1	4174.3	29.5
	其他贸易	1168.6	37.7	2094.2	40.2
2011	总　　额	18986.2	20.3	17437.4	25.0
	一般贸易	9173.7	27.3	10077.1	31.2
	加工贸易	8352.2	12.8	4698.9	12.6
	其他贸易	1460.3	25.0	2661.4	27.1
2012	总　　额	20498.3	7.9	18178.5	4.3
	一般贸易	9880.1	7.7	10218.4	1.4
	加工贸易	8627.8	3.3	4811.7	2.4
	其他贸易	1990.4	36.3	3148.4	18.3
2013	总　　额	22100.2	7.9	19502.9	7.3
	一般贸易	10875.3	10.1	11097.2	8.5
	加工贸易	8608.2	-0.2	4969.9	3.3
	其他贸易	2616.7	31.5	3435.8	9.1

续表

年份	项目	出口		进口	
		金额	增长率	金额	增长率
2014	总　额	23427.5	6.1	19602.9	0.4
	一般贸易	12036.8	10.7	11095.1	0.0
	加工贸易	8843.6	2.7	5243.8	5.5
	其他贸易	2547.1	-2.7	3264.0	-5.0
2015	总　额	22765.7	-2.8	16819.5	-14.1
	一般贸易	12157.0	1.0	9231.9	-16.8
	加工贸易	7977.9	-9.8	4470.0	-14.8
	其他贸易	2630.8	3.3	3117.6	-4.5
2016	总　额	20981.5	-7.7	15874.2	-5.5
	一般贸易	11310.4	-6.9	8990.1	-2.5
	加工贸易	7156.0	-10.3	3966.9	-11.3
	其他贸易	2515.1	-4.4	2827.2	-9.3
2017	总　额	22635.2	7.9	18409.8	15.9
	一般贸易	12300.9	8.8	10827.6	20.4
	加工贸易	7588.3	6.0	4312.2	8.7
	其他贸易	2746.0	9.2	3270.0	15.7
2018	总　额	24874.0	9.9	21356.4	15.8
	一般贸易	14009.9	13.9	12739.3	17.7
	加工贸易	7971.7	5.1	4703.8	9.1
	其他贸易	2892.4	5.3	3913.3	19.7

资料来源：中国海关统计。

2. 2018年中国对外贸易企业的企业性质分析

2018 年，中国外资企业进出口贸易占中国对外贸易总额的比例较 2017 年下降了 2.2 个百分点，仅达到 42.6%，贸易额达 19680.6 亿美元，同比增长 7.0%。其中，进口额同比增长 8.1%，达 9320.5 亿美元；出口额同比增长 6.0%，达 10360.1 亿美元，是中国主要的进口经营主体，贸易规模超过其他两种经营主体（国有企业、其他企业）。

2018 年，中国国有企业进出口贸易占中国对外贸易总额的比重达 17.4%，贸易额为 8046.1 亿美元，同比增长 20.3%。其中，进口额同比增长 24.9%，为 5473.5 亿美元；出口额同比增长 11.1%，为 2572.6 亿美元。

2018 年，中国其他企业参与对外贸易的热情高涨，进出口贸易占中国对外贸易的份额超过 1/3，贸易额超过 1.8 万亿美元，同比增长 15.9%，与外资企业的差距显著缩小，并且其他企业贸易规模高出国有企业 1 倍多。其中，进口额同比增长 21.1%，达 6562.4 亿美元；出口额同比增长 13.2%，达 11941.3 亿美元（详见表 3）。由此可见，其他企业对中国进出口贸易发展的重要性越来越高，对中国对外贸易高质量转型具有举足轻重的作用。

表 3　2009 ~ 2018 年中国对外贸易的企业性质统计

单位：亿美元，%

年份	项目	出口		进口	
		金额	增长率	金额	增长率
2009	总　额	12016.6	-16.0	10055.6	-11.2
	国有企业	1909.9	-25.5	2884.7	-18.5
	外资企业	6722.3	-15.5	5452.1	-12.0
	其他企业	3384.4	-11.6	1718.8	7.9
2010	总　额	15779.3	31.3	13948.3	38.7
	国有企业	2343.6	22.7	3875.5	34.3
	外资企业	8623.1	28.3	7380.0	35.3
	其他企业	4812.7	42.2	2692.8	56.7
2011	总　额	18978.9	20.3	17432.4	25.0
	国有企业	2672.4	14.0	4939.5	27.5
	外资企业	9948.9	15.4	8643.4	17.1
	其他企业	6357.6	32.1	3849.4	43.0
2012	总　额	20489.4	7.9	18178.3	4.3
	国有企业	2562.8	-4.1	4954.3	0.3
	外资企业	10227.5	2.8	8712.5	0.8
	其他企业	7699.1	21.1	4511.5	17.2
2013	总　额	22100.2	7.9	19502.9	7.3
	国有企业	2489.9	-2.8	4989.9	0.6
	外资企业	10442.6	2.1	8748.2	0.4
	其他企业	9167.7	19.1	5764.8	27.8

续表

年份	项目	出口额		进口额	
		金额	增长率	金额	增长率
2014	总　额	23427.5	6.1	19602.9	0.4
	国有企业	2564.9	3.1	4910.5	-1.9
	外资企业	10747.3	3.0	9093.1	3.9
	其他企业	10115.2	10.4	5599.3	-2.9
2015	总　额	22749.5	-2.9	16819.5	-14.2
	国有企业	2423.9	-5.5	4078.4	-16.9
	外资企业	10047.3	-6.5	8298.9	-8.7
	其他企业	10278.3	1.6	4442.2	-20.7
2016	总　额	20981.5	-7.7	15874.2	-5.5
	国有企业	2156.1	-11.0	3608.2	-11.4
	外资企业	9169.5	-8.7	7704.7	-7.0
	其他企业	9655.9	-6.1	4561.3	2.7
2017	总　额	22635.2	7.9	18409.8	15.9
	国有企业	2312.3	7.3	4374.4	21.1
	外资企业	9775.6	6.6	8615.8	11.8
	其他企业	10547.3	9.2	5419.6	18.8
2018	总　额	24874.0	9.9	21356.4	15.8
	国有企业	2572.6	11.1	5473.5	24.9
	外资企业	10360.1	6.0	9320.5	8.1
	其他企业	11941.3	13.2	6562.4	21.1

资料来源：中国海关统计。

3. 2018年中国对外贸易企业的国别分析

2018 年，中国对发达国家的进出口贸易依然保持较高的增长势头，其中欧盟、美国、东盟是中国最大的贸易伙伴，进出口贸易额都突破了 5500 亿美元，远高于其他国家和地区。与此相对，中国外贸企业加大了对新兴市场的贸易推广力度，并取得了较好的成效，中国对大洋洲、拉丁美洲、非洲、俄罗斯、印度等国家和地区的对外贸易均保持较高水平。2018 年，世界经济逐步摆脱困境，呈现适度、稳健的增长趋势，然而增长动能有所弱化，主要经济体的国家政策、价格波动、增长态势出现明显的分化倾向，国际金融局势不确定性、不稳定性上升，新兴经济体资本流出加剧，美联储持续加息，霸权主义、单边主义、保护主义相继复苏。然而，中国经济进入高质量发展阶段，经济调控手段逐渐成熟，宏观把控能力日臻完善，新一轮对外开放（上海自贸区、结构性改革、外商投资新模式）以及“一带一路”建设的稳步推进，极大地挖掘了国外消费需求，巩固了经济平稳发展的进程。

2018 年，中国内地对欧盟进出口贸易总体维持在年增长 10.6% 的水平上，贸易规模超过 6800 亿美元。其中，进口增长率为 11.7%，规模为 2735.32 亿美元；出口增长率为 9.8%，规模达 4086.32 亿美元（见表 4）。

2018 年，美国依然是中国第一大出口伙伴国，中国内地对美国进出口规模仅略低于欧盟地区，贸易额高于 6000 亿美元，年增长率为 8.5%，其中，进口同比增长 0.7%，贸易规模超过 1500 亿美元；出口同比增长 11.3%，贸易规模远高于进口，达 4784.23 亿美元。

同年，中国内地对日本的进出口总额呈现高速增长的态势，年增长速度超过 8%，贸易额为 3276.63 亿美元。其中，进口额和出口额分别为 1805.80 亿美元和 1470.83 亿美元，分别比 2017 年增加 8.9% 和 7.2%。

鉴于“一带一路”建设的持续深化，新兴市场国家和发展中国家成为中国进出口贸易的主要目的地，贸易规模呈现高速扩张的态势。具体而言，2018 年中国内地对东盟的进出口贸易总额为 5878.72 亿美元，同比增长 14.1%，其中，进口和出口年增长率分别为 13.8% 和 14.2%，贸易额分别为 2686.28 亿美元和 3192.44 亿美元。与此相对，中国内地对印度的进出口贸易以 13.2% 的速度增长，贸易总额为 955.43 亿美元，其中，出口和进口的年增长速度分别为 12.7% 和 15.2%，贸易额分别达到 767.05 亿美元和 188.38 亿美元，具体如表 4 所示。

表4　2018年中国内地对外贸易主要国家（地区）分布情况

单位：亿美元

国家/地区	进出口贸易总额	出口额	进口额
总　值	46230.38	24874.01	21356.37
亚　洲	23810.96	11881.06	11929.90
日　本	3276.63	1470.83	1805.80
韩　国	3134.28	1087.89	2046.39
中国香港	3105.59	3020.68	84.91
中国台湾	2262.44	486.47	1775.97
东　盟	5878.72	3192.44	2686.28
新加坡	828.80	491.65	337.15
非　洲	2041.93	1049.11	992.82
欧　洲	8541.75	4747.36	3794.39
欧　盟	6821.64	4086.32	2735.32
英　国	804.38	565.59	238.79
德　国	1838.81	775.47	1063.34
法　国	628.98	306.78	322.20
意大利	542.35	331.72	210.63
荷　兰	851.80	728.50	123.30
俄罗斯	1070.57	479.75	590.82
拉丁美洲	3074.03	1487.91	1586.12
北美洲	6974.67	5137.57	1837.10
加拿大	635.42	351.60	283.82
美　国	6335.19	4784.23	1550.96
大洋洲	1783.10	570.99	1212.11
澳大利亚	1527.90	473.38	1054.51
印　度	955.43	767.05	188.38

注：东盟，包括文莱、印度尼西亚、马来西亚、菲律宾、新加坡、泰国、越南、老挝、缅甸、柬埔寨。欧盟，包括比利时、丹麦、英国、德国、法国、爱尔兰、意大利、卢森堡、荷兰、希腊、葡萄牙、西班牙、奥地利、芬兰、瑞典、塞浦路斯、匈牙利、马耳他、波兰、爱沙尼亚、拉脱维亚、立陶宛、斯洛文尼亚、捷克、斯洛伐克、罗马尼亚、保加利亚、克罗地亚。

资料来源：中国海关统计。

从中国进出口贸易区域布局来分析，中国内地与前十大贸易伙伴的贸易额占对外贸易总额的比重高达76.34%，比2017年的74.46%高出1.88个百分点。具体来看，2018年，中国内地前三大贸易伙伴依次是欧盟、美国、东盟，进出口贸易额分别为6821.64亿美元、6335.19亿美元、5878.72亿美元，在对外贸易总额中所占比重分别为 14. 76%、13. 70%、12. 72%，分别比 2017 年减少 0. 24 个百分点、减少 0. 5 个百分点以及增加 0. 22 个百分点。此外，日本、韩国、中国香港、中国台湾、德国、澳大利亚和巴西依次是中国内地第四至第十大贸易伙伴，进出口贸易占中国对外贸易总额的比重分别是 7. 09%、6. 78%、6. 72%、4. 89%、3. 98%、3. 30% 和 2. 40%，贸易规模分别为 3276. 63 亿美元、3134. 28 亿美元、3105. 59 亿美元、2262. 44 亿美元、1838. 81 亿美元、1527. 90 亿美元和 1111. 81 亿美元，如图 2 所示。

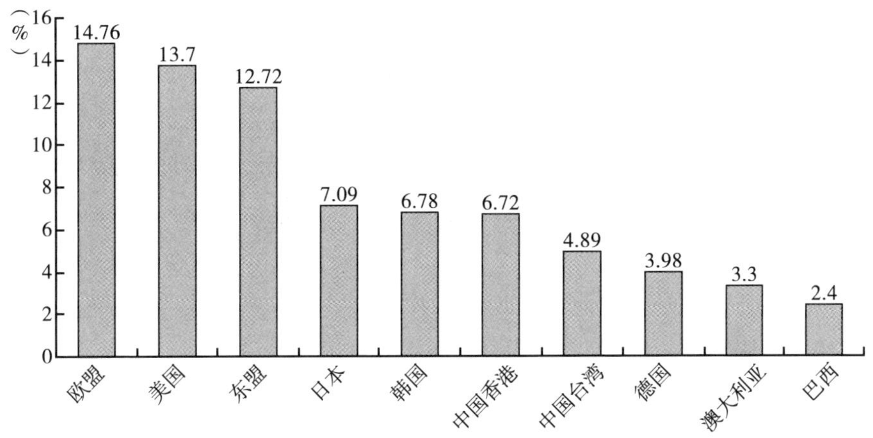

图 2　2018 年中国内地对外贸易前十大贸易伙伴所占比重

资料来源：中国海关统计。

4. 2018年中国对外贸易企业的商品结构分析

从出口商品结构来看，2018 年机电产品保持较为突出的出口优势，出口占比达 58. 7%，贸易额是 14607. 2 亿美元，比 2017 年增长了 10. 5%，如表 5 所示。其中混合动力客车（10 座及以上）、纯电动客车（10 座及以上）、钢坯及粗锻件、插电式混合动力轿车及越野车、集装箱船、铁合金、电动载人汽车增长速度最快，分别比 2017 年增长了 618. 8%、120. 7%、87. 1%、75. 8%、69. 6%、65. 4%、63. 5%。电子产品恢复增长势头，集成电路、电容器、二极管及类似半导体器件、自动数据处理设备及其部件、手持或车载无线电话机增长速度都保持较高水平，分别比 2017 年增长了 26.6%、32.1%、10.1%、8.7%、11.5%。然而，劳动密集型产品出口额继续减少，皮革服装、矿物性药材、竹编结品、植物性药材、活家禽、鲜冻对虾、羊肉、玉米、牛肉、烘焙花生、牛皮纸、鲜或冷藏蔬菜等产品的出口额均有缩减。在此状况下，中国紧跟全球贸易发展趋势，调整产品结构，逐渐突出技术密集型产品的主导地位，注重对产品附加价值的提升，坚定地向全球价值链高端发起挑战，并且技术出口显著增长，计算机与通信技术、计算机集成制造技术、生物技术、航空航天技术、电子技术、生命科学技术出口比 2017 年增长了 10%，这些技术都迈入了高速发展阶段。

表 5　2018 年中国主要商品的出口情况

单位：亿美元

商品名称	2015 年	2016 年	2017 年	2018 年
纺织纱线、织物及制品	1095.0	1050.5	1097.7	1191.0
服装及衣着附件	1742.8	1578.2	1572.0	1576.3
鞋类	535.3	471.9	481.6	469.0
手持或车载无线电话机	1237.3	1155.4	1260.3	1406.4
集装箱	76.7	42.3	83.8	104.3
自动数据处理设备及其部件	1523.1	1373.8	1582.4	1719.8
家具及其零件	528.0	477.8	499.2	536.9
机电产品	13017.2	12094.0	13214.6	14607.2
高新技术产品	6552.1	6038.7	6674.4	7468.7

注：机电产品和高新技术产品包括部分本表中已列的相关商品。

资料来源：中国海关统计。

2018 年，中国生产的农产品数量和消费的农产品数量稳居全球第一，进口额为 1367.1 亿美元，比 2017 年增长了 9.6%，长期处于高速增长态势，其中大豆农产品的进口贸易额高达 380.6 亿美元，占农产品进口额的 27.8%。此外，中国对铁矿砂及其精矿的国外依赖性降低，进口规模相较于 2017 年降低了 0.97%。同时，中国依然保持较高的国外高新技术产品进口需求，进口规模以 15% 的速度增长，贸易额达 6714.8 亿美元，其中进口增长率超过 15% 的技术产品包括航空航天技术、材料技术、电子技术、计算机集成制造技术。此外，机电产品的进口也保持增长态势，比上年增长了13.0%，贸易额达9655.61亿美元。具体如表6所示。

表6 2018年中国重点商品的进口情况

单位：亿美元

商品名称	2015年	2016年	2017年	2018年
大豆	347.69	339.85	396.38	380.60
食用植物油	50.11	41.64	45.31	47.28
铁矿砂及其精矿	576.20	576.57	762.78	755.40
原油	1344.51	1164.69	1623.28	2402.62
成品油	143.03	111.41	144.86	201.80
初级形状的塑料	450.21	413.26	485.06	564.02
钢材	143.35	131.53	151.70	164.36
未锻轧铜及铜材	290.31	263.79	312.58	374.85
汽车和汽车底盘	446.66	446.66	506.58	505.14
机电产品	8061.39	7714.09	8544.96	9655.61
高新技术产品	5480.58	5237.83	5840.34	6714.80

注：机电产品和高新技术产品中包括本表中已列示的部分相关商品。
资料来源：中国海关统计。

5. 2018年中国对外贸易企业的区域分布分析

2018年，从中国各省份对外贸易发展情况来看，东部沿海地区依然是中国进出口贸易的重心，但西部地区的占比稳步提高。

2018年，东部地区进出口贸易额为39019.7亿美元，同比增长11.5%，且占中国对外贸易总额的比例超过80%。其中，出口贸易和进口贸易占全国出口总额和进口总额的比重都为84.4%，贸易规模分别是20994.7亿美元和18025.0亿美元。2008年金融危机爆发以后，西部与中部地区进出口所占比重依然处于较低水平，然而随着中国经济步入新常态，产业结构亟待优化升级，资源优势的经济激励作用大幅上升，越来越多的东部优势富余产能向西部地区转移，从而逐渐提高了西部地区在中国进出口贸易发展中的重要程度。

2018年，西部地区进出口贸易占中国贸易总额的比重达8.1%，贸易额超过中部地区，达到3761.5亿美元，其中，进口贸易和出口贸易规模分别为1891.2亿美元和1870.3亿美元，占全国进口总额和出口总额的比重分别是8.9%和7.5%。

同年，中部地区的进出口贸易总额为3449.1亿美元，占中国贸易总额的比重为7.5%，其中，出口贸易占全国出口贸易总额的比重为8.1%，比西部地区高出0.6个百分点，贸易规模达2009.0亿美元，进口贸易占全国进口总额的比重为6.7%，贸易额为1440.1亿美元。

尽管东部地区与西部、中部地区存在较为鲜明的进出口贸易差额，但“一带一路”倡议提出后，中国对外贸易打破以东部为重心的传统区域格局，西部、中部地区贸易便利化水平快速提高，资源优势逐渐转换为贸易优势。依托多边与双边互补贸易体系，中国将销售市场由中亚、东南亚拓展至中东、东欧、北非、拉丁美洲，强化了全球价值链的融入程度。

表7 2013～2018年中国对外贸易发展的区域分布情况

单位：亿美元，%

年份及分项		全国	东部地区		中部地区		西部地区	
		金额	金额	占比	金额	占比	金额	占比
2013	进出口	41603.1	35977.4	86.5	2844.0	6.8	2781.5	6.7
	出　口	22100.2	18707.3	84.6	1610.7	7.3	1782.2	8.1
	进　口	19502.9	17270.2	88.6	1233.5	6.3	999.3	5.1
2014	进出口	43030.4	36559.5	85.0	3127.1	7.3	3343.8	7.8
	出　口	23427.5	19436.4	83.0	1816.4	7.8	2174.6	9.3
	进　口	19602.9	17123.0	87.3	1310.6	6.7	1169.2	6.0
2015	进出口	39569.0	34096.0	86.2	2881.4	7.3	2591.6	6.5
	出　口	22749.5	19645.7	86.4	1729.5	7.6	1374.4	6.0
	进　口	16819.5	14450.3	85.9	1151.9	6.9	1217.2	7.2
2016	进出口	36855.7	31556.0	85.6	2728.2	7.4	2571.5	7.0
	出　口	20981.5	17822.0	84.9	1639.3	7.8	1520.2	7.3
	进　口	15874.2	13734.0	86.5	1088.9	6.9	1051.3	6.6
2017	进出口	41045.0	34994.4	85.3	3023.3	7.4	3027.4	7.4
	出　口	22635.2	19337.9	85.4	1760.1	7.8	1537.2	6.8
	进　口	18409.8	15656.5	85.0	1263.2	6.9	1490.1	8.1

续表

年份及分项		全国	东部地区		中部地区		西部地区	
		金额	金额	占比	金额	占比	金额	占比
2018	进出口	46230.3	39019.7	84.4	3449.1	7.5	3761.5	8.1
	出　口	24874.0	20994.7	84.4	2009.0	8.1	1870.3	7.5
	进　口	21356.3	18025.0	84.4	1440.1	6.7	1891.2	8.9

注：东部地区包括北京、上海、天津、河北、福建、辽宁、浙江、山东、江苏、广东和海南；中部地区包括河南、山西、吉林、湖南、江西、黑龙江、湖北和安徽；西部地区包括四川、内蒙古、云南、青海、广西、贵州、西藏、陕西、甘肃、重庆、新疆和宁夏。

资料来源：中国海关统计。

从进出口贸易增长速度来看，东部地区增长率低于西部、中部地区。2018年，西部地区的进出口贸易增长速度达24.2%，创历史新高，比上一年的增长率增加了6.5个百分点，其中，出口和进口贸易2018年增长率分别为21.7%、26.9%；中部地区的进出口贸易增长速度比2017年提高3.3个百分点，达到14.1%，其中，出口贸易2018年增长率比2017年增加了6.7个百分点，提升幅度较为显著，达到14.1%，进口贸易2018年增长率有所降低，为14.0%；而东部地区的进出口贸易增长率小幅提高，达到11.5%，其中出口、进口贸易增长率分别为8.6%、15.1%。

表8　2013～2018年东部、中部、西部对外贸易增长率

单位：%

年份及分项		全国	东部地区	中部地区	西部地区
2013	进出口	7.6	6.6	11.3	17.7
	出　口	7.9	6.4	14.2	19.8
	进　口	7.3	6.9	7.7	14.0
2014	进出口	3.4	1.6	10.0	20.2
	出　口	6.0	3.9	12.8	22.0
	进　口	0.5	-0.9	6.3	6.0
2015	进出口	-8.0	-6.7	-7.9	-22.5
	出　口	-2.9	1.1	-4.8	-36.8
	进　口	-14.2	-15.6	-12.1	4.1

续表

年份及分项		全国	东部地区	中部地区	西部地区
2016	进出口	-6.8	-7.4	-5.3	-0.8
	出　口	-7.7	-9.3	-5.2	10.6
	进　口	-5.5	-5.0	-5.5	-13.6
2017	进出口	11.4	10.9	10.8	17.7
	出　口	7.9	8.5	7.4	1.1
	进　口	16.0	14.0	16.0	41.7
2018	进出口	12.6	11.5	14.1	24.2
	出　口	9.9	8.6	14.1	21.7
	进　口	16.0	15.1	14.0	26.9

注：东部地区包括北京、上海、天津、河北、福建、辽宁、浙江、山东、江苏、广东和海南；中部地区包括河南、山西、吉林、湖南、江西、黑龙江、湖北和安徽；西部地区包括四川、内蒙古、云南、青海、广西、贵州、西藏、陕西、甘肃、重庆、新疆和宁夏。

资料来源：中国海关统计。

从各省份的对外贸易情况来看，2018 年中国对外贸易额排在前十位的省份中，除四川省外，其余九个省份的进出口总额都超过了 1000 亿美元。广东省是唯一一个进出口贸易额超过 10000 亿美元的省份，达到 12117.5 亿美元，居于中国各省份第一位；江苏省、上海市、浙江省、山东省分别是中国进出口总额第二、第三、第四、第五的省份，进出口贸易额都超过 3500 亿美元。中国进出口贸易额排在第六至第十的省份依次为福建省、天津市、辽宁省、北京市和四川省，五个省份的进出口规模分别是 1729.9 亿美元、1417.4 亿美元、1339.2 亿美元、1273.7 亿美元和 930.6 亿美元，如图 3 所示。

从 31 个省份的出口情况进行分析，广东省是出口规模最大的省份，出口额超过 7000 亿美元，2018 年增长率为 4.8%；江苏省出口额排名第二，出口额为 4172.13 亿美元，同比增长 11.2%；出口贸易额排第三、第四、第五的省份分别是浙江省、上海市、山东省，年增长速度分别为 12.1%、3.9%、10.2%，出口贸易规模依次达 3279.68 亿美元、1810.47 亿美元、1734.68 亿美元；此外，福建省、辽宁省、河南省、河北省和四川省出口额分别为 1050.62 亿美元、580.47 亿美元、578.56 亿美元、495.05 亿美元和

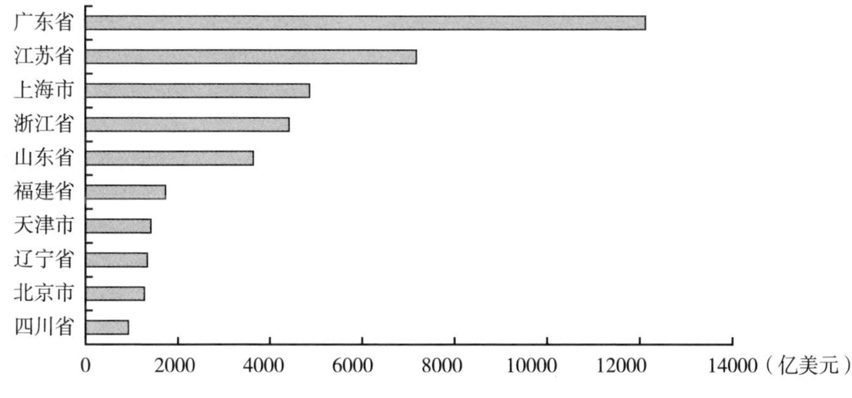

图 3　2018 年中国进出口前十位省份

资料来源：中国海关统计。

477.73 亿美元，分别比 2017 年增加了 13.9%、17.4%、15.4%、13.2% 和 35.8%，排在第六至第十位，如表 9 所示。

表 9　2012～2018 年各省份出口情况

单位：亿美元

	2012 年	2013 年	2014 年	2015 年	2016 年	2017 年	2018 年
全　国	20489.35	22100.19	23427.47	22749.50	20981.54	22635.22	24874.01
北　京	596.50	632.46	623.48	290.06	255.06	264.91	283.17
天　津	483.14	490.25	525.97	483.83	416.66	426.52	460.57
河　北	296.04	309.63	357.13	476.65	439.67	437.39	495.05
山　西	70.16	79.97	89.42	114.72	125.26	138.36	165.02
内蒙古	39.71	40.95	63.94	61.37	51.94	58.21	74.84
辽　宁	579.50	645.41	587.59	511.19	446.18	494.47	580.47
吉　林	59.83	67.57	57.78	53.92	48.60	52.88	55.92
黑龙江	144.36	162.32	173.40	63.15	48.86	52.87	48.13
上　海	2067.44	2041.97	2101.63	1787.09	1664.98	1741.73	1810.47
江　苏	3285.38	3288.57	3418.68	3488.63	3311.82	3752.22	4172.13
浙　江	2245.69	2487.92	2733.54	2832.33	2734.74	2925.22	3279.68
安　徽	267.52	282.56	314.93	276.58	259.80	298.96	364.88
福　建	978.36	1065.04	1134.57	939.73	873.04	922.62	1050.62
江　西	251.11	281.70	320.38	301.40	241.81	248.47	269.42
山　东	1287.32	1344.99	1447.45	1485.29	1443.72	1573.56	1734.68
河　南	296.78	359.92	393.84	457.83	453.28	501.26	578.56
湖　北	194.01	228.38	266.46	271.00	247.62	290.57	316.73

续表

	2012年	2013年	2014年	2015年	2016年	2017年	2018年
湖　南	126.00	148.21	200.23	190.88	142.76	176.69	210.32
广　东	5741.36	6364.04	6462.22	7308.18	6542.41	6756.27	7081.41
广　西	154.68	186.95	243.30	141.39	126.57	144.38	177.22
海　南	31.43	37.06	44.17	42.68	34.69	43.02	46.45
重　庆	385.70	467.97	634.09	399.40	336.21	378.28	459.68
四　川	384.64	419.52	448.50	285.19	261.95	351.76	477.73
贵　州	49.52	68.86	93.97	54.50	39.90	55.00	57.41
云　南	100.18	159.59	188.02	106.70	88.72	96.74	105.28
西　藏	33.55	32.69	21.01	5.27	4.72	3.73	4.01
陕　西	86.52	102.24	139.29	146.22	157.91	238.13	303.63
甘　肃	35.74	46.79	53.31	21.61	19.45	18.20	25.89
青　海	7.30	8.47	11.28	3.66	3.59	2.82	3.29
宁　夏	16.41	25.52	43.03	23.82	20.53	26.71	27.52
新　疆	193.47	222.70	234.83	125.25	139.08	163.27	153.81

资料来源：中国海关统计。

从各省份的进口情况来看，2018年中国前十大进口大省的进口贸易呈现差异化发展。广东省是中国进口第一大省份，进口规模达5036.08亿美元，比2017年增长了15.2%；上海市和江苏省进口规模都超过3000亿美元，分别是中国进口贸易第二、第三大省份，2018年增长率分别是11.6%和14.2%；中国进口第四至第十大省份依次为山东省、浙江省、北京市、天津市、辽宁省、福建省和四川省，进口额依次为1906.23亿美元、1135.69亿美元、990.55亿美元、956.87亿美元、758.70亿美元、679.25亿美元和452.89亿美元，相比于2017年分别增长了21.1%、24.1%、4.2%、21.0%、20.8%、11.7%、44.0%，详见表10。

表10　2012~2018年各省份的进口贸易情况

单位：亿美元

	2012年	2013年	2014年	2015年	2016年	2017年	2018年
全　国	18178.26	19502.89	19602.90	16819.51	15874.19	18409.82	21356.33
北　京	3482.66	3658.57	3533.06	1017.81	967.92	950.95	990.55
天　津	673.09	795.03	813.16	706.77	652.88	790.63	956.87
河　北	209.44	239.20	241.69	325.32	309.22	377.24	379.05

续表

	2012 年	2013 年	2014 年	2015 年	2016 年	2017 年	2018 年
山　西	80. 27	78. 01	73. 06	60. 46	62. 97	69. 18	81. 62
内蒙古	72. 90	78. 98	81. 59	77. 80	80. 27	100. 41	123. 65
辽　宁	460. 41	497. 44	552. 01	559. 96	512. 19	627. 95	758. 70
吉　林	185. 89	190. 96	206. 00	146. 35	143. 17	145. 12	159. 42
黑龙江	233. 85	226. 46	215. 60	99. 99	90. 14	114. 20	189. 05
上　海	2297. 95	2370. 29	2562. 45	2442. 91	2382. 00	2731. 15	3047. 75
江　苏	2195. 55	2219. 88	2218. 93	2321. 73	2162. 01	2615. 57	3000. 26
浙　江	876. 66	870. 42	817. 94	763. 37	699. 44	915. 42	1135. 69
安　徽	125. 73	173. 77	177. 80	149. 58	149. 24	207. 19	230. 27
福　建	580. 91	628. 48	640. 42	539. 48	495. 74	608. 35	679. 25
江　西	82. 99	85. 69	107. 45	105. 70	112. 49	120. 47	142. 54
山　东	1168. 13	1326. 49	1323. 70	1310. 09	1288. 20	1573. 87	1906. 23
河　南	220. 72	239. 59	256. 49	312. 28	287. 89	312. 26	296. 60
湖　北	125. 59	135. 52	164. 18	175. 12	142. 33	171. 40	196. 39
湖　南	93. 41	103. 44	110. 04	102. 45	89. 12	123. 40	144. 25
广　东	4096. 79	4551. 66	4305. 12	4350. 47	4059. 65	4371. 91	5036. 08
广　西	140. 05	141. 42	162. 23	322. 58	314. 64	381. 75	430. 74
海　南	111. 87	112. 72	114. 57	112. 40	86. 88	93. 44	134. 60
重　庆	146. 33	219. 07	320. 41	187. 83	182. 85	187. 46	222. 23
四　川	206. 64	226. 41	254. 02	187. 02	218. 79	314. 61	452. 89
贵　州	16. 80	14. 04	14. 17	23. 79	12. 12	26. 17	26. 12
云　南	109. 87	98. 70	108. 20	83. 50	85. 56	117. 20	166. 76
西　藏	0. 69	0. 50	1. 54	1. 38	1. 20	2. 41	2. 34
陕　西	61. 47	99. 03	134. 79	152. 61	136. 50	166. 26	219. 05
甘　肃	53. 31	56. 00	33. 18	22. 45	25. 85	34. 28	38. 91
青　海	4. 30	5. 55	5. 91	2. 24	1. 62	1. 68	2. 24
宁　夏	5. 76	6. 65	11. 32	10. 60	10. 51	16. 55	12. 94
新　疆	58. 24	52. 92	41. 87	145. 44	110. 83	141. 33	193. 28

资料来源：中国海关统计。

（二）2018年中国电子信息产品对外贸易分析

2018 年，全球传统电子消费市场缩减，产业贸易不确定性显著上升，并且中美贸易摩擦加剧，中国电子信息产业陷入“内忧外患”的困境，但中国电子信息产业加速动能转换与结构调整，集聚创新力，塑造差异化竞争体系。一方面，现代化、智能化是中国核心电子产业的发展方向，高科技产品市场渗透率快速提高，如智能可穿戴设备、虚拟现实设备、智能家具、智能电视等，技术和应用水平显著提高，如无人驾驶、无人机、人工智能等都领跑全球；另一方面，彩电、集成电路和手机等传统优势产业继续保持发展态势，中国集成电路公司资本支出规模超过欧洲和日本，高价位、高性能的智能手机受到广泛认可，识别、快充、拍照等功能日益成熟，5G 商用加快推进，并且 AMOLED 生产线相继于京东方、华星光电、维信诺等企业建设、生产，极大地推广了 8K 电视。因此，以消费电子转型升级、智能制造、5G 为突破口，中国电子信息产业进一步实现了网络与产品融合、制造与服务融合，产业规模与供应链掌控水平不断提升，已成为推动中国网络强国、制造强国建设的重要引擎和经济社会创新发展的主要抓手。

2018 年，中国电子信息产品出口交货值增长速度波动较大，增长率达 9.8%，较 2017 年的 14.2% 下滑了 4.4 个百分点，但仍然高出全部规模以上工业出口交货值增速 1.3 个百分点，其中 8 月、9 月、10 月的月增速突破 15%（见图 4）。

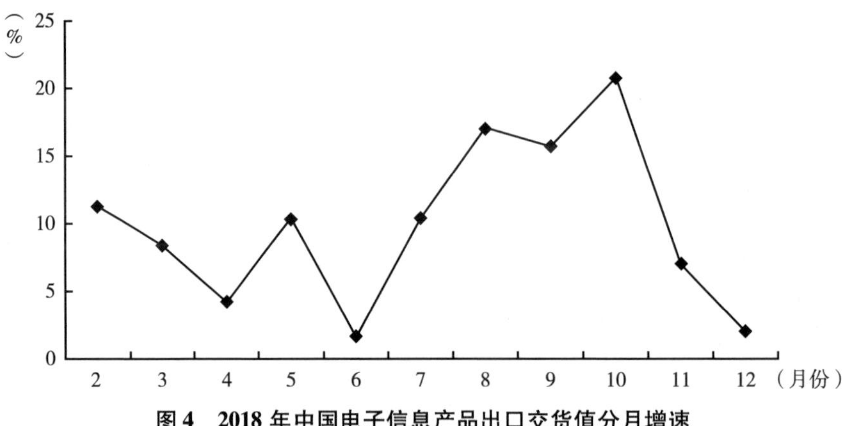

图 4　2018 年中国电子信息产品出口交货值分月增速

资料来源：工业和信息化部。

其中软件业出口水平与上年相似，发展态势稳定，出口额达 554.5 亿美元，其中 2018 年 3～5 月出口增速远高于其他月份，而 6 月以后，出口增速显著降低（见图 5）。同时，2018 年 1～11 月，软件外包服务出口增速减至 7.3%，比 2017 年同期下滑 2.3 个百分点。

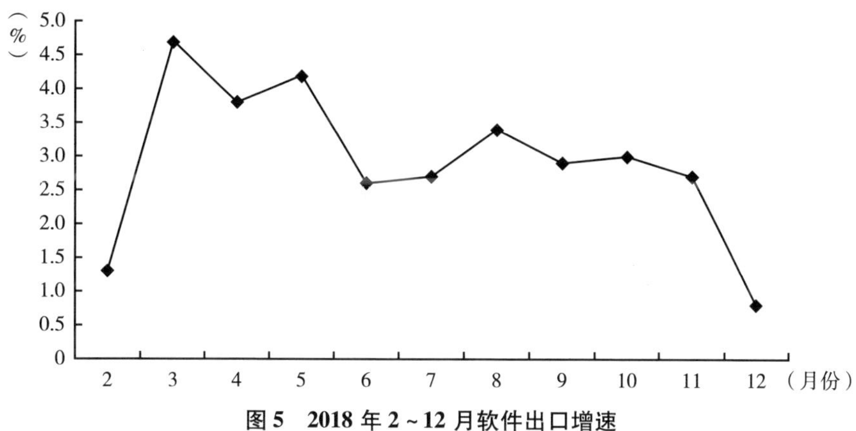

图5　2018年2~12月软件出口增速

资料来源：工业和信息化部。

从细分行业来看，2018年，中国计算机制造业出口交货值增长率为9.4%，与2017年水平相当，然而，电子器件制造业、通信设备制造业、电子元件行业出口交货值增长率分别为7.0%、9.8%、12.6%，分别同比减少8.1个百分点、4.1个百分点、8.1个百分点（见图6）。

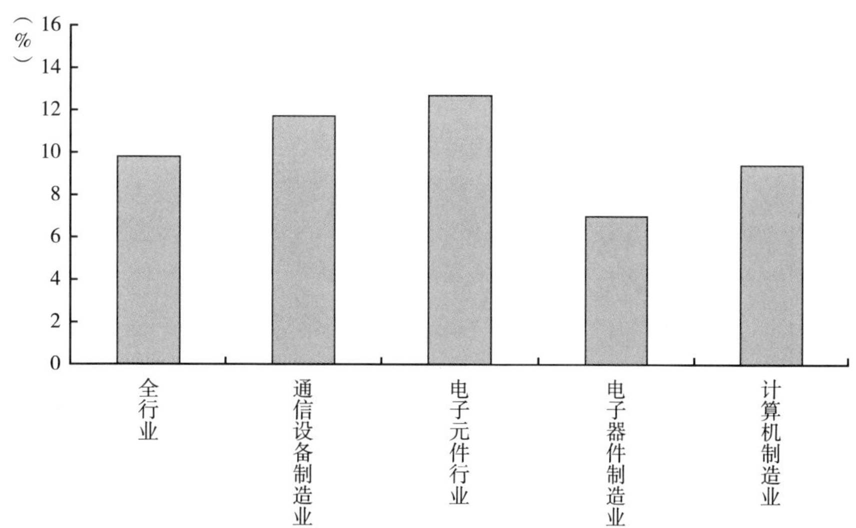

图6　2018年电子信息产品的行业出口交货值增长率

资料来源：工业和信息化部。

二　2018年中国服务贸易企业总体分析与评价

2018 年中国服务贸易规模突破历史纪录，层次与效率显著提升，服务进出口贸易连续 5 年居于全球第二位，贸易额为 52402 亿元，增长率达到 11.5%（见图 7），高于美国、英国、德国、法国。其中，服务进口与出口规模分别是 34744 亿元和 17658 亿元，增长率则分别为 10.0% 和 14.6%。而且，高端生产性服务出口竞争力快速提升，一方面，知识产权使用费出口额为 368.0 亿元，比 2017 年上升 14.4%，进口额为 2355.2 亿元，比上年上升 22%；另一方面，技术服务出口贸易额突破 1100 亿元，增长率为 14.4%，进口贸易额为 839.2 亿元，比 2017 年增长 7.9%。同时，服务贸易创新试点地区日益发挥引导、带动作用，17 个创新发展试点服务进出口贸易规模约为 4 万亿元，年增长率高于全国平均水平，占中国服务贸易进出口额的比重超过3/4，其中服务出口增速为 18.1%，贸易规模为 13749.9 亿元，服务进口增速达 15.8%，规模超过 2.5 万亿元。与此同时，高度集聚化成为服务贸易地区发展的主要特征，11 个东部沿海省份服务进出口额超过 4.5 万亿元，所占比重接

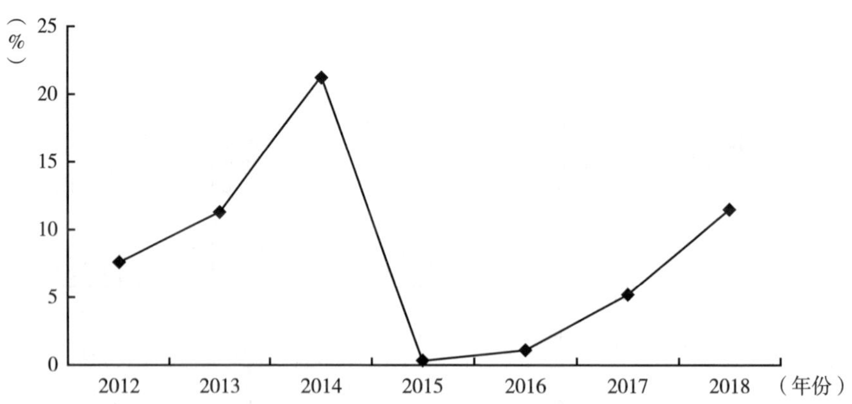

图 7　2012～2018 年中国服务贸易进出口额增长率

资料来源：商务部。

近90%，其中，服务进出口贸易额都超过10000亿元的省份为广东、北京、上海，而西部、中部地区服务进出口额仅为6952.4亿元。

（一）2018年中国服务企业贸易规模保持增长

由图7可知，2018年，中国服务贸易规模高速增长的势头依然存在。2014年，由于全球油价崩溃及其他大宗商品疲软，全球出口市场萎缩，并且美国和欧盟对俄罗斯实施经济制裁、中东局势持续动荡、西非爆发埃博拉疫情，新兴经济体和发展中国家经济增速进一步放缓，从而导致中国出口贸易降温。然而，2015年WTO积极抑制贸易保护主义和改善市场准入条件，消减国家政策诱导产生的贸易不公平问题，并且“一带一路”倡议迈入实际建设时期，显著拓展了中国对外贸易生存空间，因此，2015~2018年是中国服务贸易高速增长阶段。

对服务贸易占对外贸易总额的比重进行分析可知，2012~2018年，中国着重发展服务贸易，服务贸易额占服务和货物进出口额之和的比重大幅增长，由2012年的10.9%增长到2018年的14.7%，提高了3.8个百分点，如图8所示。2018年以后，中国政府针对服务贸易创新发展试点中的碎片化、见效慢、政策落实难等问题开展调整，主攻方向定为服务贸易发展模式创新、便利化改善、开发程度拓展，逐步构建多层次、全方位的服务贸易促进体系，提高服务贸易稳定性和可持续性。上海自由贸易试验区、北京市服务业扩大开放综合试点、粤港澳大湾区、海南自由贸易港的深入推进，开创了中国服务贸易领域全面开放的新局面，并使之不断向全球服务价值链、产业链、供应链中高端地位攀升。

从服务贸易出口方面分析，2018年，中国服务贸易转型升级进程加快，新兴服务贸易出口增长速度远高于传统服务贸易，激发了中国经济高质量发展活力，强化了服务贸易的全球竞争力。其中，电信、计算机和信息服务出口增长速度最高，出口规模超过3000亿元，增长速度达到66.0%；运输业和建筑业出口规模分别为2799.2亿元、1759.4亿元，同比增长率分别是11.7%和8.9%；出口规模低于1000亿元的服务业是维护和维修服务，知

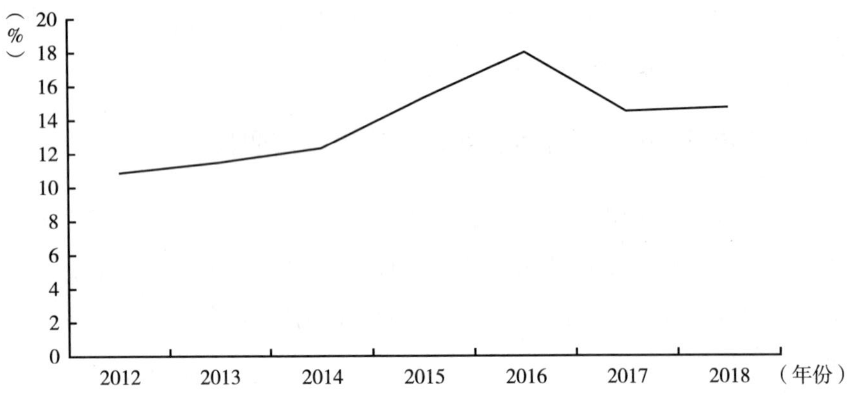

图 8　2012～2018 年中国服务贸易占对外贸易比重

资料来源：商务部。

识产权使用，保险和养老金服务，个人、文化和娱乐服务，但这四个行业依然保持增长的态势，增长率分别是 18.7%、14.4%、19.2%、56.6%。此外，出口贸易增长率降低的行业是旅游、加工服务、金融服务，同比分别减少 0.4%、5.5%、7.7%，具体如表 11 所示。

从服务贸易进口来看，2018 年，除建筑业外，其他服务行业进口均显著提高，其中加工服务，个人、文化和娱乐服务，知识产权使用费，电信、计算机和信息服务，金融服务等行业的增长率都超过 20%，分别为 45.6%、20.7%、22.0%、21.4%、28.5%；然而，建筑业进口同比增长率为 -1.6%，进口额为 569.2 亿元。

2018 年，中国三大传统服务业（运输业、旅游业、建筑业）进出口总额占中国服务贸易总额的 63.4%，三个行业贸易总规模超过 3 万亿元。其中，三个行业的出口总额和进口总额都显著提高，增长率分别为 6.3% 和 8.3%，占中国整体比重分别是 40.6%、75.0%，较 2017 年分别降低了 3.2 个百分点和 1.2 个百分点。同时，旅游业长期是中国服务贸易进口的第一大门类，随着中国人均收入的增长，中国消费者出境旅游的数量呈现井喷式增长，特别是“一带一路”倡议提出以后，旅游进口占服务贸易进口总额比重长期保持在 50% 以上，旅游业的进口额为 18319.6 亿元，如表 11 所示。

表 11　2018 年中国服务贸易的各行业分布情况

单位：亿元，%

服务类别	进出口		出口		进口	
	金额	增长率	金额	增长率	金额	增长率
总额	52401.9	11.5	17658.0	14.6	34744.0	10.0
旅游	20930.8	5.5	2611.2	-0.4	18319.6	6.4
运输	9965.2	13.4	2799.2	11.7	7166.0	14.1
建筑	2328.6	6.1	1759.4	8.9	569.2	-1.6
保险和养老金服务	1111.8	13.9	325.8	19.2	786.1	11.8
金融服务	370.8	3.3	230.4	-7.7	140.4	28.5
电信、计算机和信息服务	4686.9	47.8	3114.0	66.0	1572.9	21.4
加工服务	1170.5	-5.0	1153.0	-5.5	17.5	45.6
知识产权使用	2723.3	20.9	368.0	14.4	2355.2	22.0
个人、文化和娱乐服务	304.9	28.5	80.3	56.6	224.5	20.7
维护和维修服务	642.9	16.1	475.1	18.7	167.8	9.5
其他商业服务	7754.4	10.0	4625.6	11.3	3128.9	8.1

资料来源：商务部。

随着中国产业结构转型升级，中国服务贸易规模实现跳跃式增长，在世界服务贸易领域的影响力越来越突出。从服务贸易占世界服务贸易比重来看，2012 ~2018 年中国服务贸易占世界服务贸易比重显著提升，从 2012 年的 5.4% 提升到 2018 年 6.9%，提高了 1.5 个百分点，这主要是新一轮科技革命浪潮带来的发展机遇，其中，2014 年中国服务贸易占世界服务贸易比重首次突破 6.0%，详见图 9。

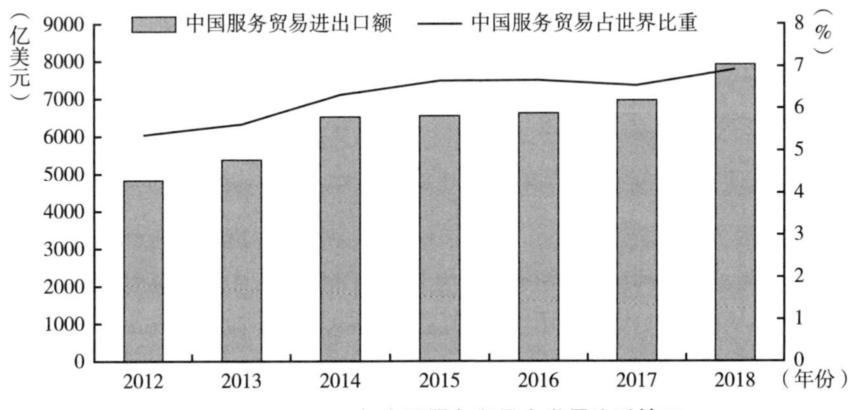

图 9　2012 ~2018 年中国服务贸易占世界比重情况

资料来源：世界贸易组织。

（二）2018年中国服务贸易逆差小幅增长

2018 年，中国服务贸易出口额增长率的上升程度比进口高出 4.6 个百分点，但因为 2017 年服务贸易进口基数远大于出口，所以增长速度较低仍然使得服务贸易逆差进一步扩大。2018 年，中国服务贸易逆差额增幅达 908.6 亿元，年增长率为 5.6%，详见图 10。

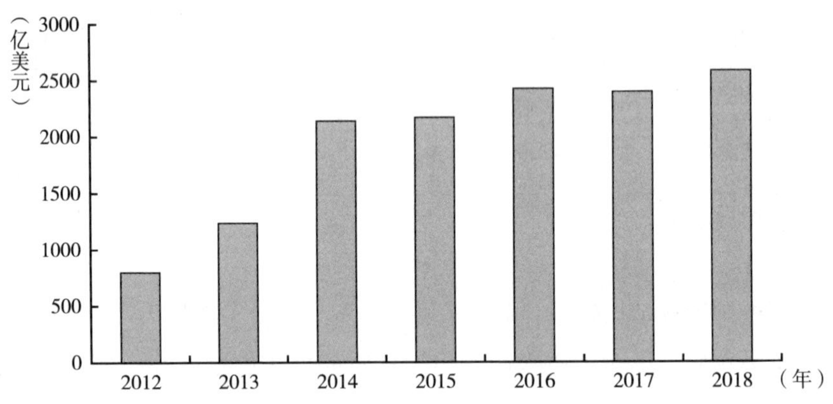

图 10　2012～2018 年中国服务贸易逆差额

资料来源：世界贸易组织。

其中，中国服务贸易逆差大部分来源于旅游业，旅游贸易逆差以 7.7% 的增长速度扩大，规模突破 1.5 万亿元，占总服务贸易逆差的比重超过 90%。同时，运输业的逆差额为 4366.8 亿元，比 2017 年增加了 594.9 亿元，增长速度远高于其他服务业。此外，个人、文化和娱乐服务，保险服务，知识产权使用费的贸易逆差额分别为 144.2 亿元、460.3 亿元、1987.2 亿元。

2018 年，建筑业，金融服务，电信、计算机和信息服务，维护和维修服务，加工服务等行业是中国服务贸易顺差的主要来源，其中，顺差规模超过 1000 亿元的行业是建筑业，电信、计算机和信息服务业，加工服务业，三者同比增长率分别为 14.7%、165.6%、-6.24%。

（三）2018年中国承接服务外包业务依然处于增长状态

当前，以机器人、大数据、移动互联网、算法应用、云计算、认知技术、虚拟现实等为代表的科技革命浪潮正对全球经济发起强势冲击，数字化经济、创新增长的动力源泉已逐步成为服务外包业。2018 年，中国进一步加强对服务外包业的引导和支持，明确将服务外包业纳入战略性新兴产业，拓展优惠政策覆盖行业，降低企业经营成本，扩充服务外包业涉及范围。

2018 年，中国企业承接服务外包合同金额超过 1.3 万亿元，同比增长 8.6%，执行金额接近 1 万亿元，比 2017 年增长了 12.9%，是历史最高值。其中，离岸合同金额同比增长率为 6.3%，数额约 0.8 万亿元；离岸外包执行额同比增长率达 9.3%，数额近 0.6 万亿元，占中国服务出口总额的 1/3，比 2017 年的占比减少了 2.7 个百分点。

2018 年，中国承接离岸业务流程外包（BPO）、信息技术外包（ITO）、知识流程外包（KPO）的执行额分别为 1014.4 亿元、2655.6 亿元、2196.6 亿元，同比分别增长了 16.1%、7.9%、7.2%，在离岸服务外包中的占比分别为 17.3%、45.3%、37.4%，同时，高端生产性服务外包业务规模快速扩大，如检验检测、工程技术、研发服务的增长率分别达到 74.5%、27.1% 和 15.5%。

中国企业接受来自美国与欧盟的服务外包执行额分别为 1202.1 亿元、929.6 亿元，年增长速度同比都呈现下滑的趋势，美国和欧盟的执行额年增长率分别是 4.7%、6.9%，与 2017 年相比降低了 7.2 个百分点与 5.8 个百分点。然而，“一带一路” 64 个沿线国家对中国服务外包发展的支撑作用越来越突出，沿线国家已成为中国服务外包重点区域。2018 年，中国承接沿线国家服务外包执行金额突破 1100 亿元，占中国离岸外包总额的 19%，其中东南亚国家服务外包额占沿线国家的一半以上，比上年增长了 13.5%。

此外，由于服务外包受到政府大力支持，服务外包业在中国非示范城市得以广泛开展。2018 年，中国非示范城市承接离岸服务外包执行金额超过 700 亿元，同比增长 59.0%，其中，离岸服务外包的核心承接地依然属于东部地区，该地区执行金额占中国总额的 87.2%，但东部地区执行金额的年增长速度远低于中部和西部地区，中部、西部地区执行金额为541.6亿元。由此可见，中国服务外包的重心正逐步从东部地区转移至中部、西部地区。

三 2018年中国对外投资企业的总体分析与评价

根据2019年《全球投资趋势监测报告》，2018年全球外国直接投资继续恶化，投资规模已连续三年缩减，对外直接投资流量已减至1.2万亿美元，同比缩减19%，是2008年金融危机以来的最低值。其中，流入欧洲和北美洲的外国直接投资分别下降了55.2%和3.5%，上述地区下降幅度前五位的国家分别是挪威（下降505.2%）、瑞士（下降323.6%）、芬兰（下降301.0%）、比利时（下降184.6%）、斯洛伐克（下降79.1%）。

2018年，欧洲国家整体对外投资呈增长态势，同比增长率为11.4%，流量规模达4183.6亿美元，但有7个国家出现明显的对外投资恶化现象，分别是塞浦路斯（缩减222.0%）、丹麦（缩减141.5%）、奥地利（缩减107.1%）、爱沙尼亚（缩减102.9%）、卢森堡（缩减96.0%）、斯洛文尼亚（缩减73.9%）、波兰（缩减68.7%）。由于全球对外直接投资锐减，发达国家吸引的FDI缩减26.7%，达到5568.9亿美元，其中爱尔兰、卢森堡、冰岛、挪威、瑞士FDI流入量出现负值。

然而，2018年，发展中国家吸收的外国直接投资额增长了2.2%，投资规模超过7000亿美元，其中，全球发展中国家引入的直接投资的72.5%流入亚洲发展中国家，投资额突破5000亿美元，而且亚洲的跨境并购总额也同步增加，相比于2017年增加了119.1亿美元，达到1242.6亿美元，世界最大的外资流入区域仍然是亚洲。

在发展中国家外国直接投资流入量快速增长的条件下，2018年中国外国直接投资流入量为1390.4亿美元，比2017年增长了3.7%，依然保持全球第二大外资流入国和第二大对外投资国，并且是发展中国家最大的对外投资国和外资流入国，对外直接投资和外资流入占发展中国家总额的比重分别为31.1%和19.7%。

2018 年，全球宣布的净并购交易规模比 2017 年增长了 17.5%，数额为 8.2 万亿美元。由于全球并购热情高涨，净交易额显著增加的区域为南亚、西亚、欧盟，其中南亚地区的净交易额比 2017 年提高 52.1%，达到 348.4 亿美元；西亚地区同比增长 106.6%，数额为 97.1 亿美元；欧盟地区比上年增长了 159.6%，交易规模为 3619.4 亿美元。然而，由于中美贸易摩擦愈演愈烈以及中国迈入高质量发展阶段，东亚和北美洲外商投资环境恶化，两个地区的净并购交易规模分别仅达 219.0 亿美元和 2237.3 亿美元，分别比 2017 年下降了 37.4% 和 25.2%。

（一）2018年世界对外直接投资概况

2018 年，发达国家流入的外国直接投资大幅减少，缩减率为 26.7%，投资额仅为 5568.9 亿美元，全球占比达 42.9%，如表 12 和表 13 所示。具体来看，流入北美和欧洲的外国直接投资额分别为 2914.4 亿美元和 1718.8 亿美元，同比增长率分别是 -3.5% 和 -55.2%，分别占全球对外直接投资流入量的 22.5% 和 13.3%（见表 12）。

2018 年，流入亚洲地区的外国直接投资额以 3.9% 的增长速度突破 5000 亿美元，其占全球对外直接投资流入量的份额达到 39.4%。此外，非洲外国直接投资增长率超过亚洲，投资规模达到 459.0 亿美元；而流向拉丁美洲和加勒比海地区的直接投资出现明显降低，比 2017 年减少了 5.6%，仅达到 1467.2 亿美元（见表 12）。

表 12　2017~2018 年世界各地区及主要经济体 FDI 流入量、跨境并购及“绿地投资”

区域	FDI 流入量(10 亿美元)			跨境并购(10 亿美元)			绿地投资(10 亿美元)		
	2017 年	2018 年	增长率（%）	2017 年	2018 年	增长率（%）	2017 年	2018 年	增长率（%）
世界	1497	1297	-13.4	694	816	17.5	698	981	40.6
发达经济体	759	557	-26.7	569	689	21.1	305	357	17.1
欧洲	384	172	-55.2	223	378	69.2	160	197	23.2
北美	302	291	-3.5	299	224	-25.2	109	123	13.0
发展中经济体	691	706	2.2	112	124	10.6	358	572	59.7

续表

区域	FDI 流入量(10 亿美元)			跨境并购(10 亿美元)			绿地投资(10 亿美元)		
	2017 年	2018 年	增长率(%)	2017 年	2018 年	增长率(%)	2017 年	2018 年	增长率(%)
非洲	41	46	12.2	3	2	33.3	83	76	-8.8
亚洲	493	512	3.9	79	84	6.3	208	418	101.2
拉丁美洲和加勒比海地区	155	147	-5.6	30	39	32.5	67	78	16.4
大洋洲	1	2	100	—	-0.2	—	0.6	0.8	33.3
转型经济体	48	34	-28.0	13	3	-79.5	34	51	50.0

资料来源：UNCTAD，FDI-TNC-GVC 数据库（www. unctad. org/fdistatistics）。

2018 年，中国内地接纳的外国直接投资额为 1390.4 亿美元，同比增加了 3.7%。中国香港获得的外国直接投资也呈增长态势，达到 1156.6 亿美元，比上年增长 4.5%，在亚洲发展中经济体中居于第二位，是全球第三大外资流入地区。流向东盟市场的对外直接投资额增长 3.1%，为 1486.9 亿美元，其中规模最大的国家是新加坡，其吸收的 FDI 达到了 776.5 亿美元，同比增长了 2.5%。流入印度、西亚的外国直接投资同比分别增长 6.0% 和 3.2%，投资额分别为 422.9 亿美元、292.9 亿美元。

通过表 13 可知，2018 年，FDI 流入重心已从发达经济体逐步转向发展中经济体，其中发达经济体 FDI 占比出现明显的下滑，从 2017 年的 50.7% 减少至 2018 年的 42.9%，但全球 66.9% 的跨境并购依然发生在发达经济体；发展中经济体 FDI 全球占比显著提高，由 2017 年的 46.1% 提升至 2018 年的 54.4%，全球绿地投资的 58.4% 也发生于发展中经济体。

表 13　2018 年各地区“绿地投资”、跨境并购、对外直接投资的全球占比情况

单位：%

区域	FDI 流量		跨境并购		绿地投资	
	2017 年	2018 年	2017 年	2018 年	2017 年	2018 年
发达经济体	50.7	42.9	81.5	66.9	43.7	36.4
欧洲	25.6	13.3	50.1	28.4	23.0	20.1
北美	20.2	22.5	15.5	27.1	15.6	12.5

续表

区域	FDI 流量		跨境并购		绿地投资	
	2017 年	2018 年	2017 年	2018 年	2017 年	2018 年
发展中经济体	46.1	54.4	17.3	29.0	51.4	58.4
非洲	2.8	3.5	0.7	0.3	11.9	7.7
亚洲	32.9	39.4	16.5	27.9	29.8	42.6
拉丁美洲和加勒比海地区	10.4	11.3	0.1	0.8	9.6	8.0
大洋洲	0.1	0.1	0.0	0.0	0.1	0.1
转型经济体	3.2	2.6	-0.1	2.0	4.9	5.2

资料来源：UNCTAD，FDI-TNC-GVC 数据库（www.unctad.org/fdistatistics）。

（二）2018年中国企业对外直接投资总体分析

由于全球对外投资热情降温，联合国贸发会议统计发现，2018 年，作为全球第二大对外直接投资国，中国对外直接投资迈进理性回归时期，投资流量以 18.0% 的速度缩减至 1298.3 亿美元，与流入中国的外国直接投资相比减少 92.1 亿美元。

1. 2018年中国企业对外直接投资概况

2018 年，中国全行业对外直接投资流量为 1298.3 亿美元，比 2017 年提高 4.2%，增长幅度较小，其中 93.3 亿美元属于金融类对外直接投资，1205.0 亿美元属于非金融类直接投资，且金融类和非金融类直接投资同比增长率分别为 105.1% 和 0.3%，共辐射 161 个国家的 5735 家境外企业。

2018 年，中国对外直接投资仍然以服务业为主，服务业对外投资增长率为 3.6%，投资额达到 842.5 亿美元，其中 69.1% 的对外直接投资流入租赁和商务服务业、制造业、批发和零售业、采矿业等四个行业，其中制造业对外直接投资的 38.6% 属于装备制造业，投资额超过 70 亿美元。此外，体育和娱乐业、房地产业尚无新增投资项目，非理性对外投资浪潮得到有效控制，投资结构亦持续优化。

2018 年，中国企业对外投资并购活跃，境外融资率保持较高水平，共实施 405 起跨国并购，实际交易额高于 700 亿美元（见表 14），其中 39.1% 的并购额由中国企业发起，占中国对外直接投资流额的比重超过20%，投资额为274.5亿美元；国外融资比重达60.9%，规模为428.1亿美元。同时，根据并购金额，科技、媒体和电信、消费品、公用事业和电力依然是中国境外并购的首选目标，而按照并购项目数，科技、媒体和电信业高居首位，连续五年成为中国境外并购数量最多的行业。与此相对，中国对外直接投资方式不断完善并创新，投建营一体化、联合投资、实物投资、特许经营等方式得到快速推广及改进。此外，根据普华永道数据，2018年，中国国有企业和民营企业的跨境并购活动都出现显著下滑，两者占总体并购数量的比重分别为10.2%和49.4%，分别比2017年降低了2.3个百分点和8.5个百分点，而财务投资者主导的跨境并购占中国总体并购数量的比重快速上升，从2014年的18.0%增长到2018年的40.4%，连续三年超过国有企业（见图11）。

表14　2007～2018年中国对外直接投资并购情况

单位：亿美元，%

年份	并购金额	同比增长	比重
2007	63.0	-23.6	23.8
2008	302.0	379.4	54
2009	192.0	-36.4	34
2010	297.0	54.7	43.2
2011	272.0	-8.4	36.4
2012	434.0	59.6	31.4
2013	529.0	21.9	31.3
2014	569.0	7.6	26.4
2015	544.4	-4.3	25.6
2016	2125.0	290.3	16.4
2017	962.0	-54.7	80.1
2018	702.6	-27.2	53.9

资料来源：《2016年度中国对外直接投资统计公报》、商务部。

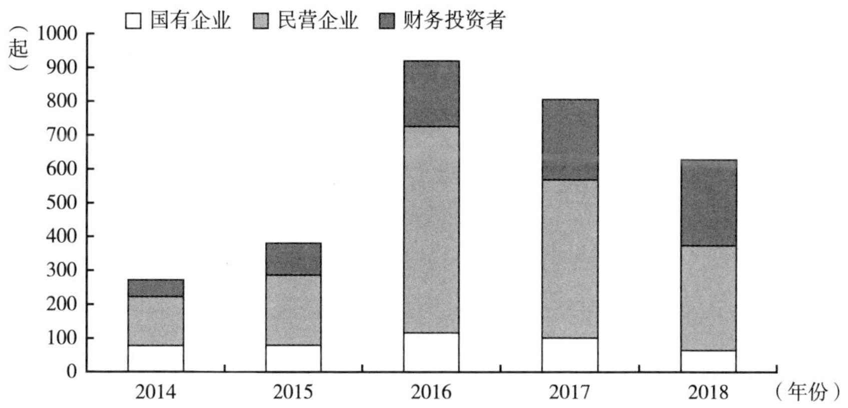

图 11　2014～2018 年中国企业海外并购数量

资料来源：汤森路透、投资中国及普华永道。

2018 年，中国对外承包工程业务完成额增长率为 0.3%，达 1690.4 亿美元，而新签合作额比 2017 年降低了 8.8%，数额仅为 2418.0 亿美元。并且，对外承包工程主要集中于电力工程建设业、建筑业、交通运输业，三个行业承包额占中国承包额的 66.5%，极大地改善了东道国的基础设施条件及民众生活水平，新增东道国 84.2 万个就业岗位。同时，对外承包工程有效带动了中国设备材料的出口贸易水平，增加了约 170 亿美元的出口贸易额，比 2017 年提升了 10.4%。此外，中国对外劳务合作规模出现缩减，派遣人数从 2017 年的 52.5 万人降至 2018 年的 49.2 万人，其中 22.7 万人为承包工程派遣，26.5 万人为劳务合作派遣。

中国企业积极与新加坡、德国、英国、法国等国家的企业尝试第三方市场合作，逐步在非洲、亚洲、东欧等地区进行示范实施，充分发挥彼此优势，互补共赢，坚持“企业主体、政府引导、国际惯例、市场运作”的原则，合理、稳健地拓展发展中国家市场，通过投资带动中国经济高质量增长。

中国境外经贸合作园区建设进入高速发展阶段，截至 2018 年 12 月，共有 933 家企业经过考核和确认入驻经贸合作园区，投资累计值突破 200

亿美元，为东道国创设14.7万个就业岗位，缴纳东道国税费22.8亿美元。其中，境外合作园区新增投资达25亿美元，向东道国缴纳税费高于5亿美元。

此外，“一带一路”沿线对中国企业的吸引力越来越强。2018年，中国企业非金融类直接投资中的13.0%，约为156.4亿美元，流入“一带一路”56个沿线国家，其大部分资金投向东盟、俄罗斯、阿联酋、巴基斯坦。同时，中国企业新签对外承包项目中的7721个属于“一带一路”沿线国家，新签沿线国家对外承包合同额为1257.8亿美元，占中国新签合同额的比重是52.0%，完成沿线国家对外承包营业额同比增加4.4%，占中国总额的比重为52.8%。

2. 欧洲、美国是中国企业境外并购的重要区域

2018年中国企业境外并购继续保持2017年的理性回归状态，这一方面是因为人民币贬值和中美贸易摩擦，使得担忧情绪在中国对外投资企业中扩散；另一方面是因为澳大利亚、德国、美国等国家提高了市场投资限制，并且中国也加强了对境外投资的监管和控制力度，从而导致境外并购交易的难度进一步上升，降低了中国境外并购热情。

2018年，中国内地企业境外兼并以中国香港、美国、开曼群岛、百慕大、英国、新加坡、法国为主要的目的地，地域集群特征日益鲜明。2018年，中国香港发生境外并购交易357项，比2017年增加了85项，占中国境外并购项目数的25.1%，投资额占中国境外并购总投资额的比重为14.8%；美国发生境外并购交易230项，比2017年增加了12项，占中国境外并购项目数的15.0%，投资额所占份额为14.5%；开曼群岛发生境外并购交易107项，比2017年增加了7项，占中国境外并购项目数的7.0%，并购金额所占份额达10.5%；百慕大产生了32项境外并购交易，相比于上年增加了9项，占中国境外并购项目数的比重为2.1%，投资额占比达到7.6%；英国发生境外并购交易39项，比2017年减少了10项，占中国境外并购项目数的2.5%，投资额占比为6.7%；新加坡发生境外并购交易73项，比2017年增加了22项，占中国境外并购项目数的4.7%，投资额占比为6.0%；法

国发生境外并购交易 18 项，比 2017 年减少了 4 项，占中国境外并购项目数的 1.2%，投资额占比为 4.8%（见图 12 和表 15）。中国内地开展的境外并购总额的 64.8% 发生于美国、百慕大、中国香港、英国、开曼群岛、法国、新加坡，因此，中国香港、美国、欧洲成为中国境外并购的核心区。

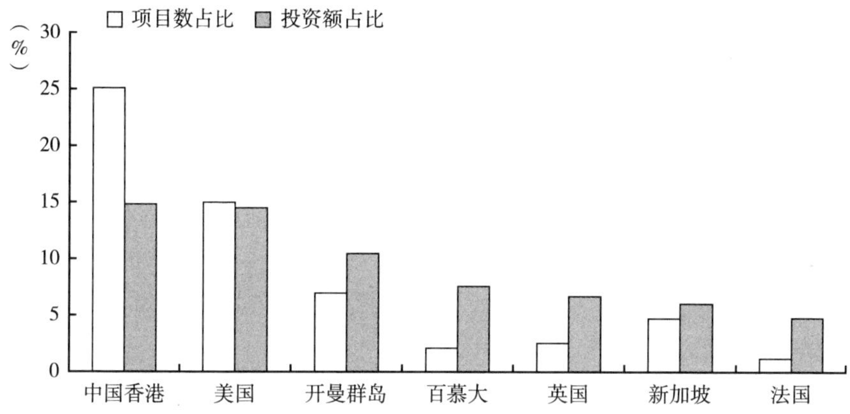

图 12　2018 年中国境外并购区域分布情况

资料来源：BVD-ZEPHYR 全球并购交易分析库与 IIS。

表 15　2018 年中国内地前十大境外投资兼并目的地

国家/地区	投资额(亿欧元)		数量(项)	
	2017 年	2018 年	2017 年	2018 年
中国香港	346.5	308.2	272	357
美　　国	290.9	301.2	208	230
开曼群岛	190.9	217.5	100	107
百 慕 大	121.2	157.6	23	32
英　　国	340.5	139.5	49	39
新 加 坡	74.3	125.6	51	73
法　　国	149.3	99.5	22	18
葡 萄 牙	91.7	91.5	6	4
澳大利亚	32.5	82.2	56	54
维京群岛	44.0	67.5	47	49

资料来源：BVD-ZEPHYR 全球并购交易分析库与 IIS。

（1）中国企业在美国海外并购分析

2018 年，作为全球最大的外资流入国，美国吸纳了 2518.1 亿美元 FDI（见图 13），其中 48 亿美元是中国企业对美国的投资（见图 14），同比降低 83.4%，是 2013 年以来中国对美国投资的最低水平。中国投资锐减主要源于美国加强对国外投资的审查力度以及美国与中国之间双边关系的日益趋紧。2018 年，美国政府加强了中国对美国科技初创企业投资的审查，导致大量投资者和企业创始人放弃交易。

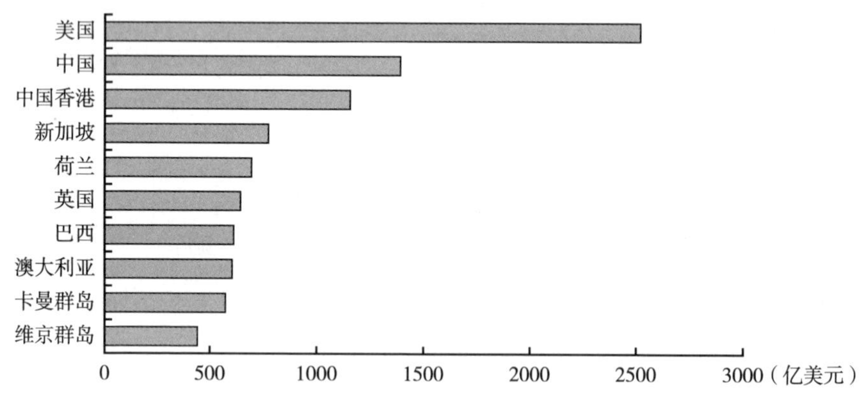

图 13　2018 年全球十大 FDI 流入地

资料来源：UNCTAD，FDI-TNC-GVC 数据库（www.unctad.org/fdistatistics）。

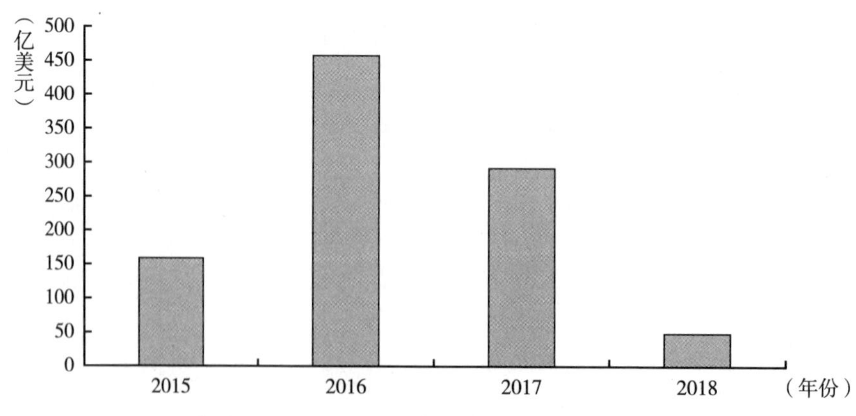

图 14　2015～2018 年中国对美国直接投资情况

资料来源：商务部。

2018 年 6 月，卧龙电气集团股份有限公司就 1750 马力以下低压和中压电机的销售、开发、设计、制造等业务，与美国通用电气公司签署 1.6 亿美元的收购协议，主要包括通用电气工业电机墨西哥股份公司 100% 股权、通用电气电机服务股份公司 100% 股权及相关业务的其他资产和雇员。2018 年 6 月，上海凯利泰医疗科技股份有限公司以 7715 万美元收购 Elliquence 100% 的股权，Elliquence 是美国一家专注于解剖、高频低温、凝血技术开发和生产的公司，已获得 FDA、CE、CFDA 等授权。2018 年 8 月，海思科拟购买 Pneuma 公司 B 序列优先股，投资额达 1000 万美元，以便得到 30 年中国境内独家 Pneuma 公司软雾吸入装置和软雾剂产品的许可权，Pneuma 公司位于美国北卡罗来纳州，主营业务是生产研发慢性阻塞性肺疾病和哮喘药物及吸入装置。2018 年 11 月，以锦江国际（集团）有限公司为首的国际财团联合 Aplite Holdings AB 完成对丽笙酒店集团的收购。

（2）中国企业在欧洲海外并购分析

2018 年，中国企业对欧洲的海外并购金额达到 640.6 亿欧元，这一方面是由于欧洲消费市场巨大、科技实力雄厚、经济发展环境较为稳定，另一方面是由于美国日益提高对中国投资的限制，因此中国技术密集型企业为实现可持续发展，吸收、消化更好的技术资源，加大了对欧洲市场的投入力度。

2018 年，中国对欧洲投资流入量最多的国家分别是英国（139.5 亿欧元）、法国（99.5 亿欧元）、葡萄牙（91.5 亿欧元）、西班牙（53.2 亿欧元）、意大利（50.4 亿欧元），占中国对欧洲投资量的 67.8%。

2018 年 2 月，复星国际及其子公司宣布收购法国历史最为悠久的高级定制时装 Jeanne Lanvin SAS，成为其控股股东。目前，Lanvin 在 50 多个国家运营，产品包括鞋具、服饰、香水、配饰、皮具，被誉为法国市场界“皇冠上的明珠”。

2018 年 6 月，厚安创新基金以 7.75 亿美元的价格收购英国芯片生产商 Arm Holdings 中国业务的 51% 的股权，突破国外对中国芯片产业的技术封锁，并且以合资公司的方式继续拓展 Arm 半导体业务。

2018 年 6 月，巨星科技以 1.8 亿瑞士法郎收购欧洲专业存储第一品牌公司 Lista 100% 股权。作为全球工作存储解决方案的引领者，Lista 的核心产品为全系列工业级和专业级储物设备、专业工具柜、零配件柜、自动化仓储设备等，雇用 450 名员工。

2018 年 7 月，联想控股完成了目前中国非金融类机构收购欧洲金融机构的最大交易案，并通过了所有欧洲中央银行和卢森堡金融业监管委员会的监管审批，以 15.3 亿欧元的价格收购卢森堡国际银行 89.9% 的股权。卢森堡国际银行是卢森堡大公国的综合性银行，具有悠久的历史，在中东、丹麦、瑞士、卢森堡等金融中心都设有机构，员工总数超过 2000 人，业务主要涉及财富管理、零售、资本市场等。

2018 年 10 月，中化国际于西班牙设立控股子公司 SPV 公司，并持有该公司 75.9% 的股份，同时，该子公司以 1.44 亿欧元从 Elix Holding Management S. a. r. l & Partners S. C. A 处购入 Global Arlington 100% 的股权，间接获得 ELIX 的控制权。ELIX Polymers 拥有全球领先的改性塑料技术和商业模式，为欧洲中高端市场表现较为出色的 ABS 生产企业，主营业务为工程塑料产品的销售及生产。

2018 年 11 月，闻泰科技联合格力电器等投资者拟以 268.5 亿元收购荷兰安世集团的 75.9% 的控股权。作为全球半导体标准器件引领者，安世集团是融合封测、制造、设计于一体的垂直整合半导体公司，并且填补了中国在芯片设计、完整晶圆制造方面的空白。

2018 年 11 月，上海莱士血液制品股份有限公司拟以 5.9 亿欧元和 50 亿美元收购血液制品产业链知名龙头企业——Biotest AG 公司和西班牙 GDS 的股权。Biotest 构建了覆盖 70 个国家的分销和直销全球网络，并在德国黑森州建设了易作血液制品工厂，在匈牙利、捷克和德国拥有 19 家浆站，现有产能超过 1300 吨。GDS 是专门从事试剂和免疫检测设备生产的公司，业务范围包括血型、免疫抗原、核酸检测，其中血液核算检测销售量全球最大，产品遍布亚洲、中东、北美洲和欧洲。

2018 年 11 月，德国人造丝龙头生产商 Cordenka 100% 股权以 2.4 亿欧元的价格被美丽境界资本欧洲并购基金收购。Cordenka 拥有 650 名员工，是目前全球工业人造丝的引领者。本次收购填补了中国相关技术和产品的空白，有助于中国轮胎生产商向全球高端供应链攀升，加快高质量发展进程。2013～2018 年中国企业在欧洲并购情况见图 15。

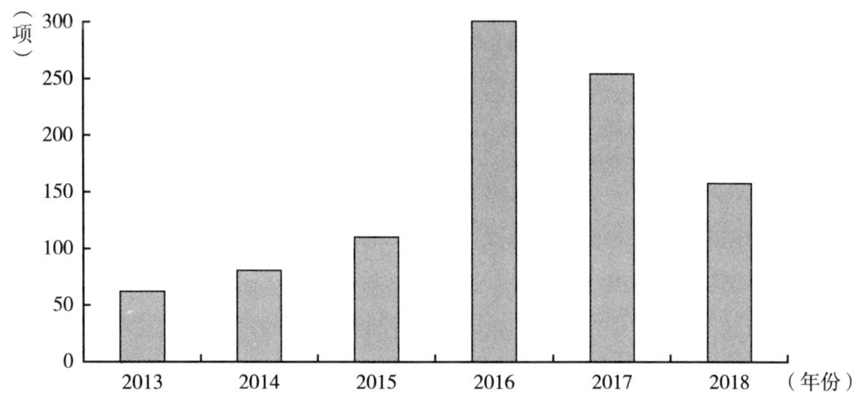

图 15　2013～2018 年中国企业在欧洲并购数量

资料来源：2019 年普华永道《2018 年中国企业并购市场回顾与2019 年展望》。

（三）2018年中国企业海外并购的行业分布情况

2013～2018 年，中国企业日益完善海外并购行业结构，日益降低对资源开采的关注，支持装备制造业、服务业发展，构建全球销售体系，积极引进领先科技，打造知名品牌，提高服务贸易占比，促进中国产业结构升级。2013～2018 年，农业、采矿业等资源开发行业与装备制造业的并购额占中国海外并购总额的比重均快速减少，分别从 2013 年的 7.6%、19.2%减至 2018 年的 1.9%、17.7%，而服务业的并购额占中国海外并购总额的比重呈现稳步上升状态，由 2013 年的 21.4%提高到 2018 年的 29.9%。由于“一带一路”倡议从谋划阶段迈入实践阶段，旅游业、贸易、互联网的投资占比日益增长，中国企业通过与海外企业合作，获得新兴、前沿技术，吸纳高端人才和管理经验，最大限度地挖掘企业发展潜力（2018 年中国海外并购行业情况见图 16、图 17）。

2018 年，中国出台多项关于中小企业海外投资的监管政策，包括《境

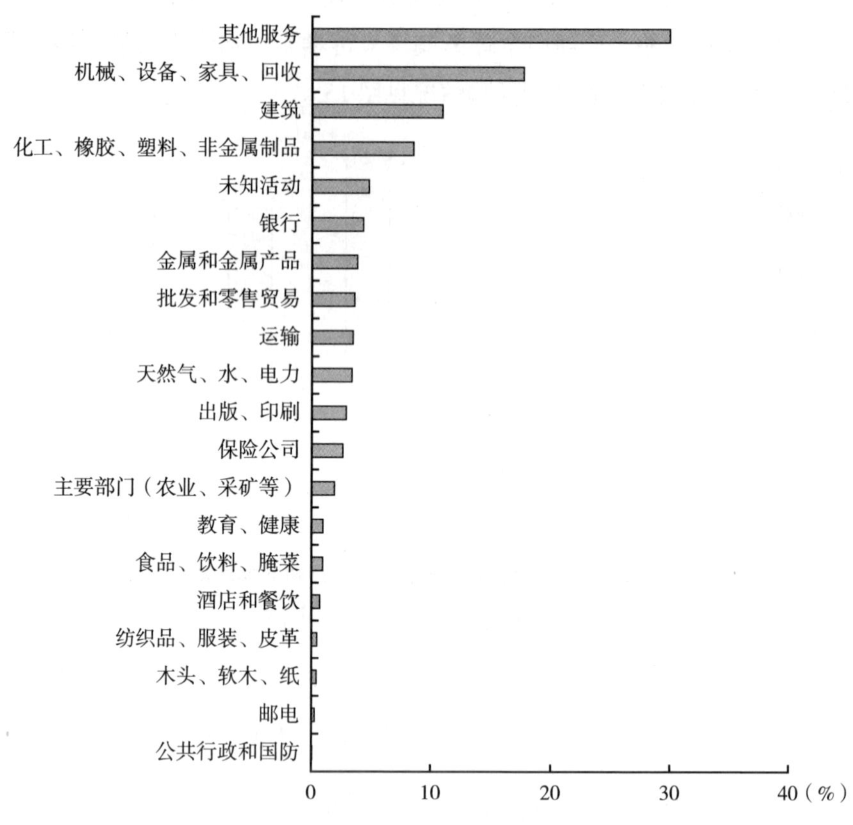

图 16　2018 年中国海外并购行业比重（投资额）

资料来源：BVD-ZEPHYR 全球并购交易分析库与 IIS。

外投资敏感行业目录（2018 年版）》《企业境外投资管理办法》，提升中国企业海外并购便利化和精细化水平。同时，中国相关部委也日益强调上市公司并购重组，如中国证券投资基金业协会、国务院金融稳定发展委员会、证监会等部门颁布多项关于龙头民企、上市公司参与并购重组的政策规定，激励多元化金融机构为上市公司的并购重组提供资金支持，并通过备案“绿色通道”，为并购重组纾解股权质押的 PE。

在“走出去”战略不断深入的条件下，中国企业以控股收购方式开展境外投资的热情逐渐上升，1000 万～1 亿美元是并购的主要集中区，项目数

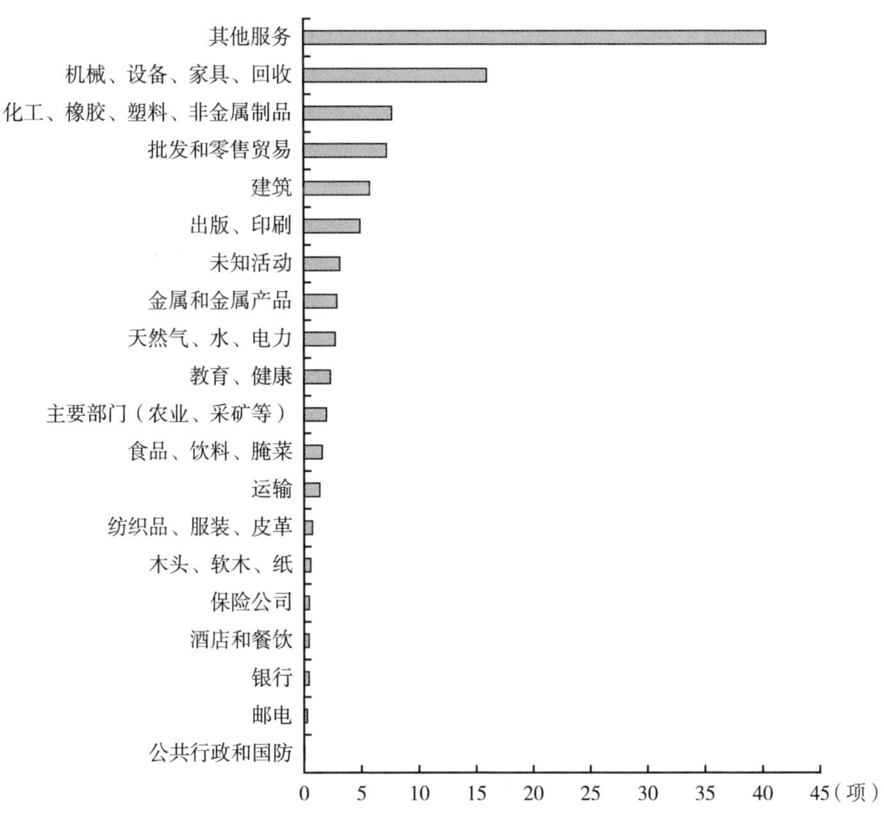

图 17 2018 年中国海外并购行业比重（数量）

资料来源：BVD-ZEPHYR 全球并购交易分析库与 IIS。

占比约为42%。2018 年 9 月，安踏联手方源资本以 40 欧元每股的价格收购芬兰体育用品公司 Amer Sports，收购额总计约为 46.88 亿欧元。Amer Sports 是芬兰知名体育用品公司，并于 1977 年在纳斯达克北欧 NASDAQQMX 上市，旗下品牌众多，如 Salomon、始祖鸟、Suunto、Wilson、Atomic Skis 等，囊括了多类运动项目，如网球、潜水、高尔夫球、越野跑装备、滑雪、滑板、羽毛球、自行车、健身器材、徒步装备等。本次收购经过欧盟、加拿大、俄罗斯、澳大利亚、美国、墨西哥、土耳其等主管机构的审查，并最终得到批准。2018 年 12 月，阿里巴巴（中国）网络技术有限公司购得分众传媒信息技术股份有限公司 5.28% 的股权，投资金额为 76.8 亿元，该部分股权原先属于 Glossy City（HK）、Power Star（HK）。分众传媒是品牌引爆力较强的广告传播平台，属于全球化的城市生活圈媒体。2018 年 12 月，天齐锂业股份有限公司成功以 279.98 亿元受让 Sociedad Quimicay Minerade Chile S. A. 223.77% 股权。SQM 是目前全球著名的锂产品最大供应商之一，锂化工及锂精矿产品是其主营业务，其智利的盐湖资产是全球范围内含锂浓度最高、开采条件最为成熟、储量最大的锂盐湖。2018 年 1 月，中粮生物化学股份有限公司作价 45.48 亿元，收购 COFCO Biochemical Holdings 100% 股权，本次收购不仅解决了中粮生化与中国粮油控股之间的同业竞争问题，还提高了中粮集团内部专业化水平，极大地促进了中粮生化向燃料乙醇行业的龙头企业发展。

虽然 2018 年中国企业海外投资环境不确定性提升，先进制造业和科技领域依然是热门并购行业。2018 年 2 月，中国吉利集团以约 90 亿美元的价格在二级市场购得具有表决权的戴姆勒 9.69% 的股份，吉利集团成为戴姆勒最大的股东，并且 4 月，吉利集团与欧洲基金公司 Cevian Capital 携手拟以 38 亿美元的价格购买沃尔沃集团 8.2% 的股份，从而成为沃尔沃集团第一大持股股东，拥有沃尔沃集团 15.6% 的投票权，两次并购进一步提升了吉利集团的资源整合利用能力和技术创新能力。2018 年 7 月，东山精密宣布以 2.93 亿美元的现金，收购 Fletronics（伟创力）旗下印刷电路板业务主体 Multek，其具体包括位于中国香港和英属维尔京群岛的四家控股主体、位于中国香港和毛里求斯的两家贸易主体、位于珠海的物价生产主体，核心产品为软硬结合板及刚性电路板，拥有福特、思科、爱立信、谷歌等客户，此次并购加强了中国 PCB 产业承接能力，使其能够有效应对新一轮科技革命。2018 年 7 月，紫光集团与法国芯片组件制造商 Linxens 签署协议，以 26 亿美元收购 Linxens，该公司是基于组件身份验证和安全市场的解决方案供应商，主要制造、设计 RFID 天线和嵌体、微型连接器，受到大量的芯片、模块、智能卡的制造商追捧。2018 年 8 月，三安光电计划收购以色列通讯芯片公司 Color Chip，投资额约为 3 亿美元，Color Chip 公司主营业务是在光电通信领域应用半导体的制造技术，核心产品是

System On Glass 的混合集成技术，Facebook 是该公司的长期客户。2018 年 10 月，江苏哈工智能机器人股份有限公司购买 Nickel GmbH、NIMAKGmbH、NIMAKKG 的全部股份和权益，最终成交价为 8803.6 万欧元，NIMAK 集团主要从事工业连接设备领域，其产品为航空、家电、汽车领域的机器人涂胶机、机器人焊机、机器人焊钳，在墨西哥、美国、德国都有子公司，核心客户为德系汽车零部件和汽车制造商，几乎囊括了全部一线汽车国际品牌。

此外，品牌建设越来越多受到中国企业的关注，借助海外并购获取高端品牌是一条便利渠道。2018 年 1 月，美克家具宣布，以 492 万美元收购 M. U. S. T. Holdings Limited60% 的股权，为酒店提供定制化的五金配件及家具、OEM 业务，JC 品牌家具的销售及生产是该公司及其子公司主营业务。2018 年 2 月，顾家家居与 LoComGmbH&Co. KG 签署了股权转让协议，以 4156.5 万欧元购买德国高端软体家具品牌 Rolf Benz 99.92% 的有限合伙股权及 RB Management AG 100% 的股权。2018 年 5 月，大自然家居收购德国高端橱柜品牌 Wellmann（威尔曼），本次收购反映出大自然家居正式进入高端定制领域。2018 年 7 月，慕容控股以 3500 万美元现金收购 Jennifer Convertibles Inc. 100% 股权，该公司是一家历史悠久的美国家具连锁店，业务核心区域是美国东部，完整系列家居饰品及家具的零售业务是该公司的主营业务。

（四）2018年国有企业和民营企业海外并购分析

2018 年已宣布的中国企业海外并购交易数量较 2017 年降低了 22.2%，仅为 627 宗，交易金额也同比降低 22.3%，金额为 941.0 亿美元（见图 18）。2018 年中国对外直接投资增长率为 4.2%，投资规模达到 1298.3 亿美元。

2018 年，民营企业和国有企业在海外并购交易活动都小幅降低，但民营企业海外并购交易数量依然处于领先位置，占中国海外并购的 49.4%。2018 年，中国民营企业海外并购数为 310 起，比 2017 年减少了 33.6%，而国有企业海外并购数为 64 起，比 2017 年降低 36.6%（见图 19、图 20）。

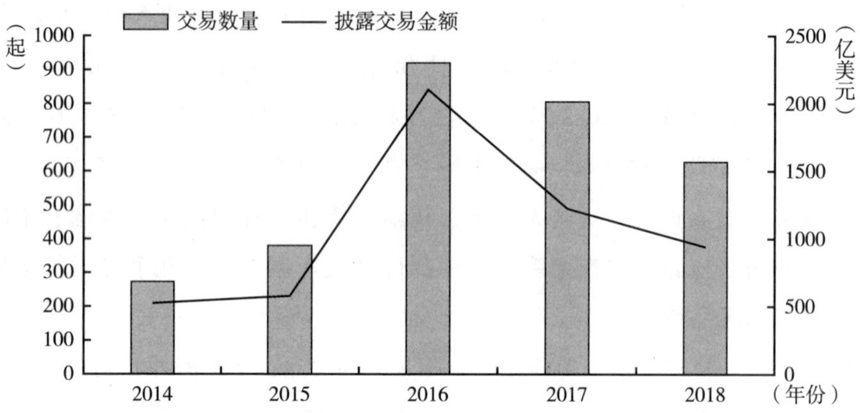

图 18　2014～2018 年中国企业海外并购交易情况

资料来源：汤森路透、投资中国及普华永道分析。

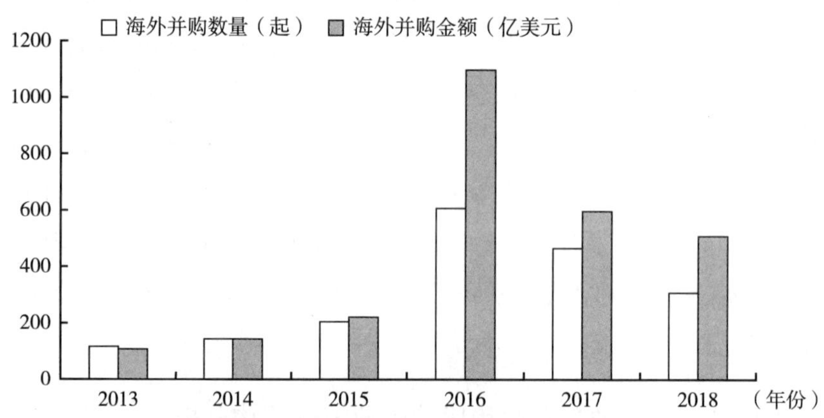

图 19　2013～2018 年中国民营企业海外并购情况

资料来源：汤森路透、投资中国及普华永道分析。

目前，民营企业海外并购更多的是源于本土技术、人才、品牌、销售市场的匮乏，因而为了更快、更好地发展，企业针对发达国家陷入经济困境的企业进行并购，以便于高效吸纳高层次人才、高端品牌、先进管理经验、核心技术、全球服务网络，并且由于欧美国家政策透明度高、资本市场较为完善，民营企业并购的目标市场仍然在欧洲、美国、日本等发达国家。鉴于中国民营企业自身结构特点及娱乐、房地产、酒店产业的限制增多，民营企业并购产业主要是拥有客户源或供应链的传媒业、高端制造业、机器人研发业、汽车制造业、自动化产业。同时，民营企业国际化程度相对较低，对海外并购流程、东道国经济形势、企业真实情况等缺乏足够的了解，并且国际谈判能力较低，导致并购时间成本、价格都相对较高，增加了对外投资的风险。

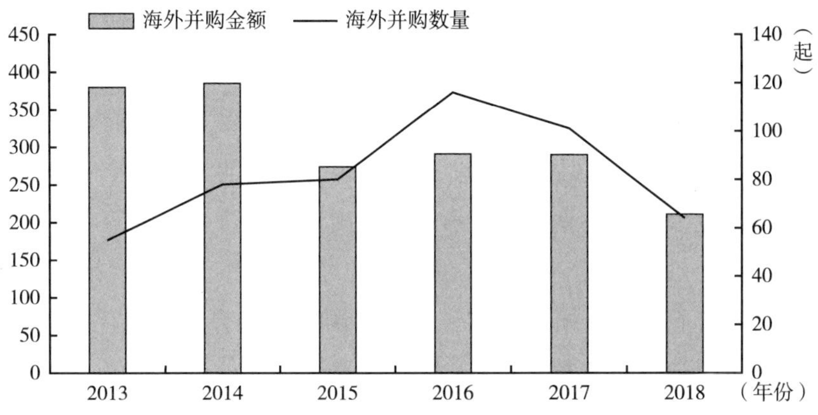

图 20　2013～2018 年中国国有企业海外并购情况

资料来源：汤森路透、投资中国及普华永道分析。

四　展望与建议

（一）展望

2019 年，世界经济下行风险进一步提高，中美贸易摩擦加剧对全球投资、消费价格、商业信息等方面产生了严重影响，并且部分国家财政赤字高企、经常账户赤字导致全球金融压力增大，削弱了世界经济增长动力，经济不稳定性、不确定性因素进一步增加，并且西方政治体制与资本主义经济矛盾凸显，或可引发世界经济动荡。

2018 年，中国连续十年是全球最大的货物出口国和第二大货物进口国，诸如市场采购贸易、外贸综合服务、跨境电商等新业态越来越受到重视，且推动作用越来越突出，“中国服务”“中国智造”“中国品牌”成为中国对外贸易发展的主要目标。2019 年，尽管土地、劳动力成本日益提升，增加了中国企业“走出去”的难度，但中国内部贸易发展环境依然平稳，支持对外开放的政策体系不断完善。第一，新模式、新业态、新产业、新技术日益成长，推动传统工业升级效率提升，显著提高了中国国际竞争优势，并且中国经济增长的核心动力逐步转变为消费，使得服务和商品的高品质需求同步增长，进一步强化了进出口贸易的可持续发展。第二，由于国际竞争日趋激烈，中国进出口企业不断提高创新能力，加大研发支出，积极打造自主品牌，逐步打造以装备制造业、高新技术产业等资本密集型产业为主的产业架构。第三，中国重视物流、金融等环节，积极搭建系统稳定性强、覆盖范围广的跨境电子商务平台，继续推广市场采购、外贸综合服务等新模式，充分发挥中国贸易优势。第四，130 多个国家、国际组织与中国签署了关于“一带一路”倡议的合作协议，有助于充分挖掘中国中西部地区的资源贸易优势，扩大全球贸易市场，加深贸易合作程度，为中国乃至全球贸易增长注入活力。第五，自由贸易区建设一直是中国贸易发展的主要方向，致力于扩大贸易“朋友圈”，将园区向欧洲、非洲、南美洲、大洋洲延伸。

2018 年，虽然中国对外直接投资额排全球第二位，但对外投资规模减少了 18.0%，投资额仅为 1298.3 亿美元，跨国并购数量为 405 起，而对外投资多数流向租赁和商务服务业、批发和零售业、采矿业、制造业，投资额占比约为 70%，投建营一体化、联合投资、实物投资、特许经营等方式快速推广及改进。在投资保护主义日渐升温的条件下，美国、西欧将陆续提高对外商投资的审查力度，完善对外投资相关法案的修订，收紧投资环境，抑制中国对其的直接投资，同时，中国积极推动与发展中国家签署自贸协定，降低中国对外投资难度和企业“走出去”的门槛，扩充投资合作领域，因而东欧、东南亚、非洲等发展中经济体在中国对外直接投资中的比重越来越高，逐渐取代西欧与美国，成为新的投资主要目的地。与此相对，中国积极推动去产能与环保督察，国有企业盈利能力有所提升，进而增加了企业自有资金，为中国企业对外直接投资提供了有力支撑。

（二）对策建议

2018 年，中国进出口贸易和对外投资向着平稳、有序、健康的方向发展。一方面，中国主动引导和规范企业“走出去”，降低投资与贸易的非理性增长，同时贸易保护主义、单边主义的兴起，提高了中国企业海外发展的门槛，进而“倒逼”中国注重加强海外投资质量和加强全球销售网络构建效率；另一方面，“一带一路”倡议从“写意画”向“工笔画”转变，延伸了中国产品和资本的覆盖区域，减少了中国企业“走出去”的障碍，加速了产业梯度的国际转移，聚集了知识创新资源，推动了贸易业态革新。

1. 加强多边和双边组织公约

中国应重视投资贸易协定谈判，增加贸易合作伙伴，尤其是与共建“一带一路”国家，加强多边、双边、区域合作，并且在谈判过程中，需要兼顾资本输出国和资本输入国双方的利益诉求，同时，积极参与国际投资规则制定，多方位、多层次保护中国对外投资企业的利益，如市场准入、外交和领事保护、投资审查、争议解决、国民待遇等。改革开放初期，中国保守程度较高，积极从资本输入国的角度签署双边投资保护协定，注重外资引进，而随着对外开放进程的加快，中国已成为全球重要的资本输入国和资本输出国，这要求中国在对外贸易投资谈判中关注海外投资保护，坚持共赢理念。

2. 制定中国海外发展保护的政府行动框架

鉴于对外贸易与投资的东道国风险具有特殊性，中国企业缺乏有效应对东道国风险的手段，需要政府为企业“走出去”构建全面、综合的保护网络。一方面，中国须加强领事馆、驻外机构与政府各部门的联系与沟通，创建国家应急联动指挥部门，涉及公安部、联合军队、商务部、应急管理部、外交部等部门，并设立由中国驻外警务联络组织、驻地领事馆、中国驻外军事力量构成的二级机构，加强自上而下、立体化、顺畅的联合指挥调度。当中国企业在境外遭受威胁或者面临实际损害时，中国政府各部门能够及时、准确、合理地为企业提供有效的帮助。另一方面，推动律师事务所、国家风险评估机构等相关中介服务机构快速发展，从而为中国企业海外发展提供维权、风险防范与评估服务。

3. 完善对外贸易投资的法律法规

面对中国企业“走出去”日益提速，中国可进一步加快相关法律法规的制定与完善，强化对中国企业海外竞争与经营的指导与规范。首先，中国可鼓励银行、保险机构设立海外投资险种，积极制定“海外投资保险法”，降低企业“走出去”风险。其次，借鉴美国的《反海外贿赂法》、日本的《海外投资行动指针》等国外法律法规，提高企业“走出去”的规范程度，树立中国企业良好的国际形象。最后，中国立法应积极对接国际法，减少企业利用国内法规摆脱国际义务与国际责任的概率。

4. 构建海外风险监管体系

中国应提高海外风险监测力度，建立健全境外风险监管体系，及时传递全球产业投资及国别风险，并且制定境外经营、管理、发展评估指标体系，进一步完善对国有企业境外发展的管控，减少国家资金外流。同时，中国可以加强海外发展信用体系建设，将危害国家名誉、扰乱国际经济秩序的企业列入失信名录。此外，中国可以加强对海外融资行为的监管，保障外债规模控制在合理水平内，减少国外风险流入中国。

5. 推动中国企业与“一带一路”对接

中国搭建“一带一路”贸易投资信息平台，主要涵盖共建“一带一路”国家文化、社会、经济、法律、政治等相关数据信息，克服对外投资信息的双边不对称性，并且引导中国企业分区域、分重点布局，逐步实现优势富余产能跨国转移，提高对外投资质量，减低中国资本流出的盲目性。同时，给予相关投资企业税收优惠，特别是基础设施建设等回报周期长、收益低的企业，加强政策性银行财政政策的保障效用，长期、稳定地为对外投资企业提供信贷资金支持。

参考文献

中华人民共和国商务部等：《2017 年度中国对外直接投资统计公报》，中国统计出版社，2018。

中华人民共和国商务部等：《2016 年度中国对外直接投资统计公报》，中国统计出版社，2017。

《全球投资趋势监测报告》，联合国贸易与发展会议，2019。

普华永道会计师事务所：《2018 年中国企业并购市场回顾与 2019 年展望》，2019。

分 报 告

Specific Reports

B.2
2018年中国企业出口100强排行榜及其评析

赵永超*

摘　要： 2018年国际单边主义抬头，全球化进入新阶段；国内供给侧结构性改革持续推进，加快经济高质量发展成为我国企业出口的主要目标。本节通过对2018年我国企业出口总额前100位的企业进行排名，并对其结构构成、企业性质、地域分布等方面进行分析，总结了2018年我国企业出口的总体趋势。我国企业出口100强在出口总额和增速方面均较2017年出现小幅增长，从产业分布来看，排名前三位的产业分别是信息传输、计算机服务和软件业，制造业以及交通运输和仓储业，而采矿业的比重则有所下降。从地域分布来看，100强企业

* 赵永超，对外经济贸易大学博士，主要研究方向为对外投资与区域合作。

中大部分依旧来自东部地区，但中西部地区企业不论是数量或是规模都较2017年有所增长。本书认为在工业4.0时代来临之际，我国出口企业应该抓住第四次工业革命带来的技术革新机遇，通过不断完善自身管理模式与技术升级提质增效。

关键词： 中国企业　出口100强　区域分布

本部分报告数据来源于我国海关信息网统计公布的2018年中国企业出口排名数据。报告中选取了排名前100的企业，介绍了企业的总体概况，并在此基础上进行了深入分析，进一步研究了各入围企业的区域特征、所有制结构以及行业分布等方面的特征。同时选取了其中不同类型的典型企业进行跟踪动态化研究，以期能够以动态化视野体现其发展趋势。结合对排行榜进行的动态化研究，又深入了解了2018年企业出口的增长趋势及入围门槛、入围企业的新旧更替状况以及产业结构差异。最后为我国企业进一步开拓海外市场、提升出口额、优化出口结构，实现可持续发展提出了相关建议。

一　2018年中国企业出口100强排行榜

（一）2018年中国企业出口100强排行榜

2018年，我国出口前100名的企业出口额合计4525.7亿美元[①]，相比2017年上涨12.08%，继续保持前100强企业出口总额两位数的增长态势。表1为2018年我国企业出口100强排行榜，分别包括了企业名称、企业性质、所在地及出口额。

① 中国海关信息网统计公布的数据。

表 1　2018 年中国企业出口 100 强排行榜

单位：亿美元

排名	企业名称	企业性质	所在地	出口额
1	鸿富锦精密电子(郑州)有限公司	中外合资企业	河南	310.0364
2	富泰华工业(深圳)有限公司	外商独资企业	广东	180.4953
3	苏州得尔达国际物流有限公司	国有企业	江苏	174.9017
4	华为终端有限公司	私营企业	广东	168.1573
5	昌硕科技(上海)有限公司	外商独资企业	上海	151.6242
6	达功(上海)电脑有限公司	外商独资企业	上海	145.3314
7	美光半导体(西安)有限责任公司	外商独资企业	陕西	140.6409
8	名硕电脑(苏州)有限公司	外商独资企业	江苏	124.3117
9	华为技术有限公司	集体企业	广东	119.4028
10	鸿富锦精密电子(成都)有限公司	外商独资企业	四川	113.6198
11	达丰(重庆)电脑有限公司	外商独资企业	重庆	105.0983
12	中国国际石油化工联合有限责任公司	国有企业	北京	90.19665
13	世硕电子(昆山)有限公司	外商独资企业	江苏	88.95849
14	英特尔产品(成都)有限公司	外商独资企业	四川	85.71012
15	惠州三星电子有限公司	中外合资企业	广东	84.38456
16	中国联合石油有限责任公司	国有企业	北京	79.8689
17	戴尔贸易(昆山)有限公司	外商独资企业	江苏	79.4756
18	富士康精密电子(太原)有限公司	中外合资企业	山西	69.13328
19	英业达(重庆)有限公司	外商独资企业	重庆	65.18572
20	戴尔(成都)有限公司	外商独资企业	四川	56.46031
21	深圳富桂精密工业有限公司	外商独资企业	广东	51.04151
22	东莞市欧珀精密电子有限公司	私营企业	广东	48.04079
23	西安海邦物流有限公司	私营企业	陕西	47.26875
24	仁宝资讯工业(昆山)有限公司	外商独资企业	江苏	44.13693
25	江苏富昌中外运物流有限公司	国有企业	江苏	43.99126
26	鸿富锦精密电子(烟台)有限公司	外商独资企业	山东	43.97669
27	金士顿科技(上海)有限公司	外商独资企业	上海	43.62709
28	英特尔贸易(上海)有限公司	外商独资企业	上海	42.7968
29	深圳中外运物流有限公司	国有企业	广东	41.03423
30	珠海小米通讯技术有限公司	私营企业	广东	39.2571
31	深圳市裕展精密科技有限公司	外商独资企业	广东	37.93154
32	联宝(合肥)电子科技有限公司	外商独资企业	安徽	36.86817
33	联想信息产品(深圳)有限公司	私营企业	广东	36.79534

续表

排名	企业名称	企业性质	所在地	出口额
34	纬创资通(中山)有限公司	外商独资企业	广东	36.59141
35	达富电脑(常熟)有限公司	外商独资企业	江苏	36.31464
36	联想移动通信贸易(武汉)有限公司	私营企业	湖北	35.93591
37	小米通讯技术有限公司	私营企业	广东	35.71741
38	纬创资通(重庆)有限公司	外商独资企业	重庆	35.67371
39	晟碟半导体(上海)有限公司	外商独资企业	上海	31.59505
40	英运物流(上海)有限公司	私营企业	上海	31.30371
41	英特尔半导体(大连)有限公司	外商独资企业	辽宁	31.23088
42	吴江海晨仓储有限公司	私营企业	江苏	30.09468
43	达丰(上海)电脑有限公司	外商独资企业	上海	30.06555
44	伟创力制造(珠海)有限公司	外商独资企业	广东	30.02185
45	近铁国际物流(中国)有限公司	中外合资企业	上海	29.65768
46	吉宝通讯(南京)有限公司	外商独资企业	江苏	29.55572
47	中兴通讯股份有限公司	国有企业	广东	29.41005
48	南宁富桂精密工业有限公司	中外合资企业	广西	28.88565
49	中化石油有限公司	国有企业	北京	27.98252
50	三星(中国)半导体有限公司	外商独资企业	陕西	27.95339
51	鸿富锦精密电子(天津)有限公司	外商独资企业	天津	27.82229
52	纬新资通(昆山)有限公司	外商独资企业	广东	27.51639
53	中海油中石化联合国际贸易有限责任公司	国有企业	北京	27.26875
54	广东跨境达商贸有限公司	私营企业	广东	26.54042
55	天津三星视界移动有限公司	中外合资企业	天津	26.46759
56	重庆翊宝智慧电子装置有限公司	私营企业	重庆	25.44792
57	捷普电子(广州)有限公司	外商独资企业	广东	25.41879
58	东莞三星视界有限公司	外商独资企业	广东	25.11289
59	东莞创机电业制品有限公司	外商独资企业	广东	24.32629
60	珠海格力电器股份有限公司	国有企业	广东	23.99126
61	英华达(上海)科技有限公司	外商独资企业	上海	23.53969
62	苏州佳世达电通有限公司	外商独资企业	江苏	22.7968
63	维沃通信科技有限公司	私营企业	广东	22.37436
64	日照钢铁控股集团有限公司	集体企业	山东	21.99563
65	深圳市一达通企业服务有限公司	私营企业	广东	21.90823
66	旭硕科技(重庆)有限公司	外商独资企业	重庆	21.71886
67	福建捷联电子有限公司	外商独资企业	福建	20.94683

续表

排名	企业名称	企业性质	所在地	出口额
68	中国船舶燃料有限责任公司	国有企业	北京	20. 67007
69	广东美的制冷设备有限公司	中外合资企业	广东	20. 437
70	乐金显示(广州)有限公司	外商独资企业	广东	20. 02913
71	海太半导体(无锡)有限公司	中外合资企业	江苏	19. 8689
72	招商局保税物流有限公司	中外合资企业	广东	19. 81063
73	飞力达物流(深圳)有限公司	外商独资企业	广东	19. 6504
74	中石化浙江舟山石油有限公司	国有企业	浙江	19. 49017
75	安靠封装测试(上海)有限公司	外商独资企业	上海	19. 2571
76	广西佳愉贸易有限公司	私营企业	广西	19. 24253
77	TCL 王牌电器(惠州)有限公司	外商独资企业	广东	18. 76184
78	深圳盐田港普洛斯物流园有限公司	中外合资企业	广东	18. 6453
79	爱思开海力士半导体(重庆)有限公司	外商独资企业	重庆	18. 63074
80	杭州海康威视科技有限公司	外商独资企业	浙江	18. 32484
81	浪潮乐金数字移动通信有限公司	中外合资企业	山东	17. 88784
82	天津三星通信技术有限公司	中外合资企业	天津	17. 5528
83	中石化(香港)海南石油有限公司	外商独资企业	海南	17. 49454
84	三星电子(苏州)半导体有限公司	外商独资企业	江苏	17. 36344
85	深圳嘉泓永业物流有限公司	私营企业	广东	17. 14494
86	恩斯迈电子(深圳)有限公司	外商独资企业	广东	16. 89731
87	深圳市金运达国际物流有限公司	国有企业	广东	16. 67881
88	山西太钢不锈钢股份有限公司	国有企业	山西	16. 67881
89	本钢集团国际经济贸易有限公司	国有企业	辽宁	16. 62054
90	伯恩光学(惠州)有限公司	外商独资企业	广东	16. 40204
91	冠捷显示科技(厦门)有限公司	外商独资企业	福建	16. 34377
92	上海振华重工(集团)股份有限公司	中外合资企业	上海	16. 30007
93	联想系统集成(深圳)有限公司	私营企业	广东	16. 03787
94	青岛海信国际营销股份有限公司	国有企业	山东	15. 97961
95	深圳市新宁现代物流有限公司	私营企业	广东	15. 93591
96	戴尔(厦门)有限公司	外商独资企业	福建	15. 89221
97	江苏沙钢国际贸易有限公司	集体企业	江苏	15. 84851
98	深圳富泰宏精密工业有限公司	外商独资企业	广东	15. 73197
99	海洋石油工程股份有限公司	国有企业	天津	15. 60087
100	深圳市深国际华南物流有限公司	国有企业	广东	15. 57174
合计				4525. 72

（二）地域特征

1. 区域特征

区域特征方面，2018 年的情况同 2017 年相似，并未出现太大变动，东部地区企业仍是入围主体，共计 79 家，出口总额较 2017 年的 2918.22 亿美元增长了 10.26%，为 3217.66 亿美元，占排行榜出口总额的比重为 71.10%，东部地区入围企业平均出口额为 40.73 亿美元；中部地区入围企业数量有所下降，2017 年为 7 家，2018 年降至 5 家，出口总额较 2017 年下降了 0.24%，为 468.65 亿美元，占比为 10.36%，单位企业出口额为 93.73 亿美元；西部地区入围的 14 家企业出口总额为 791.54 亿美元，较 2017 年增长 28.55%，占比为 17.49%，企业平均出口额 56.54 亿美元；东北地区两家企业以 47.85 亿美元的总出口额占比为 1.06%，出口额较 2017 年增长了 41.03%，平均出口额为 23.93 亿美元。

2018 年，东部地区企业在出口总额和入围企业数量上仍占据着绝对性的优势地位，其优势虽略有下滑，但出口额仍出现了 10.26% 的增长，这与其沿海的地理位置和改革开放多年来造就的坚实基础是密不可分的；在“中部崛起”战略的指引下，中部地区正加快供给侧结构性改革，入围企业也愈发突出了其少而精的特点：企业出口额总量虽有所下降，但企业效益较以往年份有所提升，且入围企业结构有所优化；西部地区迅猛发展得益于政策上的支持，国家“一带一路”倡议、西部大开发以及优惠的招商引资政策助力西部地区企业“走出去”更上一层楼，其在 100 强排行榜中的比重、出口额均上涨，入围企业数量、平均出口额均再创新高；“振兴东北老工业基地”政策为东北地区出口企业带来了国际化发展契机，东北出口企业国际化水平逐步提升。综上可以看出，随着我国持续扩大对外开放力度，内陆地区出口额、出口占比明显增加，表2 表示 2017 年和 2018 年按地区分布 100 强企业出口总额、占比情况。①

① 注：根据中国国家统计局编撰的《中国统计年鉴》地区划分，东部地区包括北京、天津、河北、上海、江苏、浙江、福建、山东、广东和海南 10 个省份；中部地区包括山西、安徽、江西、河南、湖北和湖南 6 个省份；西部地区包括内蒙古、广西、重庆、四川、贵州、云南、西藏、陕西、甘肃、青海、宁夏和新疆 12 个省份；东北地区包括辽宁、吉林和黑龙江 3 个省份。

表2　2017～2018年中国企业出口100强区域分布

区域	入围企业数(家)		出口总额(亿美元)		出口额占比(%)		平均出口额(亿美元)	
	2017年	2018年	2017年	2018年	2017年	2018年	2017年	2018年
东部	78	79	2918.22	3217.66	72.27	71.10	37.41	40.73
中部	7	5	469.81	468.65	11.64	10.36	67.12	93.73
西部	13	14	615.75	791.54	15.25	17.49	47.37	56.54
东北	2	2	33.93	47.85	0.84	1.06	16.97	23.93

2. 省域特征

2018年，共有18个省份的企业入围100强排行榜，海南是2018年最新入围的省份。具体省份及企业数量分布如表3所示。

表3　2018年中国企业出口100强省际分布

省份	入围企业数(家)	出口总额(亿美元)	出口额占比(%)	平均出口额(亿美元)
广东	35	1355.68	29.96	38.73
江苏	14	755.14	16.69	53.94
上海	11	565.10	12.49	51.37
重庆	6	271.76	6.00	45.29
北京	5	245.99	5.44	49.20
山东	4	99.84	2.21	24.96
天津	4	87.44	1.93	21.86
四川	3	255.79	5.65	85.26
陕西	3	215.86	4.77	71.95
福建	3	53.18	1.18	17.73
山西	2	85.81	1.90	42.91
广西	2	48.13	1.06	24.06
辽宁	2	47.85	1.06	23.94
浙江	2	37.82	0.84	18.91
河南	1	310.04	6.85	310.04
安徽	1	36.87	0.81	36.87
湖北	1	35.94	0.79	35.94
海南	1	17.49	0.39	17.49

2018 年，广东省共有 35 家企业入围 100 强排行榜，作为对外开放的领头羊，广东省也保持了其在出口方面的领军地位。入围的 35 家企业中，有 20 家位于深圳，深圳作为我国对外开放的窗口，拥有毗邻中国香港的得天独厚的优势，企业数占据排行榜总数的 1/5，成为拥有我国出口 100 强企业最多的城市。广东省入围企业出口总额为 1355.68 亿美元，占比为 29.96%，同比下降 0.6%，企业平均出口额为 38.73 亿美元。表 4 是广东省入围企业的具体名单。

表 4　广东省出口 100 强企业

单位：亿美元

国内排名	企业名称	企业性质	所在地	出口额
2	富泰华工业(深圳)有限公司	外商独资企业	深圳	180.4953
4	华为终端有限公司	私营企业	深圳	168.1573
9	华为技术有限公司	集体企业	深圳	119.4028
15	惠州三星电子有限公司	中外合资企业	惠州	84.38456
21	深圳富桂精密工业有限公司	外商独资企业	深圳	51.04151
22	东莞市欧珀精密电子有限公司	私营企业	东莞	48.04079
29	深圳中外运物流有限公司	国有企业	深圳	41.03423
30	珠海小米通讯技术有限公司	私营企业	珠海	39.2571
31	深圳市裕展精密科技有限公司	外商独资企业	深圳	37.93154
33	联想信息产品(深圳)有限公司	私营企业	深圳	36.79534
34	纬创资通(中山)有限公司	外商独资企业	中山	36.59141
37	小米通讯技术有限公司	私营企业	深圳	35.71741
44	伟创力制造(珠海)有限公司	外商独资企业	珠海	30.02185
47	中兴通讯股份有限公司	国有企业	深圳	29.41005
54	广东跨境达商贸有限公司	私营企业	广州	26.54042
57	捷普电子(广州)有限公司	外商独资企业	广州	25.41879
58	东莞三星视界有限公司	外商独资企业	东莞	25.11289
59	东莞创机电业制品有限公司	外商独资企业	东莞	24.32629
60	珠海格力电器股份有限公司	国有企业	珠海	23.99126
63	维沃通信科技有限公司	私营企业	广州	22.37436
65	深圳市一达通企业服务有限公司	私营企业	深圳	21.90823
69	广东美的制冷设备有限公司	中外合资企业	珠海	20.437
70	乐金显示(广州)有限公司	外商独资企业	广州	20.02913

续表

国内排名	企业名称	企业性质	所在地	出口额
72	招商局保税物流有限公司	中外合资企业	深圳	19.81063
73	飞力达物流(深圳)有限公司	外商独资企业	深圳	19.6504
77	TCL王牌电器(惠州)有限公司	外商独资企业	惠州	18.76184
78	深圳盐田港普洛斯物流园有限公司	中外合资企业	深圳	18.6453
85	深圳嘉泓永业物流有限公司	私营企业	深圳	17.14494
86	恩斯迈电子(深圳)有限公司	外商独资企业	深圳	16.89731
87	深圳市金运达国际物流有限公司	国有企业	深圳	16.67881
90	伯恩光学(惠州)有限公司	外商独资企业	惠州	16.40204
93	联想系统集成(深圳)有限公司	私营企业	深圳	16.03787
95	深圳市新宁现代物流有限公司	私营企业	深圳	15.93591
98	深圳富泰宏精密工业有限公司	外商独资企业	深圳	15.73197
100	深圳市深国际华南物流有限公司	国有企业	深圳	15.57174

江苏省的综合经济实力一直处于我国各省份前列，出口是其发展的强劲助力器。2018年江苏省进入中国企业出口100强的共有14家，与2017年持平。江苏省出口100强企业分布集中度最高，14家100强企业中有8家位于苏州（含昆山），占总数的57.14%。2018年，江苏入围企业出口额合计755.13亿美元，比上年增长了10.17%，占比为16.69%，是出口第二大省，企业平均出口额为53.94亿美元。江苏省入围100强企业的具体名单详见表5。

表5　江苏省出口100强企业

单位：亿美元

国内排名	企业名称	企业性质	所在地	出口额
3	苏州得尔达国际物流有限公司	国有企业	苏州	174.9016752
8	名硕电脑(苏州)有限公司	外商独资企业	苏州	124.3117261
13	世硕电子(昆山)有限公司	外商独资企业	苏州	88.95848507
17	戴尔贸易(昆山)有限公司	外商独资企业	苏州	79.47560087
24	仁宝资讯工业(昆山)有限公司	外商独资企业	苏州	44.13692644
25	江苏富昌中外运物流有限公司	国有企业	南京	43.99126001
35	达富电脑(常熟)有限公司	外商独资企业	常熟	36.31463948
42	吴江海晨仓储有限公司	私营企业	吴江	30.09468318
46	吉宝通讯(南京)有限公司	外商独资企业	南京	29.55571741

续表

国内排名	企业名称	企业性质	所在地	出口额
52	纬新资通(昆山)有限公司	外商独资企业	苏州	27.51639
62	苏州佳世达电通有限公司	外商独资企业	苏州	22.79679534
71	海太半导体(无锡)有限公司	中外合资企业	无锡	19.86890022
84	三星电子(苏州)半导体有限公司	外商独资企业	苏州	17.36343773
97	江苏沙钢国际贸易有限公司	集体企业	南京	15.84850692

上海位于长江三角洲冲积平原前缘，是长江中下游经济带的重要枢纽。出口贸易一直是其重点发展的领域。通过上海自由贸易区的建设，上海将发展成为重要的国际金融中心、结算中心、物流中心、贸易中心。2018 年，上海入围企业 11 家，数量与上年持平，出口总额为 565.10 亿美元，占比为 12.49%，企业平均出口额为 51.37 亿美元，增长了 3.51%。

中西部唯一直辖市山城重庆，是西部大开发的标杆城市，凭借舒适宜居的环境和国家政策的大力支持，重庆的招商引资和国际合作发展取得巨大成功。继 2012 年有 2 家企业入围中国企业出口 100 强排行榜，2013 年猛增至 6 家，2015 年与 2014 年相同，继续保持 6 家的强劲势头。2016 年比 2015 年减少了 1 家。在重庆对外招商引资的有利环境下，出口企业抓住了契机，入围的 5 家企业出口总额达到 188.43 亿美元，占排行榜入围企业总出口额的 5.26%。2017 年入围企业数量保持不变，但出口总额突破了 200 亿美元大关，以 223.12 亿美元的出口额占入围企业总出口额的 5.52%。2018 年，重庆入围企业又增一家，以 271.76 亿美元的出口额再创历史新高，占比为 6%，企业平均出口额为 45.29 亿美元，重庆的出口势头可见一斑。

首都北京既是政治中心、文化中心，也是科技创新中心和国际交流中心，资源环境得天独厚，各大央企纷纷将总部设立在北京，因此也形成了强大的总部经济优势。2018 年北京入围企业较上年增长 1 家，总计 5 家，包括中央直属企业中国国际石油化工联合有限责任公司。北京入围企业出口总额为 245.99 亿美元，较上年增长了 90.44%，为全国增量之首，排行榜占比为 5.44%，企业平均出口额为 49.20 亿美元，增长了 52.80%。

拥有青岛、烟台、威海等众多北方优质港口的山东，也在与日韩的密切贸易往来中为“蓝色经济”建设做出了十分重大的贡献。2018 年山东有 4 家企业入围中国企业出口 100 强排行榜，与 2017 年持平且均属外资企业，具体信息详见表 6。4 家企业出口额总计 99. 84 亿美元，占比为 2. 21%，企业平均出口额为 24. 96 亿美元。

表 6　山东省出口 100 强企业

单位：亿美元

国内排序	企业名称	企业性质	所在地	出口额
26	鸿富锦精密电子（烟台）有限公司	外商独资企业	烟台	43. 97669
64	日照钢铁控股集团有限公司	集体企业	日照	21. 99563
81	浪潮乐金数字移动通信有限公司	中外合资企业	烟台	17. 88784
94	青岛海信国际营销股份有限公司	国有企业	青岛	15. 97961

资料来源：中国海关信息网。

天津作为北方国际航运核心区、北方最重要的港口，近年来国际化水平不断提高，天津是中蒙俄经济走廊的重要节点、“一带一路”交会点，天津自贸试验区是中国北方第一个自贸试验区，同时还有滨海新区、京津冀协同发展战略的支持。2018 年，天津共有 4 家企业入围中国企业出口 100 强排行榜，较上年新增一家，入围企业均为外资企业，集中于电子产品制造。入围企业出口总额 87. 44 亿美元，增长了 14. 08%，占比为 1. 93%，企业平均出口额为 21. 86 亿美元。

四川是我国西部大开发的重点省份，通过招商引资，大力发展电子信息、装备制造、高新技术等行业，富士康、戴尔、英特尔等企业纷纷被吸引入驻四川。2018 年入围中国企业出口 100 强排行榜的企业达到 3 家，与 2017 年持平，且全部是外资企业。入围企业出口额合计 255. 79 亿美元，增长了 27. 79%，占比为 5. 65%，以 85. 26 亿美元的单位企业出口额成为全国第一。

陕西作为西部省份，在西部大开发战略的指引下，充分抓住“一带一路”倡议带来的重大战略机遇，企业出口规模在最近几年发展十分迅速。2018 年入围 100 强排行榜的企业共 3 家，数量与 2017 年持平，出口总额为

215.86 亿美元，较上年增长了27.43%，占比为4.77%，企业平均出口额为71.95 亿美元。各企业具体信息详见表7。

表7　陕西省出口百强企业

单位：亿美元

国内排序	企业名称	企业性质	所在地	出口额
7	美光半导体(西安)有限责任公司	外商独资企业	西安	140.6409
23	西安海邦物流有限公司	私营企业	西安	47.26875
50	三星(中国)半导体有限公司	外商独资企业	西安	27.95339

福建是著名的华侨之乡，是东南沿海重要的外贸发展地区，借助“一带一路”倡议，海外出口贸易迅速发展。2018 年与 2017 年相比入围企业增加了 1 家，共有 3 家福建企业入围，出口额共计 53.18 亿美元，占比为1.18%，企业平均出口额为17.73 亿美元。各企业具体信息详见表8。

表8　福建省出口百强企业

单位：亿美元

国内排序	企业名称	企业性质	所在地	出口额
67	福建捷联电子有限公司	外商独资企业	福清	20.94683
91	冠捷显示科技(厦门)有限公司	外商独资企业	厦门	16.34377
96	戴尔(厦门)有限公司	外商独资企业	厦门	15.89221

中华文明的发源地之一的山西省是我国重要的煤炭、能源输出省，也是重要的能源化工基地。山西省多年来一直在破解“资源诅咒”的道路上不断努力，“中部崛起”战略实施后，山西省于 2013 年成功成为全国资源型经济转型综合配套改革示范区，并不断加快其传统资源型经济转型发展的步伐。2018 年，山西省入围企业分别是富士康精密电子（太原）有限公司和山西太钢不锈钢股份有限公司，出口总额为 85.81 亿美元，较上年增长了13.67%，占比为 1.90%。

广西壮族自治区拥有对外贸易的优越地理优势，随着第三轮“加工贸易倍增计划”的深入推进，广西壮族自治区充分利用中央及自治区加工贸易专项资金的杠杆作用，改善物流条件，降低企业成本；招商引资，改善贸易产业发展环境和条件；同时重点支持加工贸易产业转移。2018 年，广西共有 2 家企业入围 100 强榜单，且均为民营企业，即南宁富桂精密工业有限公司和广西佳愉贸易有限公司，出口总额为 48.13 亿美元，占比为 1.06%，企业平均出口额为 24.07 亿美元。

辽宁作为我国传统的重工业基地，具有较好的制造业基础，且具有天然良港大连，作为东北地区最重要的港口，吸引了众多出口企业的进驻。辽宁引进英特尔集团投资后，拥有了两家入围企业，即英特尔半导体（大连）有限公司和本钢集团国际经济贸易有限公司，出口额合计 47.85 亿美元，占比为 1.06%，企业平均出口额为 23.93 亿美元。

浙江省作为长江中下游经济带重要组成部分，有着十分优良的营商环境及十分便利的交通条件。2018 年共有两家企业入围 100 强榜单，分别为中石化浙江舟山石油有限公司以及杭州海康威视科技有限公司，两家企业出口额总计 37.82 亿美元，占比为 0.84%，企业平均出口额为 18.91 亿美元。

中部省份河南的劳动力成本优势显著，河南抓住了“中部崛起”政策这个契机大力进行招商引资，国际加工和制造业巨头富士康于河南省会郑州市设立了分公司——鸿富锦精密电子（郑州）有限公司，主要经营电子产品加工和出口业务。该公司 2018 年再次入围中国企业出口 100 强排行榜，出口总额达到 310.04 亿美元，出口额占 100 强企业出口总额的比重达到 6.85%。

安徽省同样作为中部省份，在对接长江中下游经济带等方面取得了长足进步，营商环境与基础设施条件均明显登上更高台阶。2018 年安徽省联宝（合肥）电子科技有限公司继续入围 100 强排行榜，出口额达到 36.87 亿美元，占比为 0.81%。

湖北省及海南省分别有 1 家企业入围 100 强榜，分别为联想移动通信贸易（武汉）有限公司、中石化（香港）海南石油有限公司，占比分别为 0.79%、0.39%。

根据上述对各省份情况分析，2018 年，中国出口企业 100 强的省域分布有三个特征：一是企业出口规模总体上升态势明显；二是中西部地区企业出口规模增速提升；三是多数企业懂得把握历史机遇，积极跟随“一带一路”倡议、经济特区、经济带、京津冀协同发展等国家重大战略和计划，为新一轮对外开放贡献自己的力量。

（三）行业分布

2018 年，我国出口 100 强企业主要分布于五大产业，具体分布及结构详见图 1 及表 9。

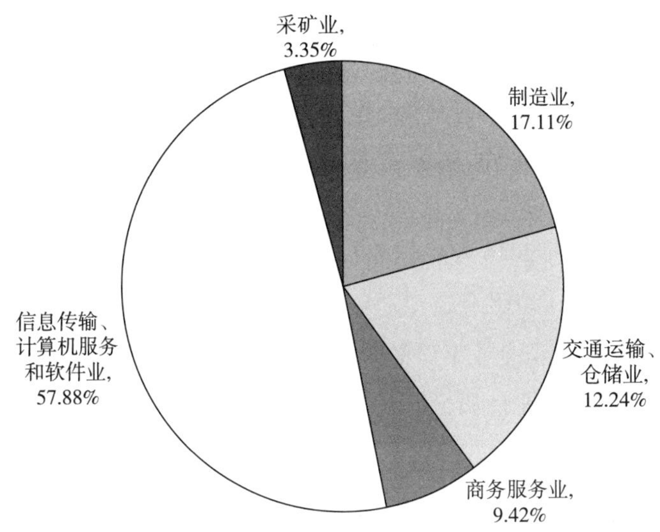

图 1　2018 年我国出口企业 100 强行业分布

表 9　2018 年我国出口企业 100 强行业分布

行业	入围企业数（家）	出口额（亿美元）	占出口总额比重（%）	单位企业平均出口额（亿美元）
制造业	21	774. 35	17. 11	36. 87
交通运输、仓储业	19	553. 95	12. 24	29. 16
商务服务业	7	426. 32	9. 42	60. 90
信息传输、计算机服务和软件业	49	2619. 48	57. 88	53. 46
采矿业	4	151. 61	3. 35	37. 90

资料来源：中国海关信息网。

我国是世界制造业大国，我国制造业，尤其是机电产品制造业出口已经连续20年占据出口排行榜第一位。2018年出口100强企业中21家为制造业企业。制造业入围企业出口总额为774.35亿美元，占比为17.11%，平均出口额36.87亿美元，在行业中排名第4位。我国凭借低廉的劳动力成本优势和优惠的招商引资政策吸引了大批外资企业前来中国大陆投资设厂，入围企业中，外资占比大于90%，且以出口导向型电子产品加工企业为主。

交通运输、仓储业入围企业19家，均来自东部沿海地区，经营范围涵盖了物流全流程，不仅包括集运、分拆、仓储、配送、报关，还提供物流加工、信息服务等。全行业入围企业出口额合计553.95亿美元，占比为12.24%，较上年增长了1.02%，企业平均出口额为29.16亿美元。这19家企业位置分布相对集中，13家来自深圳，仅有3家来自江苏，2家来自上海，1家来自浙江；企业性质则相对均衡，6家国有企业、7家外资企业、6家民营企业。

商务服务业入围2018年中国出口100强企业排行榜的有7家企业，均来自东部沿海地区，2018年出口总额426.32亿美元，占比为9.42%，较上年下降了2.2%，单位企业出口额为60.90亿美元，较上年增长了56.11%，为所有行业之首。企业性质分布均衡：2家民营企业，3家国有企业，2家外资企业。

信息传输、计算机服务和软件业入围2018年中国出口100强企业排行榜的有49家，其中有40家外资企业，2家国有企业，7家民营企业；出口总额为2619.48亿美元，占比为57.88%，企业平均出口额为53.46亿美元，仅次于商务服务业。

采矿业共有4家企业入围100强排行榜，入围企业数量没有发生变动；出口额合计151.61亿美元，占比为3.35%，与上年持平，单位企业出口额37.90亿美元，下降了12.13%。

（四）所有制结构

按所有制结构对出口100强企业进行分类，国有企业、外资企业以及民营企业的分布如表10所示。

表 10　2018 年中国企业出口 100 强的所有制结构

企业类型	入围企业数（家）	出口总额（亿美元）	出口额占比（%）	平均出口额（亿美元）	平均涨幅（%）
国有企业	20	833.18	18.41	41.66	-3.10
外资企业	63	3055.34	67.51	48.50	1.24
民营企业	17	637.20	14.08	37.48	18.28

资料来源：中国海关信息网。

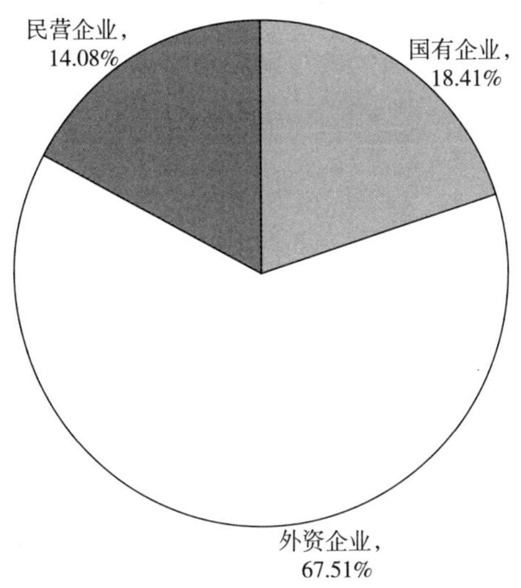

图 2　2018 年我国出口企业 100 强企业性质分布

如表 10 及图 2 所示，与 2017 年的 21 家企业相比，2018 年共 20 家国有企业入围 100 强排行榜，出口总额合计 833.18 亿美元，占比为 18.41%，同比增长 0.5%，企业平均出口额为 41.66 亿美元。入围的国有企业集中分布于东部沿海和东北地区，行业分布均匀，其中，交通运输、仓储业 6 家，制造业 2 家，商务服务业和采矿业各 3 家，信息传输、计算机服务和软件业 1 家。

外资企业向来是我国对外出口的主力军，出口导向型的外资企业在2018年有63家企业入围中国企业出口100强排行榜，出口额合计3055.34亿美元，占比为67.51%，同比下降0.08%，企业平均出口额为48.50亿美元，下降了11.22%。按区域分布来看，入围的东部、中部、西部企业数量分别为52家、3家和8家；按行业分布来看，入围的制造业，商业服务业，交通运输、仓储业以及信息传输、计算机服务和软件业的企业数量分别为14家、2家、7家和31家。

民营企业共17家企业入围，较上年略有下降，出口额合计637.20亿美元，占比为14.08%，上升了0.03%，单位企业出口额为37.48亿美元，上升了12.20%。民营企业集中分布于东部沿海地区。其中商务服务业2家；交通运输、仓储业7家；采矿业1家；信息传输、计算机服务和软件业5家。

二 2018年中国企业出口100强的典型企业研究

（一）行业典型企业研究

1. 制造业巨头——富士康（鸿富锦）集团

富士康科技集团（台湾称“鸿富锦”）1974年成立于中国台北，是一家民营企业，专业研发制造计算机、通信、消费性电子产品，也广泛涉足数位内容、汽车零组件、通路以及云运算服务等，近年来在新能源、新材料的开发应用方面也有所涉及。富士康的大陆投资之旅始于1988年的深圳，现今已拥有员工百余万名，在《财富》全球500强中排名第24位，是世界最大的电子产业科技制造服务商。富士康2018年进出口总额在中国大陆进出口总额中占比3.9%。

2018年富士康旗下共5家企业入围100强排行榜，排行榜榜首也是富士康集团旗下企业。5家企业的具体信息及出口额详见表11。

表 11　2018 年富士康（鸿富锦）科技集团旗下企业入围中国企业出口 100 强榜单

排名	所在地区	企业名称	出口额(亿美元)
1	河南	鸿富锦精密电子(郑州)有限公司	310. 0364166
10	四川	鸿富锦精密电子(成都)有限公司	113. 6198106
18	山西	富士康精密电子(太原)有限公司	69. 13328478
26	山东	鸿富锦精密电子(烟台)有限公司	43. 97669337
51	天津	鸿富锦精密电子(天津)有限公司	27. 82228696
合计			564. 59

资料来源：中国海关信息网。

富士康（鸿富锦）集团旗下企业在出口方面取得的巨大成功，主要得益于其出口导向型的公司发展战略。富士康在不同的地区布局不同的核心内容。在珠三角地区，富士康专注于科技研发基地的建设、人才培训中心的建立，以及电子商务、电子模块大型贸易等。长三角地区的发展重点在于产业链及供应链，目标是形成精密连接器、无线通信组件、液晶显示器、网通设备机构件、半导体设备、软件技术开发相聚合的良好体系。环渤海地区骨干产业为无线通信、云运算、消费电子、环境科技等，也是环渤海地区经济发展的科技和制造动力来源。为响应“中部崛起”和“西部大开发”战略，中西部地区则是精密模具、自动化设备、光机电模组等的主场。

2. 交通运输、仓储业领航人——深圳中外运物流有限公司

深圳中外运物流有限公司成立于 1989 年，大股东是中国外运华南有限公司。该公司经营时间久，积累了丰富的国际国内物流操作经验，已成为广东省第三方物流的龙头企业，主要提供海、陆、空运输代理业务和综合物流服务，如仓储、代理报关、报检、散货拼箱、加工、配送等。

公司 2018 年再次入围中国出口企业 100 强排行榜，排名第 29 位，出口总额为 41. 03 亿美元，占比为 0. 91%。公司计划在深圳物流园区六大物流园区成立占地 136000 平方米的物流中心，服务范围辐射整个泛珠三角地区，成为一流的综合物流供应商，为泛珠三角地区提供包括仓

储、配送、清关甚至物流加工、信息服务在内的高效、优质的综合物流服务。

3. 信息传输、计算机服务和软件业常青树——中兴通讯

中兴通讯成立于1985年，已经在香港和深圳两地上市，通过无线、有线、业务、终端产品和专业通信服务提供最完整的、端到端的产品线和融合解决方案。目前已成为中国最大的通信设备上市公司、全球领先的综合通信解决方案提供商、全球第四大手机厂商，全面服务于全球主流运营商及企业网客户。该公司从2009年入围中国企业出口100强排行榜以来，一直在榜，2018年以29.41亿美元的出口额排名第47位，仅从其所属的信息传输、计算机服务和软件行业来看，中兴通讯排名第10位。

中兴通讯拥有18个全球研发机构、3万多名研发人员，分布在美国、法国、瑞典和中国，同时107个分支机构遍布全球，中兴通讯正以其创新能力、灵活定制能力和日渐完善的交付能力吸引着全球客户的目光。

4. 商贸服务业佼佼者——深圳市一达通企业服务有限公司

深圳市一达通企业服务有限公司（以下简称“一达通”）成立于2001年，如今由阿里巴巴集团100%持股。一达通是一家进出口流程外包服务平台，也是国内第一家通过互联网为中小企业和个人提供一站式进出口流程外包服务的平台，在山东、福建、浙江、陕西等地设有多个全资子公司，其服务范围囊括了所有进出口环节，如通关、物流、外汇、退税、金融等。2008年11月，该公司与中国银行联合开发了贸易融资产品“融资易”，是国内首创的可以在中国银行外汇结算网点提供的融资信贷服务，且该服务是针对中小企业外贸的出口退税、进口开证、出口信用证打包贷款等提供的无担保、无抵押、零门槛的融资信贷服务。2010年11月，借助阿里巴巴集团收购的契机，一达通也实现了一站式服务链条，为中小外贸企业提供更全面的外贸服务。

一达通企业服务公司于2012年首次入围中国企业出口100强排行榜，至今连续七年入围100强榜单，2018年更以21.91亿美元的出口额居排行榜第65位，在商贸服务业中排名第一。

（二）不同所有制典型企业研究

1. 国有企业——苏州得尔达国际物流有限公司

苏州得尔达国际物流有限公司（以下简称“得尔达”）成立于2004年4月18日，股东包括苏州物流中心有限公司和苏州工业园区股份有限公司，是苏州第一家专业的第三方物流企业。得尔达立足苏州工业园区，放眼长江三角洲，通过其现代产业链提供一体化的物流服务。得尔达综合物流服务包括港口物流、仓储、商品展示和贸易，还包括国际分销、国际采购、信息服务、物流培训等。

得尔达于2013年首次入围排行榜，2015年更是凭借80.65亿美元的出口额排名第9位，成为国有企业和交通运输、仓储业“双榜首”。2018年，得尔达再创历史新高，以174.90亿美元的出口额排名第3位，仍是国有企业和交通运输、仓储业的第一名。长三角物流公司实施“走出去”战略，本土化是整合国际物流有限公司的本土企业，有必要借鉴国外先进的管理经验。苏州物流园区目前已经有十多家企业入驻，得尔达的保税业务居于入驻企业之首。2018年，得而达业务占保税物流中心的60%以上。得尔达公司也拥有了广泛的合作伙伴，既有大型生产与零售企业又有专业物流公司。

2. 外资企业——仁宝资讯工业（昆山）有限公司

昆山市位于经济强省江苏省东南部，是2018年度全国投资潜力百强县市，台湾仁宝企业集团的全资子公司仁宝资讯工业（昆山）有限公司就坐落于此。仁宝公司经营和研发实力强劲，曾经只是一家计算机周边制造厂商，如今已成长为国际知名的计算机信息研发和制造厂，未来将加速对先端科技引进和应用的研究。2007年，仁宝公司就已经实现了大陆营业额超1000亿元的目标。

仁宝公司作为专业的笔记本电脑制造商，一直在为包括惠普、戴尔、东芝、联想等在内的国际国内知名公司提供产品，其产品销往世界各地。仁宝公司连续10年在榜，2018年更是以44.13亿美元的出口额排名总榜第24位，其所属行业的第6位。

3. 民营企业——联想移动通信贸易（武汉）有限公司

联想移动通信贸易（武汉）有限公司成立于2002年。联想移动重视“自主研发”和科技创新，研发和海外业务中心布局在北京、上海和厦门。联想移动产品线丰富，生产设备先进，联想移动已经建立了强大的销售网络并配有完善的售后服务体系，这也为其提供了满足用户个性需求的能力。联想移动充满热情的创新精神、合作共赢的企业理念以及踏实进取的发展态度也会积极推动中国通信产业发展。2018年，联想凭借35.94亿美元的出口额排名中国企业100强排行榜第36位。

（三）地区典型企业研究

1. 东部地区——华为技术有限公司

深圳坂田是华为技术有限公司（以下简称“华为”）的总部，华为成立于1987年，是一家民营通信科技公司，特点在于股份100%由员工持有。华为的主要产品不仅包括大家所熟知的无线终端产品，还包括通信网络中的交换网络、传输网络、无线及有线固定接入网络、数据通信网络。全球运营商50强中，有45家是华为的合作伙伴，全球有1/3的人口在使用华为的产品，超过170个国家选择华为的产品和解决方案。

2010年，华为以218.21亿美元的营业收入位列《财富》世界500强第397位。这也是华为首次进入世界500强。2018年，华为凭借168.16亿美元的出口额排名中国企业100强排行榜第4位，占比为3.72%。华为重视科研，不仅国内深圳、北京、上海、南京设有研究所，甚至美国达拉斯和硅谷、印度班加罗尔、俄罗斯、土耳其等地也有华为研究所。华为如今拥有开发人员约7万名，在公司总员工数中占比近半。华为在5G行业也走在了世界的前沿。

2. 中部地区——联宝（合肥）电子科技有限公司

联宝（合肥）电子科技有限公司是由联想集团和台湾仁宝集团联手建立的，成立于2011年，是联想全球最大的PC研发和制造基地，供应联想全球1/8销量的笔记本电脑。该公司2018年再次入围中国出口企业100强排行榜，排名第32位，出口总额为36.87亿美元，占比为0.81%。

3. 西部地区——英业达（重庆）有限公司

英业达（重庆）有限公司（以下简称“英业达”）是一家老牌电子产品生产制造企业，自1975年成立以来，英业达先后经历了计算器时代、电话机时代以及如今的高科技产品时代。英业达如今的经营范围涉及行动运算、无线通信、网络应用、数字家庭与应用软件等，是全球最大的服务器制造商，在笔记型计算机代工厂中能排进五强。英业达每年的企业服务器产量可达300万台，笔记型计算机产量可达3000万台，同时英业达每年还生产约500万台智能手机。2018年，英业达出口总额为65.19亿美元，在出口100强排行榜中名列第19位。

1999年开始，英业达对其业务进行了专业化分割，陆续成立了英华达、英保达、无敌科技以及英新达四家子公司，将智能型手机、多媒体网络产品、电子词典和光电模块设计与制造分别布局于四家子公司，而只将笔记型计算机和服务器业务保留在母公司英业达。

4. 东北地区——本钢集团国际经济贸易有限公司

本钢集团国际经济贸易有限公司是本钢集团的全资子公司，成立于1997年，位于著名的钢铁城市、被誉为“地质博物馆”的本溪。本钢集团国际经济贸易有限公司经营范围广泛，既有与其母公司产品相关的钢材加工产品、金属材料、冶金炉料、矿产品、机电产品的销售业务，也从事商品及技术的进出口业务，对来料加工、对销、转口贸易领域也有涉及，同时还提供货运代理服务。2018年，本钢集团国际经济贸易有限公司以16.62亿美元的出口额位居100强排行榜第89位，排名东北地区第一。

三　2018年中国企业出口100强排行榜的动态变化分析

2018年以来，全球化趋势伴随着第四次工业革命步入新阶段，世界经济也因此进入重构期，我国企业在全球行业内的话语权越来越重。随着我国“中国制造2025”战略逐步深入，供给侧结构性改革继续推进，我国产业制造能力、技术升级能力均获得大幅提升。为了使中国出口企业的走向和发展趋势更加清晰，本节将对100强排行榜进行动态变化分析，主要包括出口总额、入围门槛、地域分布、产业结构、所有制结构等五个方面，以期从历史变化的动态眼光更加完整地洞察我国企业出口情况。

（一）出口总额变动分析

2018年100强企业出口额合计为4252.72亿美元，较上年增长了5.32%（见表12）。回顾近年来100强企业出口总额，曾出现三次下滑，分别是国际金融危机和中国经济结构调整的2009年和国际市场不景气、世界贸易下滑、出口形势复杂严峻的2015、2016年。随后迎来持续的增长期：2017年伴随世界经济回暖，出口形势缓和。进入2018年以来，随着新型全球化与经济转型升级带来的收益逐步显现，我国企业出口形势呈现稳步上升态势，相较于2017年实现了超过5%的增长率。由此可见，我国出口企业的内部差异正在逐步缩小，而出口数据也佐证了这一点，表13是2011～2018年排行榜前3名企业的出口总额和占比的汇总。

表12　2007～2018年中国出口企业100强变化情况

单位：万美元，%

年份	100强出口总额	100强占总额比重	比上年变化率
2018	42527247	27.11	5.32
2017	40377291	26.34	12.72
2016	35819897	25.88	-3.31
2015	37046581	16.28	-2.00
2014	37482575	16.00	5.06
2013	35676100	16.14	12.55
2012	20498300	18.79	5.18
2011	1898600	19.28	11.88
2010	1577932	20.74	20.92
2009	1201660	22.52	-5.98
2008	1430548	20.12	5.08
2007	1218000	22.49	—

表 13　2011 ~2018 年中国出口企业 100 强前 3 名出口总额及占比

单位：亿美元，%

年份	前 3 名出口总额	前 3 名占总额比重
2018	665. 43	14. 10
2017	608. 24	15. 6
2016	544. 9	15. 21
2015	636. 73	17. 19
2014	601. 97	16. 05
2013	609. 48	17. 08
2012	782. 52	20. 32
2011	881. 98	24. 09

由此可见，在规模总量上升的同时，企业之间所贡献的出口额差异性正越来越小，预计未来在我国社会主义市场经济不断完善的背景下，企业出口的趋同性特征会更加凸显。

（二）入围门槛变动分析

2018 年，中国企业出口 100 强排行榜的入围门槛较 2017 年上升了 1. 60%，为 15. 57 亿美元。2007 ~2018 年，只有三次入围门槛下降情况出现，一次是 2009 年受到国际金融危机的冲击下同比下降了 12. 71%，第二次是 2015 年，第三次是 2016 年，其余七年中国企业出口 100 强排行榜入围门槛一直在稳步上升。此外，100 强排行榜中首末位企业间的差额也在不断减小，2011 年排行榜首位企业的出口额是末位企业出口额的 24 倍，2012 年是 27 倍，2013 年是 16 倍，2014 年是 13 倍，2015 年是 19 倍，2016 年是 21 倍，2017 年为 19 倍，2018 年仅为 13 倍。差额虽不断缩小，但末位企业出口额占比却一直保持相对稳定，2007 ~2018 年，末位企业占出口总额的比重在 40% 左右。由此得知，出口排行榜入围门槛和百强榜企业出口总额的平均增长速度持平。

（三）地域分布变动分析

近十年来，东部地区出口企业在排行榜中拥有绝对的数量优势，但从趋势上看，其比重在下降，2008 年东部企业占比为 92%，2018 年这一数字降至 79%，且入围企业集中分布于广东、江苏、上海和北京；东北地区一直只有辽宁的 1～2 家企业入围；中部地区得益于富士康进驻中原的举措，有来自山西、安徽和河南的共 4 家企业入围；入围企业数量涨幅最大的是西部地区，在西部大开发、招商引资政策等的大力推动下，西部地区入围企业数量涨势迅猛，截至 2018 年，已经从 2008 年的 1 家发展为 15 家，且集中于重庆、四川和陕西。地区分布整体呈现“东北、中部稳定，东降西涨”的特点，这也符合我国区域政策的实际情况。

（四）产业结构变动分析

2008 以来，中国企业出口 100 强的产业结构不断调整（详见表 14），但绝对领先地位始终被制造业占据，制造业前期发展趋势稳步上升，2016 年开始出现下滑，2018 年虽有小幅回升，但是占比仍然不足 2014 年平均水平；2008 年，交通运输、仓储业入围企业只有 3 家，然而到了 2018 年，交通运输、仓储业以 19 家的成绩一跃成为排行榜第三大行业，发展态势迅猛；

表 14　2010～2018 年中国出口企业 100 强产业分布情况

单位：家

产业	2010 年	2011 年	2012 年	2013 年	2014 年	2015 年	2016 年	2017 年	2018 年
制造业	73	76	76	85	66	56	20	34	21
交通运输、仓储业	3	3	2	4	17	15	21	6	19
商务服务业	14	13	14	10	10	19	7	5	7
信息传输、计算机服务和软件业	3	3	3	0	4	6	48	50	49
采矿业	3	3	4	1	3	3	4	5	4
建筑业	2	2	1	0	0	0	0	0	0

资料来源：中国海关信息网。

与之相对，2014 年入围的商务服务业企业还有 10 家，2018 年则跌至 7 家，成为第四大产业；以华为和中兴通讯为代表的信息传输、计算机服务和软件业的企业数量更是突飞猛进；随着中国从资源净出口国转变为资源净进口国，采矿业企业出口额下降，入围企业数量也不断减少。值得一提的是，2018 年建筑业企业彻底退出 100 强，可见建筑业企业的发展重心不在出口而在国内，这主要是因为国内市场比海外市场规模更庞大、利润空间更充足。

（五）所有制结构变动分析

2018 年中国企业出口 100 强的所有制结构呈现稳定态势，外资企业（含港澳台）仍然是出口的中坚力量，但出口新生力量民营企业正彰显着其越发强劲的实力，国有企业紧随其后。具体来看，外商投资企业占比逐年稳步上升，出口额占比达到 67. 5%，达到近 10 年来的最高值。然而与之相对的是，2008 年，国有企业占比为 33%。到了 2018 年，这一数字下降至 18. 41%。两种性质企业此消彼长的变动趋势清晰地反映了我国当前的经济导向，即开阔国内市场，挖掘消费潜力。民营企业出口额占比相对稳定，维持在 14. 08% 左右，增长态势强劲，其在“走出去”过程中坚持国际国内市场并重，取得了质量和经济效益的稳步提升。

四　展望与建议

2018 年以来，第四次工业革命大力助推经济发展，大数据、云计算、物联网、人工智能等技术给国内出口企业带来巨大的技术升级空间与额外市场空间。随着国内供给侧结构性改革的持续推进，全球经贸形势发生变化，我国企业出口虽稳中有进，但出口形势依然严峻。单边主义抬头、个别国家技术封锁、结构调整都将影响我国企业未来的出口形势。

（一）展望

1. 总体趋势

2018 年，国际上全球单边主义抬头，全球化进入新阶段；面对复杂的国际形势，我国坚持进一步加深对外开放程度，积极推进国内经济结构转型升级，保持着货物贸易第一大国的地位。100 强排行榜入围门槛较 2017 年略微下降，为 15.51 亿美元，但出口总额和增速均有所增长，主要原因在于高新技术企业、新能源、高端制造产业增速明显和商务服务、专业咨询等领域进步迅速。2018 年，中国企业出口 100 强排行榜更新率 15%，低于 2017 年同期水平，主要有两点原因，分别是市场竞争激烈和产业结构调整。从排行榜整体看，入围企业正朝着质量提升、均衡分布、结构优化的方向不断发展。

2. 行业趋势

2018 年中国企业出口 100 强排行榜中，来自不同行业的企业数量比重愈发均衡化：欧美发达国家“再工业化”战略和国内制造业更新换代导致制造业比重下降；高新科技企业的稳步发展保障了信息传输、计算机服务和软件业的比重稳定；跨境电商、市场采购等外贸发展新增长点推动商务服务业比重逐步上升；交通运输、仓储业的发展实现大跨步，一跃成为排行榜第三大产业；采矿业和建筑业国内市场需求旺盛，企业出口动力不足导致比例持续下降，同时，采矿业的下降也有供给侧结构性改革的影响。

3. 企业趋势

2018 年，在国际市场竞争进一步加剧的大背景下，国内也正如火如荼地进行着产业结构调整，中国企业出口 100 强企业名单以前所未有的速度升级。外资企业出口导向和国际化发展战略特征突出，这也是其出口优势所在，其在排行榜中的比重持续上升。国有企业肩负着保障国计民生的任务，发展重心在国内，因此所占比例下降趋势明显。民营企业集合了外资和国有企业的发展重心，坚持国际国内协同发展，占比稳步上升。不同所有制结构的企业相互竞争、不断提升，出口企业也朝着布局合理、结构稳定的态势发展。

（二）建议

1. 工业互联网：中国智造提升全球价值

未来竞争力的关键在于先进的制造技术。2018 年 100 强排行榜中，制造业企业占 21%。放眼全球，“工业 4.0”以及先进的材料在制造业竞争力发展中的作用愈发重要。“中国制造2025”、“互联网+”等都是政府为应对制造业面临的诸多挑战而进行的大刀阔斧的改革，这些举措都将助力中国在全球价值链上更进一步。

2. 出口产业结构转型升级：扩大国际产能合作

一是加强统筹协调。国际产能合作规划应符合国家的总体规划，减少“两高一资”产品出口，鼓励重点行业“走出去”，不断调整并优化出口产品结构。二是依托“一带一路”倡议。想要更好地实现国家间的产业合作和对接，离不开基础设施的建设，应不断加强基础设施的互联互通，在此基础上加强国际合作，可以采取建设多种合作园区的方式，如经贸合作区、工业园区、经济特区等。三是合作方式的创新。可以采用“工程承包+融资”“工程承包+融资+运营”等合作方式，有条件的项目也可以选择BOT、PPP等合作方式。根据各国实际情况在产能合作过程中进行技术合作、技术援助等。四是相关机制的建立。面对贸易摩擦和出口风险，相应机制的防范作用必不可少。双边或多边交流机制、出口预警等机制能够帮助企业有效应对各种风险。

3. “一带一路”：民营企业对接全球资源

民营企业多为中小企业，机制灵活、转型快，是“一带一路”建设的活跃力量。“一带一路”为民营企业提供了一系列对接全球资源的优惠政策，民营企业应积极创新合作模式，强调与沿线国家企业互利共赢、共创发展。民营企业在全球化经营中宜坚持本土化经营：通过招聘本地专家和员工构架多层次国际营销网络；调整管理制度以尊重当地宗教文化、满足社会和市场需求，实现民心互通；加强与金融机构和东道国企业的合作，降低经营成本和风险，提高市场竞争力。

参考文献

张杰、张培丽、黄泰妍：《市场分割推动了中国企业出口吗?》，《经济研究》2010

年第8期。

孙浦阳、蒋为、陈惟：《外资自由化、技术距离与中国企业出口——基于上下游产业关联视角》，《管理世界》2015年第11期。

耿强、吕大国：《出口学习、研发效应与企业生产效率提升——来自中国制造业企业的经验数据》，《科研管理》2015年第6期。

B.3 2018年中国民营企业出口50强排行榜及评价

陈　廉*

摘　要： 2018 年，中国民营企业继续保持第一大出口主体地位，对外贸进出口增长贡献率超过 50%。经过对民营企业出口 50 强排行榜的总体评价、典型企业以及新晋企业的分析，本报告发现中国民营企业出口呈现内生动力加强和整体形势向好、出口态势呈现区域性失衡、出口产业呈现高级化、多样化趋势等特征，并提出通过改善营商环境、为企业减负、鼓励企业创新以及完善法人治理结构等措施增强中国民营企业出口实力的建议。

关键词： 民营企业　出口 50 强　排行榜

一　2018年中国民营企业出口50强排行榜

2018 年，我国对外贸易总体呈现稳中有进的良好态势。2018 年，我国民营企业出口总值达 7.87 万亿元，较 2017 年增长 10.4%，占所有企业出口总值的 48%，其占比较 2017 年提升了 1.4 个百分点，继续保持第一大出口主体地位。2018 年，民营企业出口活力有所提升，民营企业区域分布呈现梯次发展，出口商品结构继续优化。其中，民营企业机电产品出口占民营企

* 陈廉，西南政法大学讲师，主要研究方向为中小企业发展与“一带一路”倡议对接。

业出口总值的比重超过40%，其中集成电路、手机、液晶显示板出口分别增长51%、16.8%和34.1%。2018年，我国民营企业出口总值高于国有企业和外资企业，对外贸进出口增长的贡献度超过50%，成为我国对外贸易发展的强大动力源泉。

根据中商产业研究院公布的《2018年出口200强》，通过“国家企业信用信息公示系统”逐一剔除“外商独资”“港澳合资”等性质企业，筛选出民营性质的企业。2018年中国民营企业出口50强见表1。

表1　2018年中国民营企业出口50强

单位：亿元

排名	企业名称	省份	经营领域	出口额
1	华为终端有限公司	广东省	通信科技	1154.4
2	华为技术有限公司	广东省	通信科技	819.7
3	东莞市欧珀精密电子有限公司	广东省	数码产品制造	329.8
4	西安海邦物流公司	陕西省	国际运输代理	324.5
5	江苏富昌中外运物流有限公司*	江苏省	国际运输代理	302
6	深圳中外运物流有限公司	广东省	国际运输代理	281.7
7	珠海小米通讯技术有限公司	广东省	通信设备	269.5
8	深圳市裕展精密科技有限公司	广东省	高科技产品贸易	260.4
9	联想信息产品(深圳)有限公司	广东省	通信设备	252.6
10	联想移动通信贸易(武汉)有限公司	湖北省	通信设备	246.7
11	吴江海晨仓储有限公司	江苏省	国际运输代理	206.6
12	中兴通讯股份有限公司	广东省	通信科技	201.9
13	广东跨境达商贸有限公司	广东省	一般贸易及贸易服务	182.2
14	重庆翊宝智慧电子装置有限公司*	重庆市	通信设备制造	174.7
15	维沃通信科技有限公司	广东省	数码产品制造	153.6
16	日照钢铁控股集团有限公司	山东省	钢铁贸易	151
17	深圳市一达通企业服务有限公司	广东省	外贸服务平台	150.4
18	广西佳愉贸易有限公司*	广西壮族自治区	一般贸易	132.1
19	深圳嘉泓永业物流有限公司	广东省	外贸服务	117.7
20	深圳市金运达国际物流有限公司*	广东省	物流供应链服务	114.5
21	本钢集团国际经济贸易有限公司*	辽宁省	钢铁贸易	114.1
22	联想系统集成(深圳)有限公司	广东省	计算机软硬件制造	110.1
23	深圳市新宁现代物流有限公司	广东省	一般贸易及外贸服务	109.4

续表

排名	企业名称	省份	经营领域	出口额
24	江苏沙钢国际贸易有限公司	江苏省	钢铁贸易	108.8
25	深圳市深国际华南物流有限公司*	广东省	运输仓储服务	106.9
26	霍尔果斯荣达商贸有限公司	新疆维吾尔自治区	一般贸易	102.0
27	摩托罗拉(武汉)移动技术运营中心有限公司	湖北省	通信科技	98.3
28	深圳市世纪云芯科技有限公司*	广东省	计算机软硬件制造	91.5
29	昆山叶水福物流有限公司	江苏省	仓储及简单加工	90.4
30	中嘉汽车制造(成都)有限公司*	四川省	汽车零部件制造	84.6
31	万华化学(宁波)能源贸易有限公司*	浙江省	能源贸易	84.5
32	广西三创科技有限公司*	广西壮族自治区	数码电子产品制造	81.9
33	深圳市旗丰供应链服务有限公司	广东省	供应链综合服务平台	80.0
34	成都汇晨物流有限公司	四川省	国际运输代理	79.0
35	浙江大华科技有限公司	浙江省	信息服务贸易	75.4
36	深圳市大疆百旺科技有限公司	广东省	高科技产品贸易	75.4
37	衡阳富泰宏精密工业有限公司	湖南省	电子产品贸易	72.6
38	江苏天晨船舶进出口有限公司	江苏省	船舶贸易	70.4
39	广西合安元贸易有限公司*	广西壮族自治区	一般贸易	66.9
40	宁波奥克斯进出口有限公司*	浙江省	一般贸易	65.5
41	深圳市泰衡诺科技有限公司*	广东省	电子产品贸易	64.6
42	烟台锦泰国际贸易有限公司*	山东省	煤炭批发经营	64.1
43	华讯方舟科技有限公司*	广东省	光电信息综合服务	62.9
44	东莞市众佑进出口有限公司*	广东省	一般贸易	60.2
45	山东昌丰轮胎有限公司*	山东省	轮胎贸易	59.7
46	东莞市巴币电子商务有限公司	广东省	一般贸易及外贸服务	59.4
47	江苏永钢集团有限公司	江苏省	钢铁贸易	59.4
48	东莞市欧悦通电子有限公司*	广东省	一般贸易及外贸服务	59.1
49	深圳市年富供应链有限公司	广东省	供应链综合服务平台	57.2
50	江苏三房巷集团有限公司*	江苏省	聚酯化纤、纺织	54.9

资料来源：根据《2018 年出口 200 强》整理，* 代表该民营企业为 2018 年出口 50 强新晋企业，为笔者统计。

在 2018 年中国民营企业出口 50 强中，新入围企业 19 家，更替率为 38%，较 2017 年降低了 4 个百分点。这些新晋民营企业广泛分布于国际运输代理、通信设备制造、一般贸易、物流供应链服务、钢铁贸易、汽车零部件制造、能源贸易、数码产品制造、光电信息综合服务等领域（见表2）。

表 2　中国民营企业出口 50 强企业入围情况

单位：家，%

类别	2018 年	2017 年	2016 年	2015 年	2014 年
新晋企业数量	19	21	32	24	21
连续两年入围企业数量	25	30	28	26	29
更替率	38	42	66	48	42

资料来源：根据《2018 年出口 200 强》整理。

二　2018年中国民营企业出口50强排行榜的总体评价

（一）中国民营企业出口50强的总体情况

根据海关信息网公布的数据，2018 年中国民营企业出口 50 强出口总额为 1193.77 亿美元（8195.2 亿元，按照 1 美元 =6.865 元汇率换算成美元，保留小数点后两位数），比 2016 年上升 33%，保持高速增长，如图 1 所示。

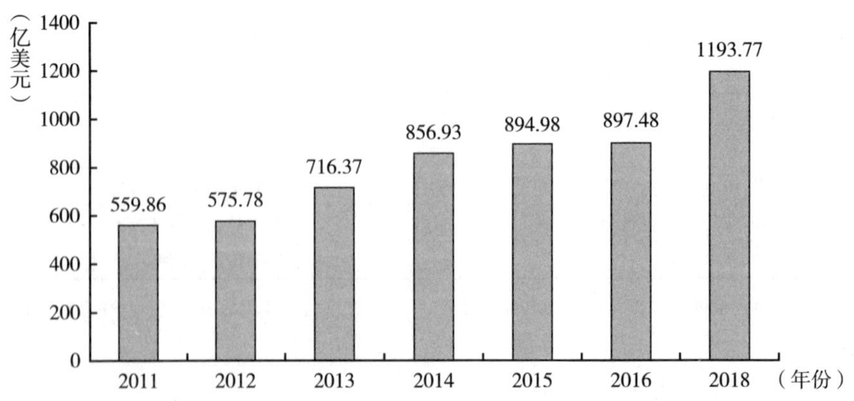

图 1　2011 ~ 2018 年中国民营企业出口 50 强的出口总额

注：2017 年民营企业出口 50 强出口金额缺失。

（二）中国民营企业出口50强的区域结构分析

1. 区域结构分析

2018 年，中国民营企业出口 50 强企业所在区域呈现明显结构差异。2018 年民营企业出口 50 强榜单中，有 39 家民营企业分布在东部地区，8 家民营企业分布在西部地区，中部地区 3 家民营企业上榜（见图 2）。2018 年西部地区上榜民营企业一共 8 家，其中，广西 3 家，四川 2 家，新疆、陕西、重庆各 1 家。从地区分布来看，在 12 个省份中，广东 25 家，江苏 7 家，浙江、山东、广西各 3 家，湖北、四川各 2 家，新疆、湖南、陕西、重庆、辽宁各 1 家。

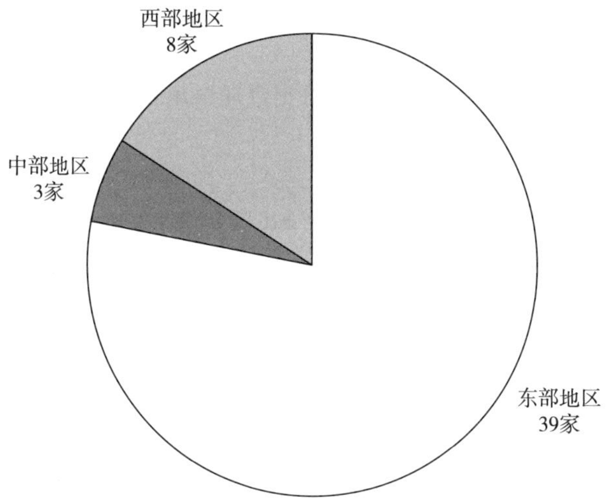

图 2　2018 年民营企业出口 50 强区域分布区

2018 年，我国民营企业出口 50 强企业仍然主要分布在东南沿海和内陆沿边地区，涵盖东部、中部、西部的 12 个省份（见图 3）。西部地区尤其是新疆、广西、四川等地民营企业出口势头稳中有升，重庆市民营企业出口业绩有所突破。2018 年，西部地区有 8 家民营企业入围 50 强榜单，比 2017 年增加 2 家。

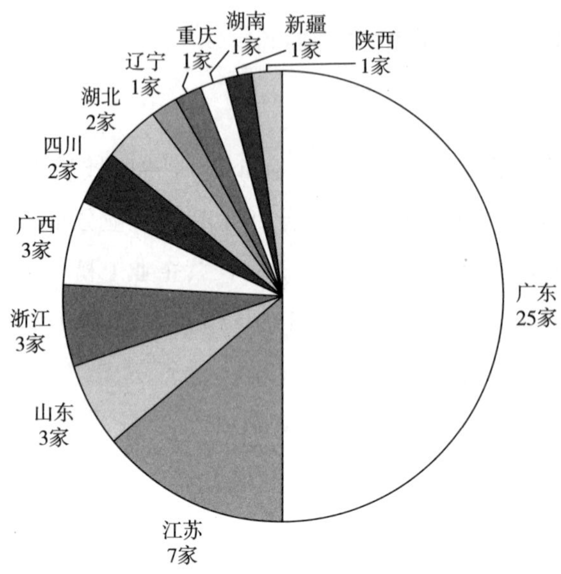

图 3　2018 年民营企业出口 50 强地区分布区

表 3　2018 年与 2017 年中国民营企业出口 50 强的区域分布与变动情况

区域	序号	省份	年份	企业数(家)	数量变更
东部地区	1	广东	2018	25	下降
			2017	27	
	2	江苏	2018	7	上升
			2017	5	
	3	山东	2018	3	下降
			2017	4	
	4	浙江	2018	3	不变
			2017	3	
	5	辽宁	2018	1	新晋
			2017	0	
合计			2018	39	
西部地区	6	新疆	2018	1	下降
			2017	2	
	7	广西	2018	3	上升
			2017	2	

续表

区域	序号	省份	年份	企业数(家)	数量变更
西部地区	8	陕西	2018	1	不变
			2017	1	
	9	四川	2018	2	上升
			2017	1	
	10	重庆	2018	1	新晋
			2017	0	
合计			2018	8	合计
中部地区	11	湖北	2018	2	不变
			2017	2	
	12	湖南	2018	1	不变
			2017	1	
合计			2018	3	

资料来源：根据《2018 年出口 200 强》整理。

2018 年，我国民营企业出口 50 强呈现“东部持续强劲、中部发展稳定、西部快速崛起”的格局，东部地区继续保持明显的领先优势，中部地区民营企业出口态势稳定，西部地区民营企业出口发展迅速，入围 50 强的席位比 2017 年增加 2 个，重庆市民营企业出口实现“零突破”，中部地区上榜民营企业维持不变。

2018 年，东部地区民营企业在出口贸易领域持续保持明显的领先优势。东部地区民营企业的出口总值占 50 强出口总额的比重高达 82%，绝对优势显著。从贸易类型分布来看，东部地区民营企业出口所涉及的领域较为广泛，如通信科技、国际运输代理、高科技数码产品制造、外贸服务、钢铁贸易、一般贸易等。可见，东部地区出口贸易结构呈现多样化、高级化、专业化，出口竞争实力有所增强。

重庆市民营企业实现了从无到有的突破，上榜 1 家，因此，西部地区入围企业数量有所提高，由 2017 年的 6 家增至 2018 年的 8 家。从贸易类型分布来看，西部地区民营企业优势行业分布在国际运输代理、通信设备制造、汽车零部件制造、数码产品制造、一般贸易等领域，出口贸易结构逐步优化。

2018 年，中部地区入围 50 强的 3 家民营企业依旧位于湖北省和湖南省，湖北省 2 家民营企业连续 4 年入围 50 强，均属于通信设备（科技）制造行业，1 家湖南省民营企业在电子设备制造领域继续保持优势，这表明中部地区民营企业在通信电子科技领域实力非凡，持续保持贸易优势。

2. 省域结构分析

2018 年，我国一共有 12 个省份的民营企业入围出口 50 强排行榜，广东省、江苏省是我国民营企业出口两大省份。2017 年入围 50 强的福建省和河北省跌落榜单。中部地区有 2 个省份的 3 家民营企业上榜。

在广东省 2018 年入围的 25 家民营企业中，18 家连续两年入围榜单，7 家企业为新晋企业。

2018 年，广东省囊括我国民营企业出口 10 强中的 7 席，足以说明广东省民营经济整体综合实力较强，出口贸易发展态势良好。华为终端有限公司和华为技术有限公司分列广东省民营企业出口排名第 1 位和第 2 位，成为该省通信科技行业的“桥头堡”。处于第 3 位的东莞市欧珀精密电子有限公司出口额持续增长，由 2017 年的第 4 位提升至 2018 年的第 3 位。

广东省民营企业出口贸易结构急剧变化，智能制造行业出口竞争力持续加强，以国际运输代理和贸易供应链服务为代表的贸易服务快速发展。从贸易类型来看，广东省智能制造领域上榜的民营企业 13 家，国际运输代理和供应链服务行业上榜的民营企业 7 家，以一般贸易为主的民营企业上榜 5 家。2018 年 7 家新晋的广东民营企业中，3 家为电子设备制造企业，3 家为一般贸易企业，仓储运输行业有 1 家新晋民营企业（见表 4）。2018 年新晋 7 家民营企业处于 50 强榜单中后部位，说明广东省民营企业整体发展愈发稳定，领先企业的优势地位愈发稳固。

表 4　2018 年广东省民营企业出口 50 强上榜企业经营领域

排名		企业名称	经营领域
2018 年	2017 年		
1	2	华为终端有限公司	通信科技
2	1	华为技术有限公司	通信科技
3	4	东莞市欧珀精密电子有限公司	数码产品制造
6	12	深圳中外运物流有限公司	国际运输代理
7	8	珠海小米通讯技术有限公司	通信设备
8	33	深圳市裕展精密科技有限公司	高科技产品贸易
9	28	联想信息产品(深圳)有限公司	通信设备
12	5	中兴通讯股份有限公司	通信科技
13	29	广东跨境达商贸有限公司	一般贸易及贸易服务
15	10	维沃通信科技有限公司	数码产品制造
17	3	深圳市一达通企业服务有限公司	外贸服务平台
19	16	深圳嘉泓永业物流有限公司	外贸服务
20	—	深圳市金运达国际物流有限公司	物流供应链服务
22	19	联想系统集成(深圳)有限公司	计算机软硬件制造
23	31	深圳市新宁现代物流有限公司	一般贸易及外贸服务
25	—	深圳市深国际华南物流有限公司	运输仓储服务
28	—	深圳市世纪云芯科技有限公司	计算机软硬件制造
33	18	深圳市旗丰供应链服务有限公司	供应链综合服务平台
36	27	深圳市大疆百旺科技有限公司	高科技产品贸易
41	—	深圳市泰衡诺科技有限公司	电子产品贸易
43	—	华讯方舟科技有限公司	光电信息综合服务
44	—	东莞市众佑进出口有限公司	一般贸易
46	42	东莞市巴币电子商务有限公司	一般贸易及外贸服务
48	—	东莞市欧悦通电子有限公司	一般贸易及外贸服务
49	23	深圳市年富供应链有限公司	供应链综合服务平台

资料来源：根据《2018 年出口 200 强》整理。

2018 年江苏省民营企业入围企业涉及国际运输代理、钢铁贸易、仓储及简单加工、船舶贸易、聚酯化纤及纺织领域。值得一提的是，江苏富昌中外运物流有限公司跻身于 10 强，位列第 5（见表 5），与连续 3 年上榜的吴江海晨仓储有限公司一并在国际运输代理行业中处于相对优势地位。江苏省传统钢铁行业的两家民营企业（沙钢、永钢）连续2年进入出口50强榜单，表明其出口贸易发展相对稳定。

表5　2018年江苏省民营企业出口50强上榜企业经营领域

排名		企业名称	经营领域
2018年	2017年		
5	—	江苏富昌中外运物流有限公司	国际运输代理
11	7	吴江海晨仓储有限公司	国际运输代理
24	13	江苏沙钢国际贸易有限公司	钢铁贸易
29	32	昆山叶水福物流有限公司	仓储及简单加工
38	45	江苏天晨船舶进出口有限公司	船舶贸易
47	35	江苏永钢集团有限公司	钢铁贸易
50	—	江苏三房巷集团有限公司	聚酯化纤、纺织

资料来源：根据《2018年出口200强》整理。

总的来说，山东省具有出口竞争优势的民营企业主要集中在钢铁、煤炭和轮胎等传统行业。日照钢铁控股集团有限公司2018年出口业绩稳中有降，但依旧保持较好的发展态势（见表6），这得益于传统优势产业“做大做强、集中优势”的转型理念。而且，国家发改委等部门陆续发布通知，稳定煤炭市场，加快推进煤炭优质产能释放，发挥北方优质产能作用。

表6　2018年山东省民营企业出口50强上榜企业经营领域

排名		企业名称	经营领域
2018年	2017年		
16	12	日照钢铁控股集团有限公司	钢铁贸易
42	—	烟台锦泰国际贸易有限公司	煤炭批发经营
45	—	山东昌丰轮胎有限公司	轮胎贸易

资料来源：根据《2018年出口200强》整理。

2018年，浙江省有3家民营企业上榜出口50强榜单，分属于能源贸易、信息服务贸易、一般贸易领域（见表7）。万华化学（宁波）能源贸易有限公司以聚氨酯为主业、以MDI生产为核心，是目前我国规模最大、实力最强的 MDI 生产基地。浙江省民营企业出口贸易结构正逐渐脱离低端的价值链，朝着高附加值的能源贸易和信息服务领域发展。

表 7　2018 年浙江省民营企业出口 50 强上榜企业经营领域

排名		企业名称	经营领域
2018 年	2017 年		
31	—	万华化学(宁波)能源贸易有限公司	能源贸易
35	39	浙江大华科技有限公司	信息服务贸易
40	—	宁波奥克斯进出口有限公司	一般贸易

资料来源：根据《2018 年出口 200 强》整理。

广西入围数量与山东省、浙江省相当，是并列我国民营企业出口第 3 的省份。在分布的行业类型方面，广西地区有 2 家民营企业处于一般贸易领域，其中，广西佳愉贸易有限公司 2018 年跻身于民营企业出口 20 强之列。2018 年新晋民营企业出口 50 强的广西三创科技有限公司主要经营数码电子产品。

表 8　2018 年广西壮族自治区民营企业出口 50 强上榜企业经营领域

排名		企业名称	经营领域
2018 年	2017 年		
18	44	广西佳愉贸易有限公司	一般贸易
32	—	广西三创科技有限公司	数码电子产品
39	—	广西合安元贸易有限公司	一般贸易

资料来源：根据《2018 年出口 200 强》整理。

与西部地区民营企业出口贸易快速的发展态势相比，中部地区民营经济发展相对落后，联想移动通信和摩托罗拉两家老牌的通信设备制造企业连续 3 年入围民营企业出口 50 强，但这两家企业 2018 的名次各有下降。由此表明，湖北省民营企业在高科技通信领域依旧保持一定的竞争优势，但由于新兴贸易领域的快速发展，其传统领域的出口贸易优势相对下降。

表 9　2018 年湖北省民营企业出口 50 强上榜企业经营领域

排名		企业名称	经营领域
2018 年	2017 年		
10	5	联想移动通信贸易(武汉)有限公司	通信设备制造
27	11	摩托罗拉(武汉)移动技术运营中心有限公司	通信设备制造

资料来源：根据《2018 年出口 200 强》整理。

2018 年入围民营企业出口 50 强的中嘉汽车制造（成都）有限公司和成都汇晨物流有限公司出口贸易的优异表现受益于四川省鼓励民营经济发展的政策环境。

表 10　2018 年四川省民营企业出口 50 强上榜企业经营领域

排名		企业名称	经营领域
2018 年	2017 年		
30	—	中嘉汽车制造(成都)有限公司	汽车零部件制造
34	22	成都汇晨物流有限公司	国际运输代理

资料来源：根据《2018 年出口 200 强》整理。

西安海邦物流、重庆翊宝智慧、本钢集团、霍尔果斯荣达商贸、衡阳富泰宏精密工业，依次分属于国际运输代理、通信设备制造、钢铁贸易、一般贸易、电子产品贸易领域，其中重庆市和辽宁省的民营企业是 2018 年新晋榜单企业，这与当地政府的政策支持分不开。辽宁省通过产品研发、技术创新、成本削减等措施提高重点钢铁企业综合竞争力，使其继续保持上升势头。

表 11　2018 年陕西省、重庆市、辽宁省、新疆维吾尔自治区、湖南省民营企业出口 50 强上榜企业经营领域

排名		企业名称	地区	经营领域
2018 年	2017 年			
4	9	西安海邦物流公司	陕西省	国际运输代理
14	—	重庆翊宝智慧电子装置有限公司	重庆市	通信设备制造
21	—	本钢集团国际经济贸易有限公司	辽宁省	钢铁贸易
26	20	霍尔果斯荣达商贸有限公司	新疆维吾尔自治区	一般贸易
37	19	衡阳富泰宏精密工业有限公司	湖南省	电子产品贸易

资料来源：根据《2018 年出口 200 强》整理。

（三）中国民营企业出口50强的行业结构分析

本研究将行业分为农业、金属、非金属、轻工、家电数码、通信设备制造、电子设备制造、机械设备、能源、运输仓储10个行业类别。由于民营企业出口贸易类似于供应链管理企业等贸易服务业异军突起，本研究将商品贸易行业和贸易服务行业类别加入其中（见表12）。

表12　2018年中国民营企业出口50强所属行业类别

排名	企业名称	省份	经营领域	行业
1	华为终端有限公司	广东省	通信科技	通信设备制造
2	华为技术有限公司	广东省	通信科技	通信设备制造
3	东莞市欧珀精密电子有限公司	广东省	数码产品制造	电子设备制造
4	西安海邦物流公司	陕西省	国际运输代理	运输仓储
5	江苏富昌中外运物流有限公司*	江苏省	国际运输代理	运输仓储
6	深圳中外运物流有限公司	广东省	国际运输代理	运输仓储
7	珠海小米通讯技术有限公司	广东省	通信设备	通信设备制造
8	深圳市裕展精密科技有限公司	广东省	高科技产品贸易	电子设备制造
9	联想信息产品(深圳)有限公司	广东省	通信设备	通信设备制造
10	联想移动通信贸易(武汉)有限公司	湖北省	通信设备	通信设备制造
11	吴江海晨仓储有限公司	江苏省	国际运输代理	运输仓储
12	中兴通讯股份有限公司	广东省	通信科技	通信设备制造
13	广东跨境达商贸有限公司	广东省	一般贸易及贸易服务	商品贸易
14	重庆翊宝智慧电子装置有限公司*	重庆市	通信设备制造	通信设备制造
15	维沃通信科技有限公司	广东省	数码产品制造	通信设备制造
16	日照钢铁控股集团有限公司	山东省	钢铁贸易	金属
17	深圳市一达通企业服务有限公司	广东省	外贸服务平台	运输仓储
18	广西佳愉贸易有限公司*	广西壮族自治区	一般贸易	商品贸易
19	深圳嘉泓永业物流有限公司	广东省	外贸服务	运输仓储
20	深圳市金运达国际物流有限公司*	广东省	物流供应链服务	运输仓储

续表

排名	企业名称	省份	经营领域	行业
21	本钢集团国际经济贸易有限公司*	辽宁省	钢铁贸易	金属
22	联想系统集成(深圳)有限公司	广东省	计算机软硬件制造	电子设备制造
23	深圳市新宁现代物流有限公司	广东省	一般贸易及外贸服务	商品贸易
24	江苏沙钢国际贸易有限公司	江苏省	钢铁贸易	金属
25	深圳市深国际华南物流有限公司*	广东省	运输仓储服务	运输仓储
26	霍尔果斯荣达商贸有限公司	新疆维吾尔自治区	一般贸易	商品贸易
27	摩托罗拉(武汉)移动技术运营中心有限公司	湖北省	通信科技	通信设备制造
28	深圳市世纪云芯科技有限公司*	广东省	计算机软硬件制造	电子设备制造
29	昆山叶水福物流有限公司	江苏省	仓储及简单加工	运输仓储
30	中嘉汽车制造(成都)有限公司*	四川省	汽车零部件制造	机械设备
31	万华化学(宁波)能源贸易有限公司*	浙江省	能源贸易	能源
32	广西三创科技有限公司*	广西壮族自治区	数码电子产品制造	电子设备制造
33	深圳市旗丰供应链服务有限公司	广东省	供应链综合服务平台	运输仓储
34	成都汇晨物流有限公司	四川省	国际运输代理	运输仓储
35	浙江大华科技有限公司	浙江省	信息服务贸易	电子设备制造
36	深圳市大疆百压科技有限公司	广东省	高科技产品贸易	电子设备制造
37	衡阳富泰宏精密工业有限公司	湖南省	电子产品贸易	电子设备制造
38	江苏天晨船舶进出口有限公司	江苏省	船舶贸易	机械设备
39	广西合安元贸易有限公司*	广西壮族自治区	一般贸易	商品贸易
40	宁波奥克斯进出口有限公司*	浙江省	一般贸易	商品贸易
41	深圳市泰衡诺科技有限公司*	广东省	电子产品贸易	电子设备制造
42	烟台锦泰国际贸易有限公司*	山东省	煤炭批发经营	能源
43	华讯方舟科技有限公司*	广东省	光电信息综合服务	电子设备制造
44	东莞市众佑进出口有限公司*	广东省	一般贸易	商品贸易
45	山东昌丰轮胎有限公司*	山东省	轮胎贸易	非金属
46	东莞市巴币电子商务有限公司	广东省	一般贸易及外贸服务	商品贸易
47	江苏永钢集团有限公司	江苏省	钢铁贸易	金属
48	东莞市欧悦通电子有限公司*	广东省	一般贸易及外贸服务	商品贸易

续表

排名	企业名称	省份	经营领域	行业
49	深圳市年富供应链有限公司	广东省	供应链综合服务平台	运输仓储
50	江苏三房巷集团有限公司*	江苏省	聚酯化纤、纺织	轻工

资料来源：根据《2018 年出口 200 强》整理。

如图 4、图 5 和表 13 所示，2018 年中国民营企业出口 50 强排行榜覆盖了 9 大行业。2018 年，包括供应链服务在内的 12 家运输仓储民营企业出口形势非常乐观，成绩颇为亮眼。电子设备制造行业入围民营企业出口 50 强的有 10 家，比 2017 年增加 1 家。2018 年，通信设备制造行业入围 50 强的有 9 家民营企业，其出口总额达 3217.8 亿元，占 50 强民营企业出口总额的 39.3%。这三个行业上榜 50 强的民营企业总共 32 家，数量占比高达 64%，出口金额占比 76%。另外入围的 18 家企业各自分属于商品贸易（9 家）、金属（4 家）、机械设备（2 家）、能源（2 家）、非金属（1 家）、轻工行业（1 家）。

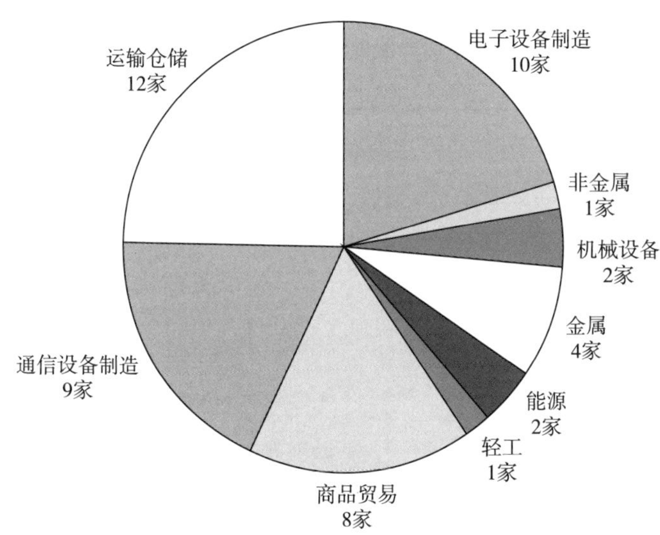

图 4　2018 年中国民营企业出口 50 强行业分布

资料来源：根据《2018 年出口 200 强》整理。

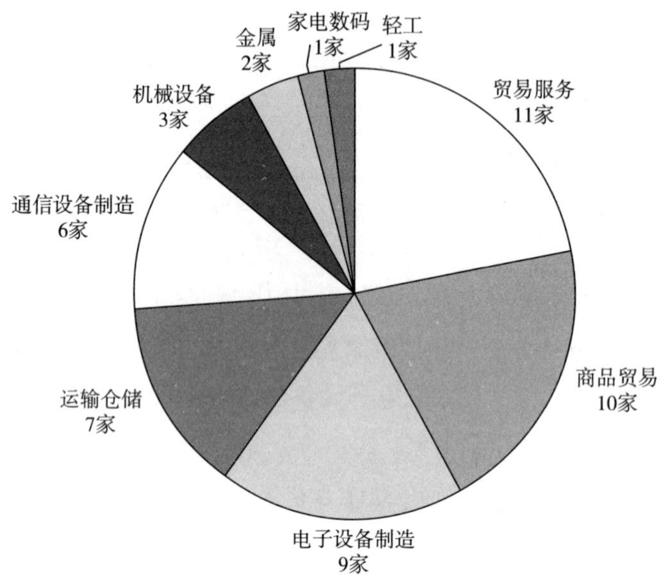

图 5　2017 年中国民营企业出口 50 强行业分布

资料来源：根据《2018 年出口 200 强》整理。

表 13　2018 年中国民营企业出口 50 强的行业分布情况

单位：家，%

行业	入围数量	新晋企业	更新率
电子设备制造	10	5	50
非金属	1	1	100
机械设备	2	1	50
金属	4	1	25
能源	2	2	100
轻工	1	1	100
商品贸易	9	5	56
通信设备制造	9	1	11
运输仓储	12	3	25
合计	50	19	—

资料来源：根据《2018 年出口 200 强》整理。

12 家运输仓储行业广东省上榜数量最多，为 7 家。这些主营供应链物流服务的民营企业凭借制度、科技和管理创新的后发优势，通过打造智能物流平台帮助企业节约成本、提高效率，在新时代实现新飞跃。

2018 年，民营企业出口 50 强榜单中表现不俗的行业是电子设备制造行业，占据 11 个席位。11 家入围的民营企业主要在东部地区（广东省 8 家，浙江省 1 家），中部、西部地区各有 1 家（湖南省和广西壮族自治区）。在电子设备制造出口行业中，2018 年新晋 50 强榜单的民营企业有 5 家，更新率为 45%。从排名来看，除欧珀精密和裕展精密两家公司位于前 10 强外，其他的民营企业出口成绩均处于 50 强的中下游水平。

入围 50 强的 9 家通信设备制造企业中有 6 家在广东省，其余 3 家分别在湖北省（2 家）、重庆市（1 家）。其中，只有重庆市翊宝智慧电子装置公司 1 家为新晋公司，更新率仅为 11%。电子设备制造行业属于智能制造产业，需要强大的技术创新、资金支持和人才储备，因此，该行业新旧替换率较低，市场竞争结构较为稳定。从排名来看，绝大部分通信设备制造民营企业处于 50 强榜单的前列，其中 5 家民营企业跻身于 10 强之列。总的来说，2018 年中国民营企业出口 50 强中 70% 电子通信行业的民营企业都集中在广东省，75% 的民营企业在东部地区。这足以说明东部地区尤其是广东省依然是中国民营企业在高科技行业和智能制造行业出口的“领头羊”，是经营外贸经济发展的关键力量。

2018 年，中国民营企业出口 50 强排行榜中商品贸易行业占得 9 席，保持良好的发展势头。2018 年，商品贸易行业的 9 家入围企业中，5 家来自广东省。商品贸易行业竞争较为激烈，2018 年该行业入围出口 50 强的新晋企业就有 5 家，更新率达 56%。

2018 年，入围中国民营企业出口 50 强的 4 家金属行业企业均在东部地区，江苏省 2 家，山东省和辽宁省各 1 家。区域集聚程度明显。本钢集团国际经济贸易有限公司鼓励各子公司积极拓展海外市场，并给予相应的奖励政策。凭借着“本钢品牌”在市场上的良好企业形象，给用户带来强烈的认同感，为本钢集团开发海外市场奠定了坚实基础。

入围2018年中国民营企业出口50强的2家机械设备企业分别位于东部地区的江苏省和西部地区的四川省，分属于汽车零部件制造行业和船舶制造行业。中嘉汽车制造（成都）有限公司作为先进制造业的民营企业当选为“2018成都民营企业100强”，排名第9位。江苏天晨船舶进出口有限公司是扬子江船业的一家子公司，负责面向造船厂提供船舶进出口服务。机械设备行业上榜的2家民营企业的出口业绩在50强中排名中下位。

2018年，能源行业中有2家民营企业入围中国民营企业出口50强名单，都是新晋企业。万华化学（宁波）能源贸易有限公司在外贸创新实践中，将一般贸易业务与进料加工业务相结合作为主导经营模式，并实行煤炭统一采购。

山东昌丰轮胎有限公司发展势头强劲，多次蝉联东营市的月度、季度出口冠军，产量和产值也位于行业前列。江苏三房巷集团有限公司已形成了聚酯产业上下游自我配套，通过了可口可乐、百事可乐等认证，产品广销海外市场，形成了一定的品牌影响力。

三 2018年中国民营企业出口50强的典型企业研究

2018年中国民营企业出口50强排行榜中涌现出一批表现优秀的企业，本部分将按照区域分布、行业机构，挑选出口50强榜单中的典型民营企业进行研究。

（一）2018年中国民营企业出口前10强企业分析

2018年中国民营企业出口前10强中仅有1家是新晋企业，华为终端有限公司以明显优势雄踞50强榜首，华为技术有限公司以绝对优势位列第2名。2018年，还有一部分传统实力民营企业稳居出口前10强，如欧珀公司、小米通讯、联想产品等。

2018年中国民营企业出口前10强中有1家企业位于中部地区，1家企业位于西部地区，其余8家分属于东部地区的广东省（7家）和江苏省（1

家），区域集聚趋势愈加明显。出口前10强的民营企业涵盖通信科技、数码产品制造、国际运输代理、高科技产品贸易以及通信设备领域，其中，运输仓储行业有3家民营企业入围，电子设备制造行业和通信设备制造行业分别上榜2家和5家民营企业。

本部分挑选2018年中国民营企业出口前10强中通信设备制造和电子设备制造行业的2家企业进行重点分析。

1. 华为终端有限公司

2018年，华为终端有限公司作为华为核心三大业务之一，其出口金额高达1154.4亿元，位居中国民营企业出口50强榜首。其产品和服务遍及170多个国家，服务于全球1/3的人口。华为终端有限公司坚持精品战略，以差异化创新战略为引领，追求技术极限，为世界各地的消费者提供全球最好的产品。

2. 深圳市裕展精密科技有限公司

深圳市裕展精密科技有限公司是一家研发和制造高端智能型移动终端机构件、为客户提供解决方案的高新科技企业。公司高瞻远瞩、扎根科技，以不懈的技术实现精密制造，不断提升工程技术服务能力，培育和形成了高端精密制造产业的核心竞争力。2018年，深圳市裕展精密科技有限公司位于中国民营企业出口排行榜的第8名，出口总额为260.4亿元。

（二）区域领先的典型企业分析

1. 深圳市一达通企业服务有限公司——东部地区

深圳市一达通企业服务有限公司是服务于中小微企业的外贸综合服务平台，致力于持续地推动传统外贸模式的革新，为中小企业提供效率高、成本低的物流和金融服务。一达通与中国7家主要商业银行合作，根据中小微企业的出口数据为其提供信用贷款。通过整合资源，一达通为客户提供整柜拼箱服务，减低运输风险和成本。

2. 联想移动通信贸易（武汉）有限公司——中部地区

联想移动通信贸易（武汉）有限公司2015年首次上榜民营企业出口50

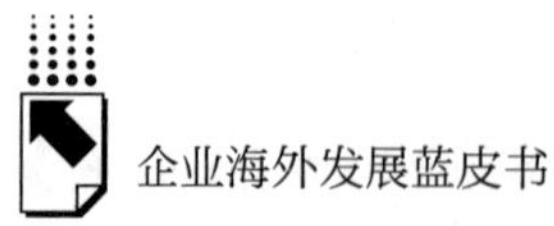

强，之后连续4年以优异的出口贸易业绩进入前10强。2018年，该公司位列榜单中第10名，比2017年下降5个名次。

3. 中嘉汽车制造(成都)有限公司——西部地区

中嘉汽车制造（成都）有限公司以“新丝路　新成都”为契机，深入推进与德国在投资、项目、资源等方面的“双向互济”。该公司秉持“诚信为本、客户至上、互惠互利、开拓创新”的企业宗旨，践行专业、执着、精益求精的经营理念，实现了2018年出口贸易的良好业绩。

（三）行业领先的典型企业分析

1. 西安海邦物流公司——供应链物流服务

西安海邦物流公司的母公司海程邦达集团专注于供应链物流领域，以信息科技和金融服务为支撑，为客户提供一站式的全球供应链物流服务，网络遍及全球200多个港口，海内外分支机构有70多家。2018年，西安海邦物流公司以优异的出口业绩稳居中国民营企业出口10强，而且其名次从2017年的第9位上升至第4位。

2. 华讯方舟科技有限公司——光电信息综合服务

华讯方舟科技有限公司是一家研发和应用高频谱技术的高科技民营企业。围绕核心业务发展战略，通过垂直一体化的运营模式，华讯方舟科技有限公司积极投入军民融合战略。

四　2018年中国民营企业出口50强的新晋企业分析

每年新晋企业的上榜反映民营企业出口贸易的竞争激烈程度，也能显现民营经济的新鲜活力和新生力量的脱颖而出。2018年中国民营企业出口50强的新晋企业涉足商品贸易、运输仓储、电子设备制造、机械设备、能源、非金属、金属、通信设备制造、轻工等行业，其中新晋企业数量最多的行业是商品贸易、电子设备制造和运输仓储行业，分别是5家、3家、3家。

表 14　2018 年中国民营企业出口 50 强的新晋企业

排名	企业名称	地区	领域	行业
5	江苏富昌中外运物流有限公司	江苏省	国际运输代理	运输仓储
14	重庆翊宝智慧电子装置有限公司	重庆市	通信设备	通信设备制造
18	广西佳愉贸易有限公司	广西壮族自治区	一般贸易	商品贸易
20	深圳市金运达国际物流有限公司	广东省	物流供应链服务	运输仓储
21	本钢集团国际经济贸易有限公司	辽宁省	钢铁贸易	金属
25	深圳市深国际华南物流有限公司	广东省	运输仓储服务	运输仓储
28	深圳市世纪云芯科技有限公司	广东省	计算机软硬件制造	电子设备制造
30	中嘉汽车制造（成都）有限公司	四川省	汽车零部件制造	机械设备
31	万华化学（宁波）能源贸易有限公司	浙江省	能源贸易	能源
32	广西三创科技有限公司	广西壮族自治区	数码电子产品	电子设备制造
39	广西合安元贸易有限公司	广西壮族自治区	一般贸易	商品贸易
40	宁波奥克斯进出口有限公司	浙江省	一般贸易	商品贸易
41	深圳市泰衡诺科技有限公司	广东省	电子产品贸易	电子设备制造
42	烟台锦泰国际贸易有限公司	山东省	煤炭批发经营	能源
43	华讯方舟科技有限公司	广东省	光电信息综合服务	机械设备
44	东莞市众佑进出口有限公司	广东省	一般贸易	商品贸易
45	山东昌丰轮胎有限公司	山东省	轮胎贸易	非金属
48	东莞市欧悦通电子有限公司	广东省	一般贸易及外贸服务	商品贸易
50	江苏三房巷集团有限公司	江苏省	聚酯化纤、纺织	轻工

资料来源：根据《2018 年出口 200 强》整理。

2018 年中国民营企业出口 50 强的 19 家新晋企业中，商品贸易行业有 5 家，运输仓储行业和电子设备制造行业各 3 家，能源行业和机械设备行业各 2 家，非金属、通信设备制造、金属和轻工行业各 1 家，涉及的行业领域比较广泛。2018 年新晋上榜民营企业中，商品贸易领域的竞争强度最大。运输仓储和电子设备制造的市场活跃程度比较高。2018 年民营企业出口 50 强 9 家上榜的商品贸易民营企业中有 5 家为新晋企业，其中 2 家分布在广西壮族自治区，2 家位于广东省，1 家在浙江省，说明商品贸易行业继续处在深度调整阶段。地处西部地区的广西壮族自治区商品贸易民营企业得益于当地“稳外贸”措施以及支持和协调边境贸易稳步增长和培育出口基地等措施，发展态势良好。广东省是中国民营经济最发达的地区之一，2018 年进入民营企业出口 50 强榜单中的 25 席中有 7 家是新晋企业，这表现出了广东地区民营经济的活跃与旺盛程度。2018 年，广东省高附加值的产品出口保持良好增速，这与新晋民营企业在电子设备制造、机械设备等行业的出口表现较为吻合。

从外贸产业链来看，中国民营企业面对国际经济贸易形势的复杂多变，努力提升外贸竞争力，金属（钢铁）企业和能源类企业正在集中资源增强竞争力，实现结构调整后的快速发展。从 2018 年新晋民营企业从事的行业来看，产业链条中科技含量较高的领域（如复杂机械设备）出口贸易快速增长，表现出强劲的市场动力。商品贸易和运输仓储行业也出现较高的更新率，表明这些行业市场竞争较为激烈。值得一提的是，中美贸易摩擦让初步回暖的纺织服装出口行业面临严峻的考验。仅有 1 家以聚酯化纤、纺织为主业的江苏三房巷集团有限公司进入 2018 年中国民营企业出口 50 强榜单，位列第 50 名。这是一个可喜的信号，也是一个令人担忧的信号。民营外贸企业需要从增强创新能力和产品转型升级方面入手，主动开拓多元市场，推动对外贸易的优化升级，为我国建成贸易强国贡献力量。

五　结论与建议

党中央历来支持和鼓励民营企业发展，十八大以来党中央出台一系列扶持民营经济发展的改革举措。习近平总书记在 2018 年 9 月 27 日考察辽宁忠旺集团生产车间时强调，“我们要毫不动摇、鼓励、支持、引导非公有制经济发展”。2018 年 11 月 1 日，习近平总书记主持召开民营企业座谈会，着重强调“两个毫不动摇”、三个“没有变”。2018 年，中国民营企业出口面临的宏观环境主要呈现以下几个特征。第一，中国对外贸易保持稳中向好态势。中国坚持互利共赢的对外开放战略，在发展自身的同时惠及更多其他国家。中国经济正向消费、投资并重转型，有利于贸易持续增长。第二，外贸发展新动能不断积聚。外贸企业积极主动适应市场多元化需求，外贸新模式、新业态快速发展，外贸新动力逐渐显现。相关数据显示，我国高附加值产品和装备制造产品出口增长较快，外贸竞争优势逐渐形成。第三，外贸政策环境不断改善。中国深入推进“一带一路”贸易投资自由便利化，为民营企业与相关国家的贸易合作创造新机遇。中国不断完善外贸“稳增长、调结构”的政策措施，2018 年出口信用保险覆盖面扩大，通关时间进一步压缩，推动加工贸易向中西部地区转移。

（一）基本结论

1. 中国民营企业出口内生动力加强、整体形势向好

2018 年中国民营企业发展呈现总体向好的发展态势，面临政策机遇、战略机遇、高质量发展机遇以及消费结构升级机遇。具体来说，一是党中央一再重申两个“毫不动摇”，深化商事制度改革，防止市场垄断。这些对民营企业来说是难得的政策机遇。二是近年来国家提出的“一带一路”倡议、乡村振兴战略和区域协调发展战略为民营企业带来更多的发展空间。乡村振兴战略和以建设“新型城镇化”为核心的区域协调发展战略则在拉动市场投资需求和引发城乡居民巨大消费需求的基础上，为民营企业带来无限商机。三是建设现代化经济体系，推动我国经济高质量发展，着力解决人民日益增长的美好生活需要和不平衡不充分的发展之间的矛盾。广大的民营企业要加快转型升级、走创新发展道路，积极为国家建设高质量发展的经济体系而努力。四是随着中国“四化”同步发展，人民群众的消费市场进一步细分和消费需求层次明显提升，这为民营企业带来新机遇、打开新市场。

2. 中国民营企业出口态势呈现区域性失衡

2018 年中国民营企业出口 50 强排行榜的区域分布明显呈现“东部持续强劲、中部发展稳定、西部快速崛起”的局面，具体表现在：2018 年中部地区上榜的 3 家民营企业与 2017 年保持一致，西部地区上榜的民营企业从 2017 年的 6 家上升至 2018 年的 7 家。2018 年上榜民营企业出口 50 强的省份只有 12 个，其余 19 个省份的民营企业无一上榜。这也是中国民营企业出口区域失衡的表现之一。东部地区尤其是广东省民营经济“独领风骚”，这

得益于外贸政策的推动、营商环境的改善以及一些跨国民营企业凭借市场化机制拓展海外市场的魄力。长期以来，中西部地区与东部地区的民营经济差距巨大，导致民营企业出口总体态势出现区域性失衡的局面。中西部地区应在畅通民营资本参与渠道、构建公平公正的营商环境、搭建民间投资平台、壮大企业发展主体和弘扬企业家精神方面着力改进，力图改变民营经济区域性非均衡发展的局面，真正实现“百花齐放”的共荣景象。

3. 中国民营企业出口产业呈现高级化、多样化趋势

2018 年，进入出口 50 强榜单的民营企业经营主要集中在供应链服务、商品贸易、电子及通信设备等领域，逐渐摆脱单一的、初级产品出口的贸易结构。2018 年，占据民营企业出口 50 强榜单主导地位的行业是供应链服务行业。区别于传统的物流供应商，从事供应链服务的民营企业在提供物流配送服务的同时提供“一站式”供应链整合服务，依托互联网信息技术平台接入数据，实现即时信息共享和精细化管理，降低沟通和管理成本。2018 年，民营电子通信出口企业数量在 50 强中占比 40%，这表明我国电子信息产业抓住全球化的历史机遇，实现了飞速发展。在人工智能领域国际合作的“共创新业态、共筑新空间、共建新秩序”政策指引下，我国电子信息制造产品外需平稳增长，国际合作不断深化。民营企业出口以一般贸易为主的特征在 2018 年 50 强榜单也有所体现，采购、跨境电商、综合服务等新兴商业模式使得一般货物贸易成为民营企业外贸出口的重要增长点。

2018 年民营企业出口 50 强排行榜反映出中西部地区呈现不同的产业发展特征。中部地区的产业聚集趋势明显，均为通信设备制造行业。而西部地区产业分布较为广泛，除了一般的商品贸易外，通信设备制造、电子设备制造、运输仓储、机械设备行业都有所涉及。

（二）对策与建议

1. 优化营商环境，构建“亲”“清” 新型政商关系

为确保民营经济健康发展，使民营企业发展更添信心，我国政府应当营

造一个公平有序的营商环境，着力构建“亲”“清”新型政商关系，及时为民营企业排忧解难。一是深化“放管服”改革，激发市场活力，助力新业态和新模式的发展。通过放宽经营范围限制，鼓励产业融合、跨界经营模式。二是提高开办企业便利度，积极推动市场准入审批清单化管理，加快实现企业注册全程电子化。三是健全政府和民营企业常态化沟通机制，让民营企业充分体会到在权利、机会、规则上受到平等对待。四是坚持礼法合治，制定交往规则，畅通交往渠道，建立有事报告制度，构建风清气正的政商关系，促进民营经济、民营企业健康发展。

2. 切实降低民营企业经营成本，畅通融资渠道

民营企业作为推动高质量发展、建设现代化经济体系的重要载体，在市场、融资、转型等方面存在的问题，党和政府要特别加以关注和着手切实解决。一是减轻民营企业税费负担。制定详细可操作的增值税减税方案，对小微企业、科技型初创企业等需要扶持的群体实施普惠性税收政策。二是解决民营企业融资难题。创新融资模式，建立系统完善的企业信用体系，打破“信息不对称”的借贷模式，降低金融风险。三是营造公平的竞争环境。政府相关部门在行政审批、经营运行、招投标等领域要给予民营企业平等的待遇，为民营企业发展创造充足的市场空间。四是推进产业政策的普惠性、功能性转变，及时清理和废除违反平等、自由、开放交易规则的政策文件，着力破除行政垄断和市场垄断。

3. 鼓励民营企业创新，提高对外开放水平

一是加快推进要素市场化改革，破除科技、资金、人才等领域的障碍，不断推进科技与企业、产业—学校—研究机构的深度融合，为民营企业提供高效实用的公共服务平台，促进科技、金融、人才等要素向民营企业汇集。二是组建产业技术创新联盟，通过产业协作形式，引导龙头企业的技术、产品、管理、品牌资源向民营企业外溢，带动民营企业参与产业价值链的能力。三是开展高新技术企业认定工作，将发展前景良好、亟须政策支持的新兴高科技企业识别出来，通过给予税收优惠政策对其加以扶持。

4. 完善民营企业法人治理结构，树立良好的公司信用

民营企业要成长壮大、走向国际化发展，需要建立现代企业制度，完善法人治理模式，着力打造公司品牌，以可靠的信誉打开市场。一是逐渐建立“三会一层”制度，董事长主要制定公司未来战略发展方向，注重职业经理人的培养和任用，利用多种激励手段稳定公司管理层。二是实施多元化的股权机构，引入互补性强的战略投资者。三是树立诚信意识，凭借产品的质量和信誉经略市场，使企业获得效益。四是健全财务管理制度，清晰股权结构，与金融机构密切合作，以责任、担当、真诚去面对发展过程中的苦难和问题。

参考文献

曹立、李梦奇：《改革开放 40 年民营经济发展经验与展望》，《传承》2018 年第 4 期，第 4~8 页。

《深圳民营企业外贸出口增长强劲　带动深圳外贸发展的中坚力量》，《天津经济》2019 年第 5 期，第 52 页。

姚冬琴：《2018 年中国外贸发展环境分析：内生动力增强　总体形势向好》，《中国经济周刊》2018 年第 23 期。

杨豫萍：《多措并举为民营经济高质量发展保驾护航》，《广西经济》2019 年第 3 期，第 53~54 页。

赵福军：《我国出口结构新特点及下一步出口升级方向》，《发展研究》2018 年第 6 期，第 26~36 页。

韩松：《着力解决民营企业融资难融资贵问题》，《学习时报》2018 年 12 月 28 日，第 2 版。

何诚颖：《纾困民营经济　推动高质量发展》，《中国社会科学报》2018 年 12 月 26 日，第 4 版。

福建省委、省政府：《关于加快民营企业发展的若干意见》，《福建日报》2018 年 12 月 26 日，第 1 版。

宁吉喆：《大力支持民营经济持续健康发展》，《人民论坛》2018 年第 36 期，第 6~8 页。

区　域　篇

Regional Reports

B.4

2018年中国企业对外劳务分省份排行榜及其评析

罗玉波*

摘　要：随着经济社会的发展，我国对外劳务合作的规模也逐渐扩大，这对我国的经济社会发展起到了重要作用。一方面，对外劳务合作提供了大量的就业机会，缓解了就业压力；另一方面，对外劳务合作意味着我国企业走出国门，我国与不同国家间的产业、文化交流加强，形成良好的合作关系。但是，也应注意到，我国对外劳务合作经过数十年的发展，高速增长阶段已经结束，步入了平稳发展阶段。另外，当前国际贸易形势依然严峻，特别是中美贸易摩擦给全球产业和贸易链带来了极大的不确定性，可以预见，我国对外劳务合作将面临更严峻的挑战。

* 罗玉波，北京工商大学副教授，主要研究方向为经济统计学、应用统计。

关键词： 劳务合作　对外贸易　省份排名

随着我国经济社会的发展，我国对外劳务合作的规模也逐渐扩大，这将有益于我国的经济社会发展。首先，对外劳务合作的发展提供了较多就业机会，有利于缓解就业压力。其次，对外劳务合作意味着我国企业将走出国门，与国外的企业机构进行贸易往来，有利于促进不同国家间的产业、文化交流，推动形成良好的合作关系。

总体来看，我国目前对外劳务合作规模已经相当可观，对外合作分布范围广泛，且随着“一带一路”倡议的蓬勃发展，与沿线国家的劳务合作显著增多。但也应注意到，我国对外劳务合作经过数十年的发展，高速增长阶段已经基本结束，步入了平稳发展阶段。另外，当前国际贸易形势依然严峻，特别是中美贸易摩擦给全球产业链和贸易带来了极大的不确定性，可以预见，我国对外劳务合作将面临更严峻的挑战。

一　2018年中国对外劳务合作派出人数总体评价

2018 年，我国共有 49. 2 万对外劳务合作人员被派出，相比于上年减少 3 万人；其中 22. 7 万人属于承包工程项下被派出，26. 5 万人属于劳务合作项下被派出。12 月末，共有 99. 7 万人在外从事各类劳务工作，较上年同期增加 1. 8 万人。

表 1　2011 ~ 2018 对外劳务合作派遣人数

单位：万人

年份	派出人数	承包工程项	劳务合作项	年末在外人数
2011	45. 2	24. 3	20. 9	81. 2
2012	51. 1	23. 3	27. 8	85. 0
2013	52. 7	27. 1	25. 6	85. 3
2014	56. 2	26. 9	29. 3	100. 6

续表

年份	派出人数	承包工程项	劳务合作项	年末在外人数
2015	53.0	25.3	27.7	102.7
2016	49.4	23.0	26.4	96.9
2017	52.2	22.2	30.0	97.9
2018	49.2	22.7	26.5	99.7

资料来源：商务部统计数据。

图 1 显示，2012 ~2014 年，我国对外劳务合作派遣人数保持稳定上升趋势，2015 年、2016 年出现连续两年缩减后，于 2017 年小幅回升，相比 2016 年增加了 2.8 万人。2018 年，我国派出各类对外工作人员总数再次出现缩减，相比于上一年减少 3 万人，但期末在外人数较上一年有所增加。

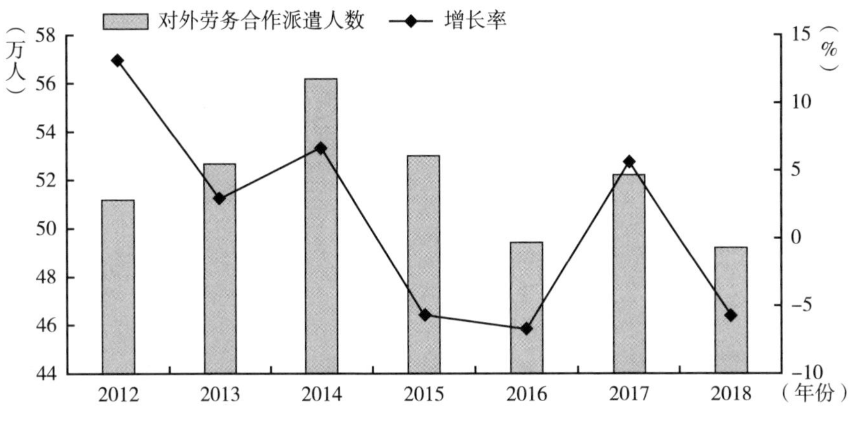

图 1　2012 ~2018 年我国对外劳务合作派遣人数及增长率

从派遣地区分析，我国涉及对外劳务合作的企业仍主要选择亚洲市场进行发展，大多数劳工被派遣到与我国相邻的国家及附近地区。接收中国内地劳务派遣人员较多的国家和地区有日本、中国澳门和中国香港；从劳工从事的行业来看，从事建筑业的劳工人数占总人数的比重为 45.5%，从事制造业的劳工人数占总人数的比重为 15.7%，从事交通运输业的劳工人数占 11.8%，从事以上三个行业的劳工人数较多。

二　对外劳务合作分省份排行及代表性省份解析

2018 年我国各省份派出人数整体规模略有缩减，但各省份的增减状况情况不尽相同。具体来看，山东省、广东省和江苏省派出人数较多，在全国位居前三；福建省、河南省、浙江省派出人数也比较多，均在 2 万人以上。从排名可以看出，山东省依然保持派出劳务合作人数第一的位置，是名副其实的传统对外劳务大省。山东省全年共有 5. 79 万人被派出，但规模有所缩减，同比下降 19. 1%；广东省从上年的第三名上升为第二名，排名变动不大，全年累计派出对外劳务人员 5. 3 万人，同比增长 18. 2%；江苏省从上年的第四名上升至第三名，全年共有 4. 86 万人被派出，规模较上年有所增加，同比增加 22. 4%。

表 2　派出各类劳务人员前七名省份

排名	省份	全年派出人数(万人)
1	山东	5. 79
2	广东	5. 30
3	江苏	4. 86
4	福建	4. 41
5	河南	3. 18
6	浙江	2. 26
7	上海	1. 86
8	天津	1. 69
9	北京	1. 56
10	辽宁	1. 40

注：福建省、北京市数据未在官网公布，故表中数据为笔者根据 2018 年 1 ~11 月两地派出人数以及对外劳务人员实际工资额估计得出。

资料来源：各省份商务厅、统计局。

（一）山东省

与上一年排名相同，2018 年山东省对外劳务人数依然稳居第一，是较为典型的传统人口大省、劳务大省。2018 年，山东省共有 57878 位各类劳务人员被派出，同比下降 19.1%，规模略有缩减。就各省份对外实际投资情况进行对比，山东省在全国位居第五，就对外承包工程完成营业额指标进行全国排名，山东省排名第二。2018 年，全省共有 952.30 亿元对外承包工程新签合同额，呈小幅上升趋势，同比增长 8.9%。12 月，全省共实现 21.7 亿元对外承包工程新签合同额，降幅较大，同比下降 51.1%；实现 76.8 亿元完成营业额，同比下降 27.6%，降幅明显；12 月共有 3664 位劳务人员被派出，同比下降 50.4%。

图 2 为山东省各市对外劳务派遣情况。青岛市对外劳务派遣人员最多，达 11820 人，其次是威海市、济宁市，分别派出 10656 人、7491 人。派遣人员较少的有德州、临沂、枣庄、东营、聊城、日照、滨州和菏泽，派遣人数均少于 1000 人，其中滨州和菏泽无派遣人员。与上年同期相比，除济宁市同比增加 2.6%，枣庄市同比增加 2.2% 外，其余各市均出现不同幅度的缩减。

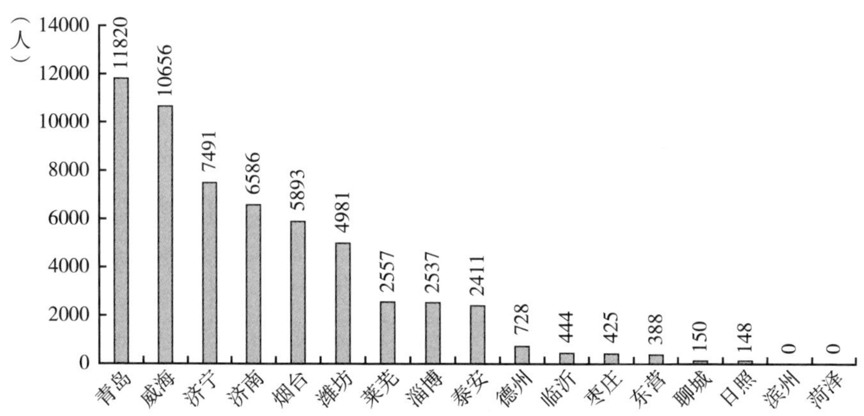

图 2　2018 山东省各市对外劳务派遣人数

资料来源：山东省商务厅。

2018 年，山东省继续对欧洲高端市场进行开拓，若干家对外劳务合作企业于 8 ~9 月赴捷克、匈牙利、罗马尼亚、保加利亚及希腊等国家开拓外派中餐厨师、技术工人等高端劳务市场，探讨高端人才引进问题。同时注重提升劳务人员素质，商会多次举行技能管理培训。

（二）广东省

2018 年，广东省共有 53029 位对外劳务合作人员被派出，同比增长 18.2%。从时间节点看，广东省 2018 年末有 92836 人在外劳作，该人数较上年同期增加 8.3%，增幅较小。全省实现 138 亿美元对外实际投资，投资额同比增加 57.7%，增幅较大；对外承包工程完成营业额较上年略有减少，为 175.7 亿美元，同比下降 2.9%。

近年来，广东省派出对外劳务合作人数变动如图 3 所示。2013 年出现规模缩减，同比下降 14.5%；其后两年显著上升，同比分别增长 25.6%、13.6%；2016 年、2017 年再次出现下降趋势，同比分别减少 3.8%、6.8%，变动幅度较小；2018 年出现小幅上升，同比增加 18.2%。

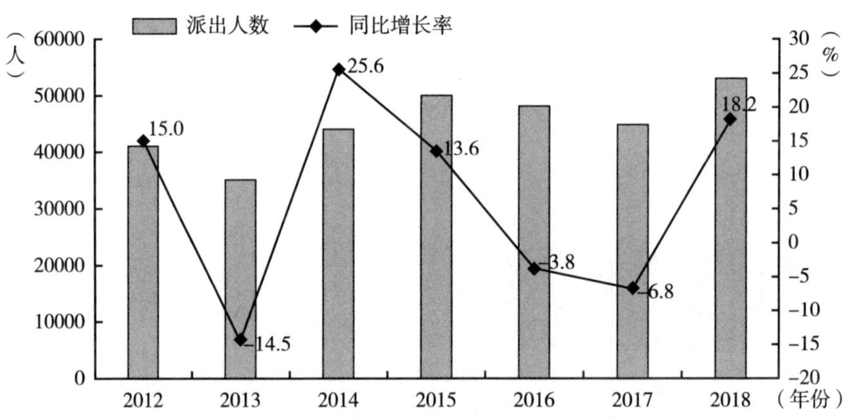

图 3　2012～2018 广东省对外劳务派遣人数及增长率

资料来源：广东省商务厅。

广东省涉外经营业务发展良好，当前已有超过 7000 家企业在海外设立、经营，并且这些企业分布较为广泛，遍布 130 个国家和地区。对外合作的规模不断扩大，使得广东省近三年在全国各省“一带一路”参与度指数排名中保持第一。在今后发展中，广东省将继续保持对外合作的良好态势，积极促进对外劳务合作模式的转变，积极与劳务输入地政府、劳务合作企业和用人单位之间进行交流沟通，保证实施重大劳务合作项目的落地，抓住“一带一路”的机遇，培育新的增长点。

（三）江苏省

2018 年，江苏省共有 48586 位劳务合作人员被派出，派遣人数同比增长 22.4%。其中，29081 人属于劳务项下被派出，较上年略有增加，同比增长 9.9%；19505 人属于对外承包工程项下被派出，同比增加 47.4%，增幅明显。从时间节点来看，江苏省 2018 年末在外人数较上年小幅增加，为 107539 人，同比增加 17.6%。2018 年新签劳务人员的合同工资总额小幅增加，为 54217 万美元，同比增加 23.1%；劳务人员实际收入总额同比增长 10.4%，为 79653 万美元。对外承包工程新签合同额较上年有所减少，为 65.9 万美元，同比减少 39.1%，完成营业额小幅下降，为 83.3 万美元，同比减少 12.6%。

从各市来看，南京市派出劳务人员人数最多，共计 22291 人，其规模显著超出其他各市；其次是南通市派出劳务人员 8918 人，连云港市派出劳务人员 5966 人；派出人数较少的是盐城、徐州、无锡、淮安和宿迁市，全年累计派出人数均未超过 1000 人（见图 4）。

（四）福建省

截至 2018 年 11 月，福建省共有 42288 位劳务人员被派出，较上年同期减少 21.5%，降幅明显。如图 5 所示，9 月派出劳务人员人数最多，达 8534 人，7 月、11 月、5 月派出人数较多，分别为 5899 人、4980 人和 4780 人。

截至 2018 上半年，福建省共对 43 个国家和地区开展对外投资，对“一带一路”沿线国家新增投资项目 33 个。根据商务部统计，全省共有 9 家境外经贸合作区，分别位于越南、印度尼西亚、毛里塔尼亚等 8 个国家，且投资额较高，累计投资超过 5.1 亿美元，这些经贸合作区对当地就业产生了有

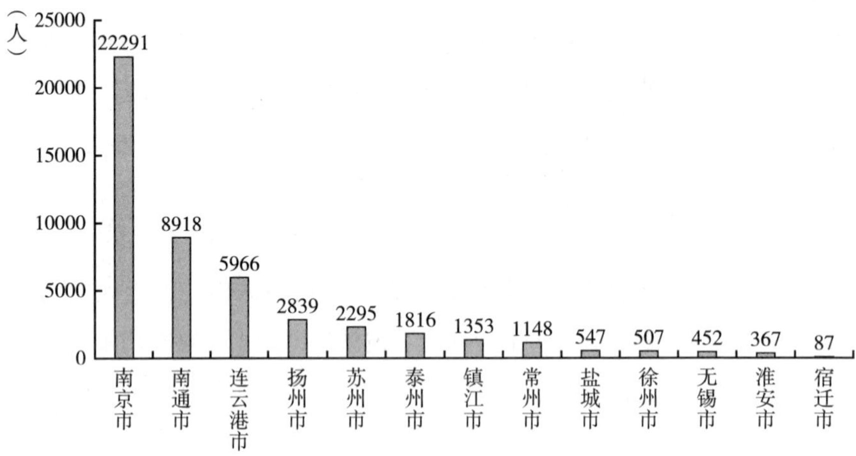

图 4　2018 江苏省各市对外劳务派遣人数

资料来源：江苏省商务厅。

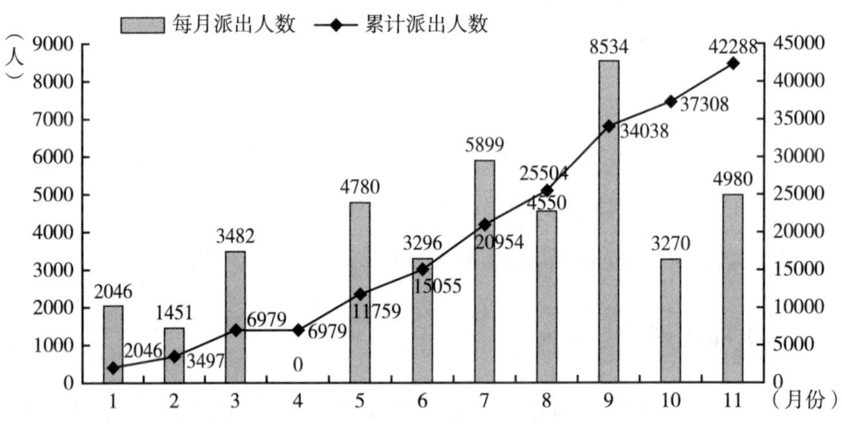

图 5　2018 年 1～11 月福建省对外劳务派遣人数

资料来源：福建省商务厅。

利影响，共带动当地就业人员 3000 余人。

以福州市为代表，福建各市通过加强对外劳务合作的规范管理，引导企业积极健康发展。2018 年福州市对外劳务合作业务取得积极进展，从数据来看，到“一带一路”沿线国家（地区）从事各类工作的劳务人员共1290人，同比增长143.0%，增幅显著。12月，福州市共派出961人到“一带一路”沿线国家（地区），接收劳务人员的国家多达18个。从地区来看，对外劳务人员主要集中于港澳地区，截至2018年12月，在中国澳门的各类劳务人员26088人，占比为68.5%，在中国香港的各类劳务人员8007人，占比为21.0%。从行业来看，建筑业、住宿和餐饮业是对外劳务人员较为集中的行业，2018年12月，从事建筑业的劳务人员共7121人，从事住宿、餐饮业的对外劳务人员共7062人，从事护理服务业的对外劳务人员共4567人，此外，农、林、牧、渔业的对外劳务人员3269人，海员849人，其他行业的对外劳务人员包括零售从业者、各类技工等。

（五）河南省

2018年，河南省对外劳务合作人员共31761人，其中，属于直接派出的有25867人，占比为81.4%。从时间节点看，河南省2018年末在外劳务人数达63336人，与上年几乎持平，同比增长2.8%。2018年对外承包工程完成营业额较上年略有下降，为34.5亿美元，同比降低27.7%。新签对外承包工程劳务合作合同额与上年同期水平相当，为37.4亿美元，同比下降0.1%。

总体来看，河南省对外投资合作呈现良好的发展态势，全省对外直接中方协议额小幅增加，达22.37亿美元，同比增长27.3%，但与此同时对外承包工程营业额略有下降，对外劳务合作派遣人数也有所减少。

（六）浙江省

2018年，浙江省对外劳务合作人员共22589人，比上年多出6356人，同比增长39.2%，增幅较明显。2018年末共有33594人在国外从事各类劳务工作，同比增加20.5%，较上年同期增加6721人；收入方面，全省在国外务工人员的实际收入总额达到12.0亿元，较上年增加26.8%。2018年，浙江省共实现对外经济合作完成营业额518.86亿元，较上年增长9.0%。

三 2018～2019年中国对外劳务合作态势分析及展望

（一）2018年对外劳务合作特点

1. 对外劳务合作总体规模保持稳定

2018年，我国共派出各行业各种类的劳务人员49.2万人，较上年减少5.7%，派遣规模略有下降。其中，有22.7万人属于承包工程项下被派出，该项下派出人数较上年增加0.5万人左右，占总人数的46.1%，较上年增加3.60个百分点；26.5万人属劳务合作项下被派出，该项下派出人数较上年减少3.5万人。12月，共有99.7万人在外从事各类工作，该人数较上年变化不大，同比增加1.8%，上升幅度不明显。

2. 市场地区分布保持稳定

从地区来看，我国派出各类劳务人员仍主要分布在亚洲，接收劳务人员人数排名靠前的国家和地区有距离较近的港澳地区、日本以及新加坡，且主要以劳务合作项下劳务人员为主。以承包工程项下劳务人员为主的国家和地区有安哥拉、沙特阿拉伯、马来西亚、老挝等。截至2018年10月，亚洲市场仍然以45.8%的份额占据绝对优势，市场份额位居第一，非洲以市场份额占比35.5%位居第二。从市场新签合同额来看，2018年1～10月，769.8亿美元为亚洲新签合同额，金额数较上年略有下降；597.8亿美元为非洲市场获得的新签合同额，较上年有所增加，同比增长35.5%；此外，大洋洲及拉美地区新签合同额均有所增长，与大洋洲产生的新签合同额增幅为28.2%，拉美地区增幅较小，为4.7%。

3. 行业格局总体保持稳定

制造业、建筑业、交通运输业三大行业仍是对外劳务合作主要行业，人数占比达73.0%，较上年变动不大。其中，从事建筑业工作45.4万人，较上年增加2.94万人，在外人员规模占比为45.5%，从业人员主要分布在亚非地区；从事制造业工作15.7万人，占总人数的比重为15.7%，主要在亚洲地区工作；从事交通运输业相关工作11.8万人，较上年减少1.69万人，主要分布在亚洲地区。

（二）2019年我国对外劳务合作面临的挑战以及发展方向

对外劳务合作当地政治局势风云变幻，劳务人员应提前做好充分功课，对当地政治、社会文化有初步的了解。尽管当今世界普遍和平，但局部战争和冲突并未间断，我国对外投资合作仍面临政治风险。这种政治风险有很多因素，不仅包括当地政局不稳定所引发的政变冲突，还包括对政治宗教政策的不甚了解或忽视引发争执，导致严重后果。由于我国对外劳务合作市场主要集中在亚洲地区，而亚洲的部分国家时局动荡，如马尔代夫曾在2018年2月发生大规模集会并宣布进入紧急状态，斯里兰卡在3月宣布为期10天的国家紧急状态，随后在10月暂停议会活动。此外，巴基斯坦、马来西亚等国也曾出现政治事件，导致我国一些签约项目被迫中断或取消，同时威胁到在外人员的人身安全。宗教问题也是不可忽视的风险因素，由于我国部分劳务人员缺乏对当地宗教习俗问题的理解和重视，没能做到对当地的经济文化和法律环境进行充分了解，因此易与当地居民产生冲突，对在外企业和劳务人员造成不良影响。

（1）积极应对贸易保护主义。近年来我国经济快速发展，综合实力不断增强，一跃成为全球第二大经济体，部分西方国家出于排斥遏制心理掀起贸易保护主义风潮。西方国家以种种理由，诸如环境保护、国家安全审查、反垄断审查等，对中国跨国投资企业加强限制和监管。中美贸易战摩擦令贸易保护主义加剧，在短期内对中国对外投资企业造成了一定影响。对外投资企业应积极调整产业布局，优化产业结构，以技术创新进行产品升级，未来向创新方向的重点战略性产业发展，加大科研力度，尽可能把握产业的核心技术，在贸易摩擦中将损失降到最小。同时继续坚持“一带一路”倡议，积极主动巩固亚洲市场，开拓欧洲新兴市场。

（2）坚持打开高端市场，提升竞争优势。目前，我国对外劳务合作的市场仍主要在亚洲，主要为建筑业、制造业、交通运输业，均属于较为传统的行业，因此对从业人员的知识水平、语言水平要求不高，在与其他国家劳动力竞争中并不具备明显优势。在接下来的发展中，应加强教育培训，积极引进知识型、技能型人才，拓展其他地区市场以及其他行业市场，了解其对从业人员的更多要求，按照需求方向培养人才，逐步向高端市场、服务行业迈进。

参考文献

中国对外承包工程商会劳务合作部：《2018 年中国对外劳务合作行业发展评述》，《国际工程与劳务》2019 年第 3 期。

房秋晨：《2019 年我国对外承包工程将行稳致远》，《建筑》2019 年第 3 期。

王辉：《“一带一路”背景下广东对外劳务合作的发展机遇和法律问题研判》，《嘉应学院学报》（哲学社会科学版）2019 年第 37 卷第 2 期。

郑晓明、吕佳宁：《“一带一路”倡议下中国对外直接投资与对外劳务合作》，《开发研究》2018 年第 5 期。

勾新月：《我国对外直接投资的机遇与挑战》，《现代营销》（下旬刊），2019 年 6 月。

刘凤、聂清华：《新常态下中国对外直接投资特征、问题及对策》，《金融与经济》2019 年第 6 期。

卢雨：《经济新常态下我国对外贸易的发展现状及对策建议》，《产业创新研究》2019 年第 5 期。

时海娜：《特朗普政府下的中美贸易摩擦》，《现代商贸工业》2019 年第 21 期。

周德文：《中美贸易摩擦与民营企业的危与机》，《企业家日报》2019 年 6 月 14 日，第 3 版。

张原、陈建奇：《“一带一路”倡议下国际劳务合作的机遇与挑战》，《国际贸易》2018 年第 5 期。

卢朋：《中国对外劳务合作的发展特征、挑战与政策应对》，《劳动经济研究》2017 年第 2 期。

刘燕春子：《贸易保护主义令美国作茧自缚》，《金融时报》2019 年 5 月 30 日，第 5 版。

B.5

2018年中国企业对外承包工程分省份排行榜总体评价

黄靖涵*

摘 要： 2018年受全球经济增长放缓、贸易保护主义抬头和“一带一路”沿线国家新项目开发放缓等因素影响，我国对外承包工程行业全年新签合同额为2418亿美元，较上年下降8.8%；完成营业额1713.5亿美元，较上年增长0.3%。分省份来看，2018年对外承包工程完成营业额全国第一的是广东省，完成营业额175.7亿美元，其次是江苏省，排名第三的是山东省；对外承包工程新签合同额排名第一的是湖北省，新签合同额为148.8亿美元，其次是上海市，排名第三的是四川省。2018年中国对外承包工程行业发展呈现以下特点：一是各省份对外承包工程的业务份额虽有波动，但总体呈稳定增长态势；二是各专业领域集中度仍保持相对稳定；三是业务模式不断转型升级；四是“一带一路”沿线国家市场业务份额稳步增长；五是对外承包工程行业信用体系建设和合规合法运营初见成效。未来我国对外承包工程行业的发展仍面临诸多挑战和机遇，我国秉持互利共赢的理念，积极同各国和知名企业开展项目合作，推动未来对外承包工程行业向多元化、专业化、国际化方向发展。

* 黄靖涵，对外经济贸易大学博士，主要研究方向为对外投资与区域合作。

关键词： 对外承包工程　新签合同额　“一带一路”沿线国家市场份额

一　总体分析与评价

（一）2018年对外承包工程完成额总体分析

商务部公布的数据显示，我国对外承包工程2018年的完成营业额为1713.5亿美元，比上年增长0.3%。对外承包工程2018年的新签合同额为2418亿美元，比上年下降8.8%①。2018年各月对外承包工程的完成营业额和新签合同额如表1所示。

表1　2018年各月对外承包工程的完成营业额和新签合同额

时间	完成营业额（亿美元）	同比增长（%）	新签合同额（亿美元）	同比增长（%）
2018年12月	310.3	-10.2	564.9	2.0
2018年11月	163.4	4.0	171.1	-49.7
2018年10月	162.6	0.0	136.9	-17.6
2018年9月	126.8	-10.0	158.4	-17.6
2018年8月	112.1	2.4	134.3	-6.5
2018年7月	110.7	7.1	185	37.9
2018年6月	158.8	-6.3	212.5	-127.7
2018年5月	120.5	8.4	241	43.6
2018年4月	101.7	0.7	168	-12.2
2018年3月	150.1	16.8	139.6	-28.4
2018年2月	92.7	7.4	189.6	31.1
2018年1月	103.8	21.1	116.7	-2.6

资料来源：根据商务部网站数据计算整理，http://data.mofcom.gov.cn/tzhz/forengineerstac.shtmll。

① 商务部网站，http://fec.mofcom.gov.cn/article/tjsj/ydjm/gccb/201901/20190102829092.shtml。

（二）2018年各省份（及省级单位）对外承包工程的总体分析

各省份（及省级单位）对外承包工程完成营业额的情况如表2所示，其中广东省完成营业额175.7亿美元，居首位；江苏省排名第二，完成营业额83.3亿美元；山东省以7.68亿美元位居第三；其后分别为上海市、浙江省、湖北省、四川省、天津市、江西省、陕西省、北京市、河南省、安徽省、青海省、河北省、云南省、山西省、辽宁省、福建省、重庆市、贵州省、新疆维吾尔自治区、广西壮族自治区、新疆生产建设兵团和甘肃省。

表2　2018年中国各省份（及省级单位）对外承包工程完成营业额排名

单位：万美元

排名	省份（及省级单位）	2018年完成营业额	排名	省份（及省级单位）	2018年完成营业额
1	广东省	1757000	14	青海省	281500
2	江苏省	833000	15	河北省	277000
3	山东省	768000	16	云南省	172700
4	上海市	754000	17	山西省	140000
5	浙江省	738500	18	辽宁省	137000
6	湖北省	644000	19	福建省	108000
7	四川省	611000	20	重庆市	102600
8	天津市	530000	21	贵州省	100200
9	江西省	448000	22	新疆维吾尔自治区	99300
10	陕西省	405800	23	广西壮族自治区	72900
11	北京市	400000	24	新疆生产建设兵团	70000
12	河南省	344800	25	甘肃省	27300
13	安徽省	301000			

注：2017年全国的其他省份（及省级单位）如湖南省、黑龙江省、吉林省、宁夏回族自治区、内蒙古自治区和海南省，没有提供对外承包工程完成营业额，因此没有进入该排名。

资料来源：根据各省份（及省级单位）商务厅、统计局及国民经济和社会发展统计公报的数据整理。

各省份（及省级单位）对外承包工程新签合同额的情况如表3所示，其中湖北省新签合同额148.8亿美元，居首位；上海市排名第二，新签合同额 119 亿美元；四川省以 102.7 亿美元位居第三；其后分别是江苏省、安徽省、天津市、浙江省、河南省、陕西省、重庆市、新疆维吾尔自治区、山东省、辽宁省、云南省、山西省、甘肃省。

表 3　2018 年中国各省份（及省级单位）对外承包工程新签合同额及排名

单位：万美元

排名	省份(及省级单位)	2018 年新签合同额
1	湖北省	1488000
2	上海市	1190000
3	四川省	1027000
4	江苏省	659000
5	安徽省	505000
6	天津市	445000
7	浙江省	397800
8	河南省	374400
9	陕西省	346500
10	重庆市	324400
11	新疆维吾尔自治区	321000
12	山东省	217000
13	辽宁省	206000
14	云南省	142500
15	山西省	102000
16	甘肃省	13200

注：2018 年其他省份（及省级单位）如广东省、北京市、河北省、福建省、广西壮族自治区、贵州省、江西省、新疆生产建设兵团、青海省、湖南省、黑龙江省、吉林省、宁夏回族自治区、内蒙古自治区和海南省，没有提供对外承包工程新签合同额的情况，因此没有进入该排名。

数据来源：根据各省份（及省级单位）商务厅、统计局及国民经济和社会发展统计公报的数据整理。

二　2018年中国企业对外承包工程主要省份分析

（一）山东省

山东省 2007～2018 年对外承包工程情况如图 1 所示。2018 年山东省对外承包工程完成营业额76.8亿美元，比上年下降34.7%；新签合同额21.7亿美元，比上年下降27.6%。山东省2018年外承包工程完成营业额排名居全国第三位，与上年相比下降一位，其对外承包工程业务发展呈现以下趋势[①]。首先，紧跟国家倡导的“一带一路”倡议开展对外承包工程业务。山东省在2018年积极响应国家政策，在共建“一带一路”国家与地区的对外承包工程完成营业额为485.3亿元，比2017年上涨了2.5%，在山东省对外承包工程总营业额中的占比非常显著，高达60.2%。其次，对外承包工程业务的经营范围也不断扩大，涵盖建筑、电力、交通运输、石化等多个领域，其完成营业额分别为309.5亿元、248.9亿元、93.2亿元和45.1亿元，在山东省对外承包工程总营业额中的占比达86.4%，其中新签合同额超过1000万美元的项目高达55个，重点体现在交通运输、电力和建筑三大产业。最后，涌现出许多对外承包工程业务先进企业。在2018年《美国工程新闻》（ENR）公布的国际承包商250强中，中国企业有69家被选中，而其中山东省占到6家，依据名次高低分别是青建集团、威海国际经济技术合

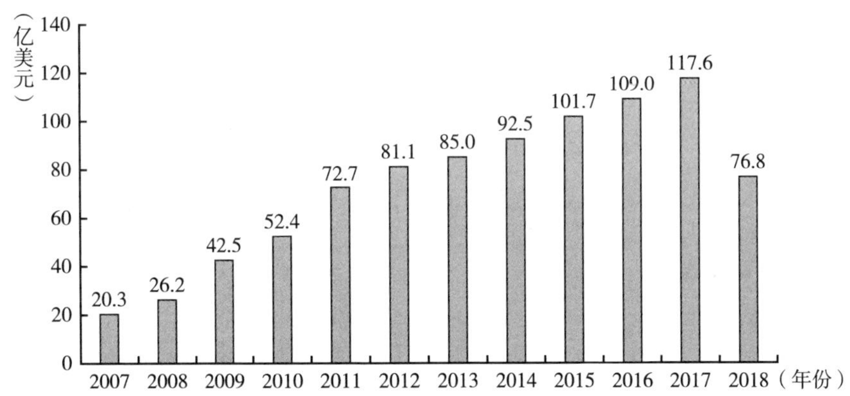

图1　2007～2018年山东省对外承包工程完成营业额

资料来源：根据商务部对外承包工程统计相关数据计算。

① 《我省对外承包工程继续保持全国领先》，山东省商务厅网站，http：//commerce.shandong.gov.cn/art/2019/1/31/art_16114_4594010.html，2019年1月31日。

作股份有限公司、烟建集团、山东德建集团、烟台国际经济技术合作集团、中国山东对外经济技术合作集团。在这些公司中，前两个股份公司为重中之重，跻身全球百强之位，大型骨干企业为山东省对外承包工程业务的整体开展发挥了积极的带动作用。

（二）江苏省

2007～2018 年江苏省对外承包工程业务情况如图 2 所示。2018 年江苏省对外承包工程完成营业额 83.3 亿美元，稳居全国第二位。虽然近年来江苏省对外承包工程业务一直居全国前列，但 2018 年其对外承包工程新签合同额却出现下滑态势。2018 年，江苏省对外承包工程新签合同额 65.9 亿美元，与上年相比下降了 39.1%，在各省中排第四位。从各区来看，苏南地区对外承包工程新签合同额为 39.7 亿美元，在江苏省的占比达到 57.1%；苏中地区为 24 亿美元，增幅高达 78.4%。江苏省对外承包工程业务主要体现在两方面。首先，南京市在全省对外承包工程中占有举足轻重的地位。通过表 4 可以看出，2018 年南京的对外承包工程完成营业额占该省的 41.8%，总完成营业额为 34.8 亿美元；新签合同额达到 27.5 亿美元，占 41.7%。其次，出现了许多对外承包工程业务先进的企业，其影响力也在不断提高。在

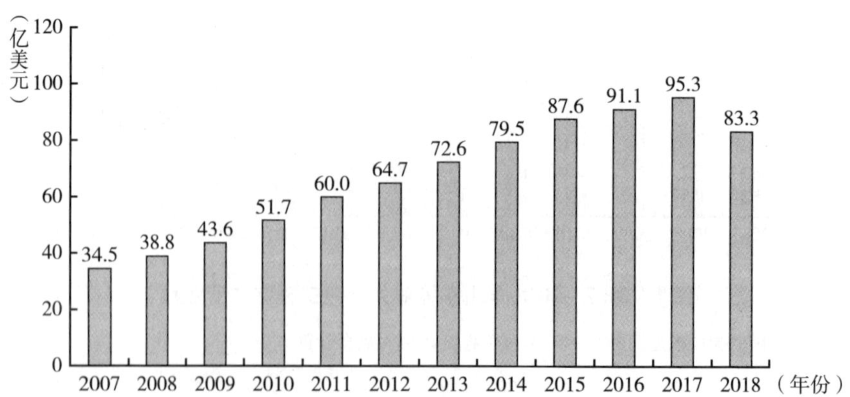

图 2　2007～2018 年江苏省对外承包工程完成营业额

资料来源：根据商务部对外承包工程统计相关数据计算。

2018 年《美国工程新闻》公布的国际承包商 250 强中，江苏省占到了 6 家，比 2017 年新增一家，依据名次高低分别是江苏省建筑工程集团、中国江苏国际经济技术合作集团、江苏南通三建集团、南通建工集团、江苏南通六建建设集团、江苏中南建筑产业集团。

表 4　2017～2018 年江苏各地（市）对外承包工程情况

单位：万美元，%

排名	地市名称	新签合同额			排名	地市名称	完成营业额		
		2017 年	2018 年	增长率			2017 年	2018 年	增长率
1	南京市	614939	274527	-55.36	1	南京市	398565	348375	-12.59
2	南通市	69206	150417	117.35	2	南通市	152267	146392	-3.86
3	泰州市	40537	55020	35.73	3	扬州市	82635	89482	8.29
4	苏州市	181091	41760	-76.94	4	泰州市	78658	75287	-4.29
5	常州市	87020	37781	-56.58	5	常州市	53763	43827	-18.48
6	无锡市	5718	37182	550.26	6	镇江市	33000	42955	30.17
7	扬州市	24655	34369	39.40	7	苏州市	124204	33932	-72.68
8	徐州市	34052	21682	-36.33	8	无锡市	2906	21768	649.07
9	镇江市	20505	5326	-74.03	9	淮安市	15352	17060	11.13
10	淮安市	4163	940	-77.42	10	徐州市	10078	13586	34.81
11	连云港市	—	—	—	11	连云港市	154	—	—
12	盐城市	—	—	—	12	盐城市	14	—	—

资料来源：江苏省商务厅。

（三）湖北省

2007～2018 年湖北省对外承包工程业务情况如图 3 所示。长期以来，湖北省就非常专注于对外承包工程业务，无论是完成营业额还是新签合同额，都一直处于较高水平。2018 年湖北省对外承包工程完成营业额 64.4 亿美元，较上年下降 9.0%，居全国第六位；新签合同额 148.8 亿美元，较上年增长 0.1%，居全国第一位。2018 年湖北省对外承包工程业务具有以下四个特点①：一是紧随国家倡导的“一带一路”倡议开展对外承包工程业务。根据相关的数据统计，到 2018 年 11 月，湖北省在“一带一路”沿线国家（地区）的对外承包工程完成营业额达到了 38.8 亿美元，新签合同额高达 86.4 亿美元，分别占该省对外承包工程完成营业额和新签合同额的 73.9% 和 71.2%。二是打造高质量招商引资平台，提升境外承包工程质量。湖北省大力支持对外承包工程业务发展，通过举办大型经贸活动与日韩、粤港澳及世界知名企业加强合作，不断引进优质项目，且湖北省积极支持对外承包工程业务创新发展，使得采用 EPC 等新模式开发建设的大型工程项目不断增加。三是承接境外大项目的实力不断增强，对外承包工程业务领域不断扩宽。2018 年湖北省新签合同额 1000 万美元以上项目 48 个，其中合同额 10 亿美元以上的项目 4 个，较 2017 年增加 1 个。其对外承包工程业务涵盖建筑、电力、水利和交通运输等多个领域，其中水利和建筑工程项目的承包合同额分别同比增长 152% 和 814%。四是抓住进口博览会时机，积极推进对外承包工程业务的扩展。2018

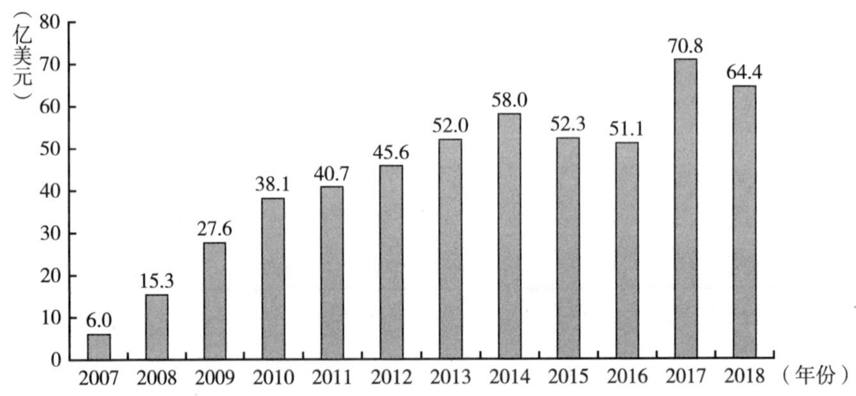

图 3　2007～2018 年湖北省对外承包工程完成营业额

资料来源：根据商务部对外承包工程统计相关数据计算。

① 《湖北对外承包工程营业额 35.9 亿美元》，湖北省人民政府网站，http：//www.hubei.gov.cn/tzhb/touzi/lxhbtzdt/201809/t20180929_ 1347642.shtml；《首届中国进博会湖北省大型国有企业专场交易现场签约金额达 2.7 亿美元》，湖北省人民政府网站，http：//www.hubei.gov.cn/xxbs/bmbs/sgzw/201811/t20181114_ 1368858.shtml。

年湖北省首次参加进博会并组织专场交易会，共邀请近20个国家和地区的企业参加签约活动。现场签约采购项目16个，成交金额达2.72亿美元，涉及金融、食品、电子商务、生物科技等多个领域。

（四）河北省

2007～2018年河北省对外承包工程业务情况如图4所示。2018年河北省对外承包工程完成营业额27.7亿美元，居全国第15位。其对外承包工程业务的发展有如下特点①。一是在基础设施建设领域开展境外工程承包合作。2018年东盟等周边自由贸易区纷纷完善基础设施建设，河北省抓住这一机遇积极承揽基础设施建设项目，开展境外工程承包，取得显著成效。二是创新对外承包工程的承建模式，从传统承建模式向提供整体解决方案转换，鼓励采用特许经营、项目融资等国际通行方式开展国际工程承包。三是不断扩宽对外承包工程业务领域，石油化工、一般建筑和工业建设类项目是河北省对外承包工程的优势业务。此外湖北省还在新能源汽车、智能机器人、碳纤维及复合材料等领域推进与跨国公司的战略合作。

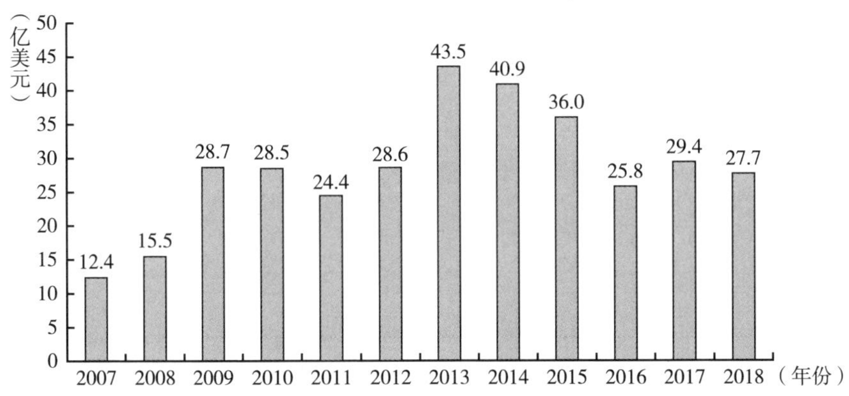

图4　2007～2018年河北省对外承包工程完成营业额

资料来源：根据商务部对外承包工程统计相关数据计算。

① 《积极参与“一带一路”建设推进国际产能合作》，河北省人民政府网站：http://www.hebei.gov.cn/hebei/11937442/10756595/10756641/14444488/index.html。

（五）上海市

2007～2018 年上海市对外承包工程业务情况如图 5 所示。上海 2018 年对外承包工程完成营业额 75.4 亿美元，在全国排名第四；新签合同额 119 亿美元，在全国排名第二。2018 年上海市对外承包工程业务主要有以下特点①。第一，上海企业在“一带一路”沿线国家的业务稳步发展。据上海市商务委员会统计，2018 年上海企业在“一带一路”沿线国家新签对外承包工程合同额为 87.3 亿美元，同比增长 20.44%，占上海新签合同总额的 73.36%；对外承包工程完成营业额 47.23 亿美元，比 2017 年降低 21.99%，占上海完成营业额的 62.64%。第二，上海对外承包工程业务的市场主要集中在亚洲和拉丁美洲的发展中国家，以印度尼西亚、菲律宾等国家为主。上海 2018 年仅亚洲市场的新签合同额就达到 81.017 亿美元，占比为 68.08%。第三，上海对外承包工程投资的行业分布相对集中，重点倾向于加工制造与电力工程行业，这两个领域的投资占比分别为 21.29% 和 38.28%。第四，

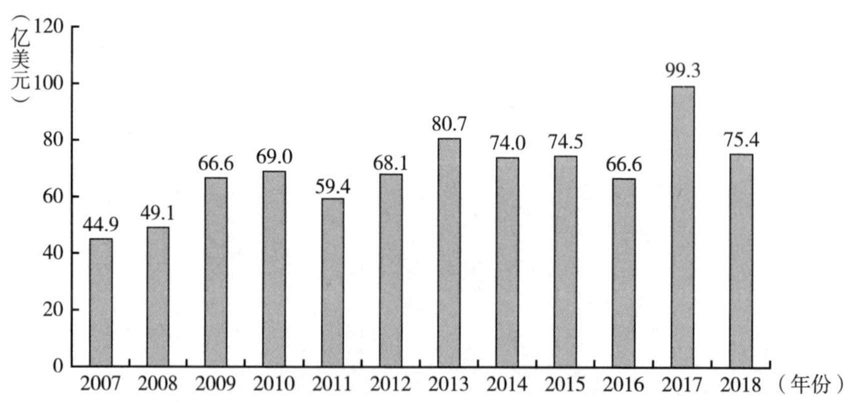

图 5　2007～2018 年上海市对外承包工程完成营业额

资料来源：根据商务部对外承包工程统计相关数据计算。

① 《上海对外投资合作（2019）年度发展报告发布》，商务部网站，http：//coi.mofcom.gov.cn/article/y/gnxw/201906/20190602875818.shtml。

上海承接境外大项目的实力不断增强，项目规模不断扩大。2018 年上海承接了境外 38 个超过 5000 万美元的大项目，总额约 92.467 亿美元，占全市新签合同总额的 77.70%。对外承包工程业务规模较大的企业有上海建工集团股份有限公司，上海城建（集团）公司、上海电气集团股份有限公司。

（六）江西省

2007～2018 年江西省对外承包工程业务情况如图 6 所示。2018 年江西省对外承包工程业务的发展具有如下特点①。一是积极参与“一带一路”国际产能合作。近年来江西省政府、商务厅积极协助企业“走出去”开拓海外市场，成立首个境外经贸合作区——赞比亚江西多功能经济区。目前在赞比亚投资的各类工程承包企业近 100 家，承包领域涵盖建筑业、矿业、制造业等多个行业。此外，江西省商务部门统计数据显示，2018 年江西新增南昌—比利时的洲际全货机航线和南昌—香港的全货机航线，目前江西省已开通“一带一路”沿线国家和地区 15 条定期航线。二是“走出去”的建筑企业实力不断增强，建筑质量不断提升。2018 年江西省建筑企业紧抓“一带一路”发展机遇，不断拓宽国际工程承包市场，长期以来，对外承包工程量保持 15% 以上的增长比例。五家建筑企业按排名由高到低分别为中国江西国际经济技术合作公司、江西中煤建设集团有限公司、中鼎国际工程有限责任公司、江西江联国际工程有限公司、江西省水利水电建设有限公司，入选《美国工程新闻》2018 年度全球最大国际承包商 250 强榜单，比上年增加两家且位次不断攀升，江西国际和江西中煤更是冲入全球 100 强，上榜企业位居全国前列，为中部六省第一位，“江西建设”品牌在国际承包工程领域已具有相当的影响力。

① 《江西首个境外经贸合作区在赞比亚开建》，中华人民共和国商务部驻上海特派员办事处网站，http：//shtb.mofcom.gov.cn/article/m/o/201811/20181102810806.shtml；《江西已开通 15 条“一带一路”沿线定期航线》，http：//fec.mofcom.gov.cn/article/fwydyl/zgzx/201901/20190102827950.shtml；《关于省政协十二届二次会议第 20190222 号提案的答复》，江西省人民政府网站，http：//www.jiangxi.gov.cn/art/2019/6/12/art_13340_699081.html。

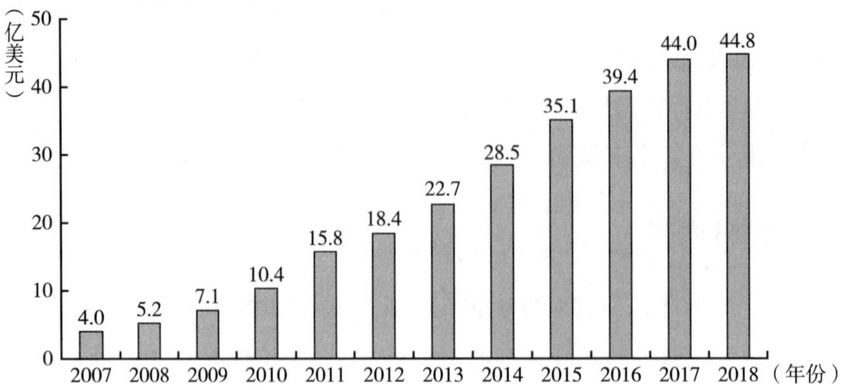

图 6 2007～2018 年江西省对外承包工程完成营业额

资料来源：根据商务部对外承包工程统计相关数据计算。

三 2016～2018年中国各省份（及省级单位）企业对外承包工程变化态势评析

（一）2016～2018年中国各省份（及省级单位）企业对外承包工程变化率排行榜

1. 2016～2017年各省份（及省级单位）企业对外承包工程变化率排行榜

2017 年，我国对外承包工程业务完成营业额 1685.9 亿美元，同比增长 5.8%，新签合同额 2652.8 亿美元，同比增长 8.7%。据各省份（及省级单位）商务厅和统计局的数据（见表 5），2016～2017 年，对外承包工程完成营业额增长速度最快的是北京市，从 25 亿美元增长到 40.29 亿美元，增幅达 61.2%；其次是陕西省，增长了 60.9%；排名第三的是上海市，增长了 49.2%；增长速度高于全国平均增长速度的省份（及省级单位）还有湖北省、重庆市、贵州省、青海省、福建省、河北省、安徽省、江西省、山东省、浙江省。降幅最大的是云南省，2017 年完成营业额 17 亿美元，同比下降了 33.9%，此外，新疆维吾尔自治区、天津市、广西壮族自治区、甘肃省、四川省、河南省和广东省、新疆生产建设兵团、辽宁省、山西省和江苏省等省份（及省级单位）的增长速度也低于全国平均增长速度。

2. 2017～2018年各省份（及省级单位）企业对外承包工程变化率排行榜

2018 年，中国对外承包工程业务完成营业额 1690. 4 亿美元，同比增长 0. 3%，新签合同额 2418 亿美元，同比下降 10. 7%。根据各省份（及省级单位）商务厅和统计局的数据（见表 5），2017～2018 年，对外承包工程完成营业额增长速度最快的是青海省，营业额从 3. 9 亿美元增加到 28. 15 亿美元，增幅达 621. 8%；其次是山西省，增长了 97. 2%；排名第三的是四川省，增长了 55. 5%；增长速度高于全国平均增长速度的省份（及省级单位）还有新疆维吾尔自治区、江西省、贵州省、甘肃省、天津市、广西壮族自治区、陕西省、浙江省、新疆生产建设兵团、云南省。降幅最大的是重庆市，2018 年完成营业额 10. 26 亿美元，同比下降了 39. 7%，此外，北京市、广东省、福建省、河北省、湖北省、江苏省、安徽省、辽宁省、上海市、河南省、山东省的增长速度也低于全国平均增长速度。

表 5　2016～2018 年各省份（及省级单位）企业对外承包工程变化率排行榜

单位：%

省份（及省级单位）	2016～2017 年变化率	排名	省份（及省级单位）	2017～2018 年变化率	排名
北京市	61. 2	1	青海省	621. 8	1
陕西省	60. 9	2	山西省	97. 2	2
上海市	49. 2	3	四川省	55. 5	3
湖北省	38. 4	4	新疆维吾尔自治区	20. 2	4
重庆市	27. 4	5	江西省	18. 2	5
贵州省	26. 5	6	贵州省	16. 3	6
青海省	26. 1	7	甘肃省	16. 2	7
福建省	19. 1	8	天津市	6. 0	8
河北省	14. 1	9	广西壮族自治区	6. 0	9
安徽省	12. 5	10	陕西省	3. 8	10
江西省	8. 5	11	浙江省	3. 4	11
山东省	7. 6	12	新疆生产建设兵团	2. 9	12
浙江省	7. 0	13	云南省	1. 4	13

续表

省份（及省级单位）	2016～2017年变化率	排名	省份（及省级单位）	2017～2018年变化率	排名
江苏省	4.6	14	北京市	-0.7	14
山西省	3.8	15	广东省	-2.9	15
辽宁省	3.2	16	福建省	-4.6	16
新疆生产建设兵团	1.6	17	河北省	-5.8	17
广东省	-0.4	18	湖北省	-9.0	18
河南省	-9.4	19	江苏省	-12.6	19
四川省	-12.1	20	安徽省	-13.5	20
甘肃省	-12.7	21	辽宁省	-14.9	21
广西壮族自治区	-18.8	22	上海市	-24.1	22
天津市	-20.5	23	河南省	-27.7	23
新疆维吾尔自治区	-33.3	24	山东省	-34.7	24
云南省	-33.9	25	重庆市	-39.7	25
湖南省	—	—	湖南省	—	—
黑龙江省	—	—	黑龙江省	—	—
吉林省	—	—	吉林省	—	—
宁夏回族自治区	—	—	宁夏回族自治区	—	—
内蒙古自治区	—	—	内蒙古自治区	—	—
海南省	—	—	海南省	—	—

（二）2016～2018年中国各省份（及省级单位）企业对外承包工程变化率情况

2016～2018年中国各省份（及省级单位）企业对外承包工程的变化率情况如表6所示。2018年增长速度与2017年增长速度相比出现上升的省份（及省级单位）有10个，增长速度变化最大的是青海省，其增长速度由2017年的26.1%上升到2018年的621.8%。其他增长速度上升的省份（及省级单位）还有：山西省、四川省、新疆维吾尔自治区、云南省、甘肃省、天津市、广西壮族自治区、江西省、新疆生产建设兵团。2018年我国有15个省份（及省级单位）对外承包工程完成营业额的增长速度与2017年相比出现了不同程度的下降，降幅最大的是上海市，由2017年的49.2%下降到2018年的-24.1%。其他增速下降的省份（及省级单位）还有：广东省、浙江省、贵州省、江苏省、辽宁省、河南省、河北省、福建省、安徽省、山东省、湖北省、陕西省、北京市、重庆市。

表 6　2016～2018 年各省份（及省级单位）对外承包工程变化率情况

单位：%

省份(及省级单位)	2016～2017 年变化率	2017～2018 年变化率	变化率上升/下降
青海省	26.1	621.8	↑
山西省	3.8	97.2	↑
四川省	-12.1	55.5	↑
新疆维吾尔自治区	-33.3	20.2	↑
云南省	-33.9	1.4	↑
甘肃省	-12.7	16.2	↑
天津市	-20.5	6.0	↑
广西壮族自治区	-18.8	6.0	↑
江西省	8.5	18.2	↑
新疆生产建设兵团	1.6	2.9	↑
广东省	-0.4	-2.9	↓
浙江省	7	3.4	↓
贵州省	26.5	16.3	↓
江苏省	4.6	-12.6	↓
辽宁省	3.2	-14.9	↓
河南省	-9.4	-27.7	↓
河北省	14.1	-5.8	↓
福建省	19.1	-4.6	↓
安徽省	12.5	-13.5	↓
山东省	7.6	-34.7	↓
湖北省	38.4	-9.0	↓
陕西省	60.9	3.8	↓
北京市	61.4	-0.7	↓
重庆市	27.4	-39.7	↓
上海市	49.2	-24.1	↓
湖南省	—	—	—
黑龙江省	—	—	—
吉林省	—	—	—
宁夏回族自治区	—	—	—
内蒙古自治区	—	—	—
海南省	—	—	—

四　总结与展望

2018 年我国对外承包工程行业发展呈现以下五个特点。一是各省份对外承包工程的业务份额虽有波动，但总体呈稳定增长态势。就各大洲来说，我国在亚洲市场新签对外承包合同份额同比下降，在非洲市场份额同比略有增长，在拉丁美洲市场份额同比实现较快增长，在欧洲市场份额下滑较大，在大洋洲市场份额略有增长。二是对外承包工程业务领域的集中度保持相对稳定。三是业务模式不断转型升级，呈现多元化、高端化发展趋势，采用新模式开发建设的大型工程不断增加；企业间“跨界”合作以及与发达国家开展第三方合作逐渐成为行业发展主流。四是在“一带一路”沿线国家市场业务份额稳步增长，成为行业发展的驱动力。五是对外承包工程行业信用体系建设和合规合法运营初见成效①。

展望未来，首先，2019 年全球经济缓慢复苏，在此基础上，基础设施建设升温，工程项目投资需求仍然较大；其次，伴随“一带一路”建设的深入推进，“一带一路”沿线国家市场将持续为行业发展提供强劲动力；最后，对外承包工程行业具有很强的内在发展动力，尤其在基础设施建设、装备制造等方面的国际竞争力不断增强。与此同时，我国对外承包工程行业的发展也面临一定的压力和挑战。第一，受到全球经济的影响，很容易出现资金短缺的问题，会影响新型项目的运营。第二，其他风险因素，比如政治、安全等各类风险，都会影响海外业务的开展。第三，相关的企业对外承包工程业务的领域偏向于中低端，以后的升级之路非常漫长。第四，各个企业之间的产业链耦合问题还需要进一步详细规划②。

面临诸多的挑战和机遇，我国未来对外承包工程行业应向多元化、专业化、国际化发展方向靠拢，积极同欧美发达国家和知名企业开展项目合作，

---

① 中国对外承包工程商会网站，http：//www.chinca.org/CICA/info/19050917522111。

② 中国对外承包工程商会网站，http：//www.chinca.org/CICA/info/19050917522111。

在设计咨询和设备供应方面深入交流，确保未来工程项目的顺利实施。此外应在工程建设中积极承担全球责任，通过开展“员工培训”“抢险救灾”“社区公益”等社会责任活动，树立中国企业的良好形象，赢得国际社会的广泛认可。

B.6 2018年中国对外承包工程业务前50名排行榜及其评析

陈薇伶 *

摘　要： 本报告通过对2017～2018年中国企业对外承包工程业务50强上榜企业进行分析，明确2018年中国对外承包工程业务排行榜的变动情况、发展趋势。受国际经济环境影响，2018年我国对外承包工程业务的完成额和新签合同额均有所下降，本报告对此进行了深入分析，并从建立行业信用体系、合理规避外部风险、做好企业转型升级、加强产业链合作四个方面提出发展建议。

关键词： 对外承包　排行榜　可持续发展

一　2018年我国对外承包工程业务排行榜概况

2018年，我国对外承包工程业务的完成营业额达1.12万亿元人民币，比上年下降1.7%，新签合同的金额为1.6万亿元人民币，比上年下降10.7%。受到汇率的影响，2018年对外承包工程业务的完成营业额呈现小幅提升态势，同比增长了0.3%（折算为美元），而对外承包工程业务的新签合同额却出现整体较大幅度下降。

* 陈薇伶，防灾科技学院讲师，主要研究方向为企业管理。

从企业所有权性质来看，国有企业依然表现突出，其中中国建筑集团有限公司的对外承包工程业务完成营业额突破百亿美元；此外，中国建筑集团有限公司、中国水电建设集团国际工程有限公司、中国葛洲坝集团股份有限公司、中国冶金科工集团有限公司、中国港湾工程有限责任公司5家国有企业的对外承包业务新签合同额也突破100亿美元。可见，国有企业仍旧是我国对外承包工程业务的主体。

纵观2016～2018年我国对外承包工程业务发展情况，虽然偶有波动但整体发展基本稳定（见图1）。近年来全球经济整体发展放缓，中美贸易摩擦也增加了我国企业在对外承包工程市场发展的不确定性，市场环境较为复杂。但从长远来看，经过五年多的建设和发展，“一带一路”建设得到了广泛的认可，印度、非洲的发展中国家和地区基础建设需求庞大，我国企业集中自身资源优势、加大技术研发力度、不断提升企业竞争力，以创新促增长、以探索促发展，积极主动适应变化多变的市场需求，有望实现跨越式可持续发展。

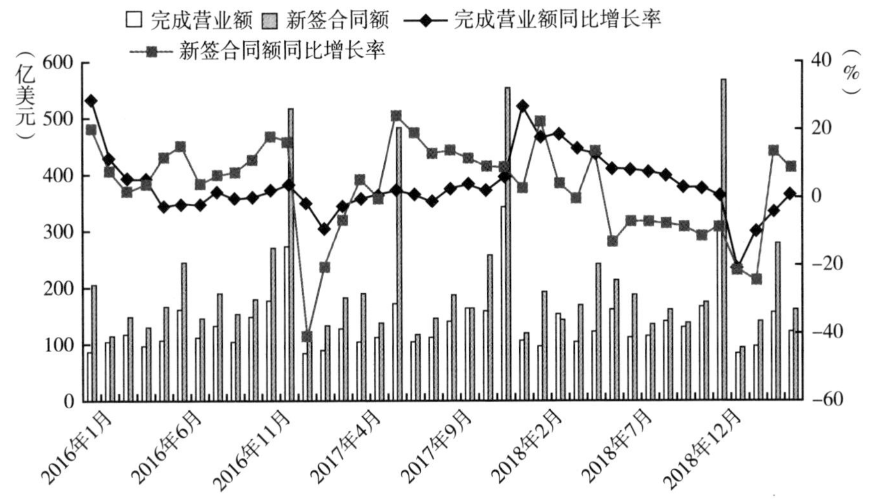

图1 2016～2018我国对外承包工程业务数据

资料来源：商务部数据中心。

（一）2017～2018年中国企业对外承包工程完成营业额50强上榜企业分析

2018 年中国企业对外承包工程受国际经济环境的影响增速放缓，呈现轻微的下滑，但从整体来看表现依然比较稳定。从对外承包工程完成营业额来看，华为、中国建筑两家公司越过 100 亿美元大关（见表 1），两家公司表现稳定，已连续三年超过 100 亿美元并占据对外承包工程完成营业额排行榜前两位，但 2018 年完成额总量有所下降。2018 年我国对外承包工程在各地区市场业务的份额存在一定波动，亚欧地区市场呈现较大幅度的下滑，非洲、拉丁美洲、大洋洲的整体业务量增速较快，整体看发展趋势稳中有升。“一带一路”的实施，进一步促进了我国与发展中国家的深入合作。2018 年我国对外承包工程中“一带一路”沿线国家业务贡献率为 53.7%，较 2017 年增加 13.6%，一些重点基建合作项目开工，如承建的卡拉高速公路项目（巴基斯坦）、哈翔清洁燃煤电站（阿联酋迪拜）、内马铁路项目（肯尼亚）等，大大促进了我国对外承包工程项目的可持续发展，并加快了“一带一路”沿线国家基础设施建设的完善速度。

表 1　2017～2018 年我国对外承包工程业务完成额 50 强企业

单位：万美元

2018 年				2017 年		
位次	企业名称	完成营业额	位次变动	位次	企业名称	完成营业额
1	华为技术有限公司	1352800	未变	1	华为技术有限公司	1360797
2	中国建筑集团有限公司	1176570	未变	2	中国建筑工程总公司	1217501
3	中国港湾工程有限责任公司	564239	↑2 位	3	中国水电建设集团国际工程有限公司	562308
4	中国水电建设集团国际工程有限公司	526939	↓1 位	4	中国交通建设股份有限公司	534154
5	中国交通建设股份有限公司	434391	↓1 位	5	中国港湾工程有限责任公司	489923
6	中国铁建股份有限公司	380517	未变	6	中国铁建股份有限公司	368460
7	中国路桥工程有限责任公司	356841	未变	7	中国路桥工程有限责任公司	356253

续表

2018年				2017年		
位次	企业名称	完成营业额	位次变动	位次	企业名称	完成营业额
8	中国机械设备工程股份有限公司	306107	↑6位	8	中国葛洲坝集团股份有限公司	317409
9	中国葛洲坝集团股份有限公司	284813	↓1位	9	中国冶金科工集团有限公司	278750
10	中国冶金科工集团有限公司	284789	↓1位	10	上海振华重工(集团)股份有限公司	231248
11	中国土木工程集团有限公司	279719	未变	11	中国土木工程集团有限公司	211634
12	中铁国际集团有限公司	269975	↑3位	12	中国石油工程建设有限公司	210736
13	中信建设有限责任公司	201385	未变	13	中信建设有限责任公司	204323
14	青建集团股份公司	192342	↑2位	14	中国机械设备工程股份有限公司	188669
15	中国石油工程建设有限公司	189623	↓3位	15	中铁国际集团有限公司	181892
16	上海振华重工(集团)股份有限公司	185812	↓6位	16	青建集团股份公司	168884
17	山东电力建设第三工程有限公司	161288	↑2位	17	哈尔滨电气国际工程有限责任公司	158681
18	中交第四航务工程局有限公司	129785	↑7位	18	中工国际工程股份有限公司	138016
19	中国中原对外工程有限公司	123688	↑13位	19	山东电力建设第三工程有限公司	132685
20	中国机械进出口(集团)有限公司	122229	↑33位	20	中国石油管道局工程有限公司	127086
21	中工国际工程股份有限公司	119879	↓3位	21	中交第一公路工程局有限公司	111699
22	中国水利电力对外有限公司	110119	↑11位	22	中国电力技术装备有限公司	111611
23	中国水利水电第八工程局有限公司	104028	↑3位	23	山东电力基本建设总公司	109558
24	哈尔滨电气国际工程有限责任公司	104000	↓7位	24	中交第二航务工程局有限公司	105109
25	东方电气集团国际合作有限公司	100825	上年未上榜	25	中交第四航务工程局有限公司	101764
26	中国石油集团长城钻探工程有限公司	99860	↑3位	26	中国水利水电第八工程局有限公司	97813
27	中国化学工程第七建设有限公司	99294	↑35位	27	惠生工程(中国)有限公司	97386

续表

2018年				2017年		
位次	企业名称	完成营业额	位次变动	位次	企业名称	完成营业额
28	中国有色金属建设股份有限公司	98857	未变	28	中国有色金属建设股份有限公司	96699
29	浙江省建设投资集团股份有限公司	96146	↑1位	29	中国石油集团长城钻探工程有限公司	92667
30	中交第二航务工程局有限公司	95697	↓6位	30	浙江省建设投资集团股份有限公司	92056
31	威海国际经济技术合作股份有限公司	94012	未变	31	威海国际经济技术合作股份有限公司	92034
32	中交第一公路工程局有限公司	91311	↓11位	32	中国中原对外工程公司	91467
33	中国江西国际经济技术合作有限公司	91101	↑3位	33	中国水利电力对外有限公司	90173
34	江西中煤建设集团有限公司	82762	↑6位	34	中铁四局集团有限公司	89412
35	中铁七局集团有限公司	82065	↑21位	35	中国电建市政建设集团有限公司	88572
36	中国航空技术国际工程有限公司	80393	↑7位	36	中国江西国际经济技术合作公司	87858
37	中国石油管道局工程有限公司	80255	↓17位	37	中交第三航务工程局有限公司	86039
38	中兴通讯股份有限公司	80027	↑8位	38	中石化炼化工程(集团)股份有限公司	84153
39	中国石油集团东方地球物理勘探有限责任公司	78055	未变	39	中国石油集团东方地球物理勘探有限责任公司	82401
40	中国地质工程集团有限公司	71685	↑18位	40	江西中煤建设集团有限公司	80219
41	中石化炼化工程(集团)股份有限公司	71264	↓3位	41	上海电气集团股份有限公司	76311
42	中交第二公路工程局有限公司	70201	↑24位	42	北方国际合作股份有限公司	75096
43	中国电建市政建设集团有限公司	68787	↓8位	43	中国航空技术国际工程公司	74095

续表

2018 年				2017 年		
位次	企业名称	完成营业额	位次变动	位次	企业名称	完成营业额
44	成都建筑材料工业设计研究院有限公司	68639	上年未上榜	44	中国中材国际工程股份有限公司	72900
45	上海电力建设有限责任公司	66743	↑23 位	45	中国水利水电第十四工程局有限公司	67413
46	中国水利水电第十四工程局有限公司	65563	↓1 位	46	中兴通讯股份有限公司	66598
47	北方国际合作股份有限公司	65538	↓5 位	47	中地海外集团有限公司	66168
48	上海建工集团股份有限公司	64751	↑4 位	48	武汉烽火国际技术有限责任公司	65753
49	中交第三航务工程局有限公司	64155	↓12 位	49	中国建筑第五工程局有限公司	65136
50	中国建筑第五工程局有限公司	61319	↓1 位	50	中国能源建设集团广东火电工程有限公司	64036

资料来源：根据商务部对外合作司数据整理。

从前50强企业整体情况来看，在2018年前50强企业的完成总额达1005.12亿美元，相比2017年的完成总额有所下降，但总体态势发展持稳。从企业所有权性质来看，国有企业依然是前50强企业的重要组成部分，新上前50强企业榜的企业包括东方电气集团、成都建筑材料工业设计研究院，这两家企业也都是国有企业；从主要业务来看，基础建设建筑类企业仍旧是我国对外承包工程的构成主体；从企业业绩成长情况来看，中国机械进出口集团、中国化学工程第七建设有限公司、中铁七局集团、中国地质工程集团、中交第二公路工程局有限公司、上海电力建设有限责任公司等企业业绩成长表现突出，上升名次较多。由此可以看出，我国各大企业越来越重视海外基建市场，逐渐在发展过程中明确了企业的海外战略目标，不断完善海外经营布局，实现我国“走出去”企业和东道国双赢发展的局面。

（二）2017～2018年中国企业对外承包工程新签合同额50强上榜企业分析

从对外承包工程企业新签合同情况来看，2018 年我国对外承包工程企业的新签合同金额达 2418 亿美元，同比下降了 8.8%，总体下降的幅度比较大。从不同企业的对外承包工程新签合同额来看，中国建筑集团和中国水电建设集团国际工程有限公司这两家企业新签合同额都超过了 200 亿美元，此外，华为、葛洲坝集团、中冶科工集团、中国港湾四家企业新签的合同额都突破了 100 亿美元（见表 2），其中中冶科工集团超过中国交通建设，首次实现新签合同金额突破 100 亿美元。从新签合同额发展态势来看，中国企业对外承包工程虽然受目前国际经济整体发展放缓以及多变的国际局势影响，2018 年整体新签合同额下降幅度较大，但从我国对外承包行业发展态势来看，全球基建需求仍然旺盛，中国企业依托在基建设施建设方面的优势可以为行业发展提供强劲的可持续发展动力。

表 2　2017～2018 年连续入选我国对外承包工程业务新签合同额前 50 强企业

单位：万美元

2018 年				2017 年		
位次	企业名称	新签合同额	位次变动	位次	企业名称	新签合同额
1	中国建筑集团有限公司	2311402	未变	1	中国建筑工程总公司	2813208
2	中国水电建设集团国际工程有限公司	2036209	未变	2	中国水电建设集团国际工程有限公司	1736897
3	华为技术有限公司	1524669	未变	3	华为技术有限公司	1519201
4	中国葛洲坝集团股份有限公司	1134314	↑2 位	4	中国交通建设股份有限公司	1519172
5	中国冶金科工集团有限公司	1054736	↑4 位	5	中国港湾工程有限责任公司	1200297
6	中国港湾工程有限责任公司	1050843	↓1 位	6	中国葛洲坝集团股份有限公司	1178504
7	中国土木工程集团有限公司	988995	↑1 位	7	中国路桥工程有限责任公司	671382
8	中国铁建股份有限公司	799966	↑3 位	8	中国土木工程集团有限公司	651726
9	中国交通建设股份有限公司	740578	↓5 位	9	中国冶金科工集团有限公司	575992
10	中铁国际集团有限公司	694570	↑2 位	10	中国石油工程建设有限公司	559444

续表

2018 年				2017 年		
位次	企业名称	新签合同额	位次变动	位次	企业名称	新签合同额
11	中国化学工程第七建设有限公司	457245	↑12 位	11	中国铁建股份有限公司	471057
12	中国路桥工程有限责任公司	419628	↓5 位	12	中铁国际集团有限公司	455301
13	上海电气集团股份有限公司	334586	↑8 位	13	中国机械设备工程股份有限公司	342827
14	特变电工股份有限公司	258968	上年未上榜	14	中国石油管道局工程有限公司	279172
15	上海振华重工（集团）股份有限公司	247098	↑7 位	15	中国电力技术装备有限公司	230660
16	中信建设有限责任公司	230902	↑19 位	16	中工国际工程股份有限公司	230399
17	中铁隧道局集团有限公司	222928	上年未上榜	17	中兴通讯股份有限公司	216749
18	中国电建集团核电工程有限公司	209708	↑49 位	18	中国石油集团长城钻探工程有限公司	197418
19	青建集团股份公司	203067	↑8 位	19	中国华电科工集团有限公司	187500
20	中国石油管道局工程有限公司	197018	↓6 位	20	中国机械进出口（集团）有限公司	187448
21	中铁亚欧建设投资有限公司	188800	上年未上榜	21	上海电气集团股份有限公司	187446
22	中工国际工程股份有限公司	186918	↓6 位	22	上海振华重工（集团）股份有限公司	186533
23	中交第一公路工程局有限公司	186804	↑1 位	23	中国化学工程第七建设有限公司	183315
24	山东电力建设第三工程有限公司	186800	↑9 位	24	中交第一公路工程局有限公司	176665
25	中国石油集团渤海钻探工程有限公司	178834	↑5 位	25	中国能源建设集团广东火电工程有限公司	171922
26	中国机械设备工程股份有限公司	168163	↓13 位	26	中国航空技术国际工程公司	162145
27	中国石化集团国际石油工程有限公司	162994	↑19 位	27	青建集团股份公司	161436
28	中国江西国际经济技术合作有限公司	161702	未变	28	中国江西国际经济技术合作公司	158323

续表

2018 年				2017 年		
位次	企业名称	新签合同额	位次变动	位次	企业名称	新签合同额
29	中国水利水电第七工程局有限公司	155591	上年未上榜	29	安徽省外经建设（集团）有限公司	151384
30	中国建筑第三工程局有限公司	150568	上年未上榜	30	中国石油集团渤海钻探工程有限公司	150077
31	中铁四局集团有限公司	139685	↑40 位	31	山东电力基本建设总公司	150000
32	中国石油集团长城钻探工程有限公司	138436	↓14 位	32	中国中铁股份有限公司东方国际建设分公司	145500
33	安徽省外经建设（集团）有限公司	130536	↓4 位	33	山东电力建设第三工程有限公司	143706
34	江苏省建筑工程集团有限责任公司	127010	↑58 位	34	中国电力工程顾问集团华北电力设计院有限公司	139737
35	中兴通讯股份有限公司	125802	↓18 位	35	中信建设有限责任公司	138435
36	中铁十局集团有限公司	120158	↑26 位	36	中地海外集团有限公司	136663
37	中国石油工程建设有限公司	117164	↓27 位	37	成都西油联合石油天然气工程技术有限公司	136000
38	威海国际经济技术合作股份有限公司	115613	↑5 位	38	中建三局第一建设工程有限责任公司	127015
39	东方电气集团国际合作有限公司	115338	↑38 位	39	中国寰球工程有限公司	124750
40	中铁七局集团有限公司	107741	↑7 位	40	神州长城国际工程有限公司	121321
41	中国电建集团山东电力建设有限公司	101500	上年未上榜	41	江苏永鼎股份有限公司	114120
42	华山国际工程公司	100032	↑8 位	42	惠生工程（中国）有限公司	113377
43	北方国际合作股份有限公司	99283	↑15 位	43	威海国际经济技术合作股份有限公司	113143
44	中国能源建设集团广东省电力设计研究院有限公司	98466	↑10 位	44	江西中煤建设集团有限公司	111203
45	中国电建集团华东勘测设计研究院有限公司	97512	↑20 位	45	中国建筑第二工程局有限公司	104627
46	浙江省建设投资集团股份有限公司	97310	↑22 位	46	中国石化集团国际石油工程有限公司	100011
47	中铁大桥局集团有限公司	95508	上年未上榜	47	中铁七局集团有限公司	99360

续表

2018 年				2017 年		
位次	企业名称	新签合同额	位次变动	位次	企业名称	新签合同额
48	中材建设有限公司	93325	↑3 位	48	中国电力工程顾问集团西北电力设计院工程有限公司	99344
49	上海电力建设有限责任公司	90451	↑34 位	49	中国水利电力对外有限公司	97498
50	沈阳远大铝业工程有限公司	88348	↑30 位	50	华山国际工程公司	95734

资料来源：根据商务部对外合作司数据整理。

从对外承包业务的新签合同额情况来看，2018 年我国对外承包业务 50 强企业新签合同总额为 1904.39 亿美元，总体下降的幅度也比较大。从企业所有权性质来看，国有企业依然是对外承包业务新签合同额的构成主体，在对外承包业务新签合同额前 50 强排行榜中有多家新晋国有企业，包括特变电工股份有限公司、中铁隧道局集团、中铁亚欧建设投资有限公司、中国水利水电第七工程局有限公司、中国建筑第三工程局有限公司、中国电建集团山东电力建设有限公司、中铁大桥局集团有限公司。从新签合同的区域市场分布情况来看，主要来自“一带一路”沿线国家。从前 50 强排行榜的排名情况来看，有 6 家公司在排行榜上的排名上升超过 30 位，分别是中国电建集团核电工程有限公司、中铁四局集团有限公司、江苏省建筑工程集团有限责任公司、东方电气集团国际合作有限公司、上海电力建设有限责任公司、沈阳远大铝业工程有限公司。由此可以看出，我国地方企业已经建立了国际视野，不再局限于国内市场竞争，积极参与海外市场建设、完善企业发展布局。

二　2018年对外承包工程业务50强变化分析

2017～2018 年对外承包工程业务 50 强入围企业整体表现相对稳定（详见表 3），其中 24 家企业近两年连续入围 2017～2018 年对外承包工程业务完成额和新签合同额 50 强排行榜，而 2016～2017 年连续 2 年入围两个排行榜的企业仅有10家，表明2018年我国对外承包工程业务参与企业实现了较好的成长，虽然整体金额有所下降但未来发展仍然有上涨空间。

表3　2017～2018年我国连续入围对外承包新签合同额和完成营业额50强企业名单

单位：万美元

企业名称	2018年		位次变动	2017年		2018年		位次变动	2017年	
	位次	完成营业额		位次	完成营业额	位次	新签合同额		位次	新签合同额
华为技术有限公司	1	1352800	未变	1	1360797	3	1524669	未变	3	1519201
中国建筑集团有限公司	2	1176570	未变	2	1217501	1	2311402	未变	1	2813208
中国港湾工程有限责任公司	3	564239	↑2位	5	489923	6	1050843	↓1位	5	1200297
中国水电建设集团国际工程有限公司	4	526939	↓1位	3	562308	2	2036209	未变	2	1736897
中国交通建设股份有限公司	5	434391	↓1位	4	534154	9	740578	↓5位	4	1519172
中国铁建股份有限公司	6	380517	未变	6	368460	8	799966	↑3位	11	471057
中国路桥工程有限责任公司	7	356841	未变	7	356253	12	419628	↓5位	7	671382
中国机械设备工程股份有限公司	8	306107	↑6位	14	188669	26	168163	↓13位	13	342827
中国葛洲坝集团股份有限公司	9	284813	↓1位	8	317409	4	1134314	↑2位	6	1178504
中国冶金科工集团有限公司	10	284789	↓1位	9	278750	5	1054736	↑4位	9	575992
中国土木工程集团有限公司	11	279719	未变	11	211634	7	988995	↑1位	8	651726
中铁国际集团有限公司	12	269975	↑3位	15	181892	10	694570	↑2位	12	455301
中信建设有限责任公司	13	201385	未变	13	204323	16	230902	↑19位	35	138435
青建集团股份公司	14	192342	↑2位	16	168884	19	203067	↑8位	27	161436
中国石油工程建设有限公司	15	189623	↓3位	12	210736	37	117164	↓27位	10	559444
上海振华重工(集团)股份有限公司	16	185812	↓6位	10	231248	15	247098	↑7位	22	186533
山东电力建设第三工程有限公司	17	161288	↑2位	19	132685	24	186800	↑9位	33	143706
中工国际工程股份有限公司	21	119879	↓3位	18	138016	22	186918	↓6位	16	230399
中国石油集团长城钻探工程有限公司	26	99860	↑3位	29	92667	32	138436	↓14位	18	197418
威海国际经济技术合作股份有限公司	31	94012	未变	31	92034	38	115613	↑5位	43	113143
中交第一公路工程局有限公司	32	91311	↓11位	21	111699	23	186804	↑1位	24	176665
中国江西国际经济技术合作有限公司	33	91101	↑3位	36	87858	28	161702	未变	28	158323
中国石油管道局工程有限公司	37	80255	↓17位	20	127086	20	197018	↓6位	14	279172
中兴通讯股份有限公司	38	80027	↑8位	46	66598	35	125802	↓18位	17	216749

资料来源：根据商务部对外合作司数据整理。

从表3可以看出，2017～2018年连续入围对外承包工程“双额”50强的企业共有24家，占总数的近50%，整体表现较为稳定。从各个企业位次变化情况来看，华为、中国建筑一直名列前茅，表现优秀且稳定；中铁国际集团有限公司、青建集团股份公司、山东电力建设第三工程有限公司3家公司在“双额”排行榜的排名都实现了小幅度提升；中国石油工程建设有限公司、中工国际工程股份有限公司、中国石油管道局工程有限公司等3家公司在“双额”排行榜中的排名都有所下滑，尤其是中国石油管道局工程有限公司，新签合同额下降了6个位次、完成营业额的排名更是下滑了17位，下降幅度较大。

（一）2017～2018年对外承包完成额50强排行榜变动情况分析

1. 2017～2018年对外承包完成额50强排行榜整体变动情况分析

2017～2018年，连续两年进入我国对外承包工程完成额50强排行榜的企业共计41家（详见表4）。

表4　2017～2018年连续两年上榜对外承包工程完成额50强企业

序号	企业名称	序号	企业名称
1	华为技术有限公司	22	中国水利水电第八工程局有限公司
2	中国建筑集团有限公司	23	哈尔滨电气国际工程有限责任公司
3	中国港湾工程有限责任公司	24	中国石油集团长城钻探工程有限公司
4	中国水电建设集团国际工程有限公司	25	中国有色金属建设股份有限公司
5	中国交通建设股份有限公司	26	浙江省建设投资集团股份有限公司
6	中国铁建股份有限公司	27	中交第二航务工程局有限公司
7	中国路桥工程有限责任公司	28	威海国际经济技术合作股份有限公司
8	中国机械设备工程股份有限公司	29	中交第一公路工程局有限公司
9	中国葛洲坝集团股份有限公司	30	中国江西国际经济技术合作有限公司
10	中国冶金科工集团有限公司	31	江西中煤建设集团有限公司
11	中国土木工程集团有限公司	32	中国航空技术国际工程有限公司
12	中铁国际集团有限公司	33	中国石油管道局工程有限公司
13	中信建设有限责任公司	34	中兴通讯股份有限公司
14	青建集团股份公司	35	中国石油集团东方地球物理勘探有限责任公司

续表

序号	企业名称	序号	企业名称
15	中国石油工程建设有限公司	36	中石化炼化工程(集团)股份有限公司
16	上海振华重工(集团)股份有限公司	37	中国电建市政建设集团有限公司
17	山东电力建设第三工程有限公司	38	中国水利水电第十四工程局有限公司
18	中交第四航务工程局有限公司	39	北方国际合作股份有限公司
19	中国中原对外工程有限公司	40	中交第三航务工程局有限公司
20	中工国际工程股份有限公司	41	中国建筑第五工程局有限公司
21	中国水利电力对外有限公司		

资料来源：笔者根据商务部对外合作司数据整理。

从表4可以看到，连续两年上榜50强完成额企业有41家，占比超过80%，说明企业整体表现较为稳定。上榜企业依然以大型国有企业为主、企业类型也以基础建设行业企业为主。华为既是民营企业代表，也是高科技领域企业代表，说明虽然我国对外承包工程业务还主要集中在基础建设领域，已经从单纯的承包商向商业平台转换，但企业应以适应市场发展、积极应对挑战、推动行业转型升级、构建分工合作体系、促进行业可持续发展为目标，不断创新服务形式，提高专业化服务水平，助力行业可持续发展。

2. 2017～2018年对外承包完成额50强排行榜详细变动情况分析

2017～2018年，连续两年进入我国对外承包工程完成额50强排行榜的企业中表现稳定、具有一定持续性的企业共计16家（详见表5）。

表5　2017～2018年连续两年上榜且表现稳定企业

序号	企业名称	2018年位次变动	2017年位次变动
1	华为技术有限公司	未变	未变
2	中国建筑集团有限公司	未变	未变
3	中国港湾工程有限责任公司	↑2位	↑1位
4	中国交通建设股份有限公司	↓1位	↓1位
5	中国机械设备工程股份有限公司	↑6位	↑3位

续表

序号	企业名称	2018 年位次变动	2017 年位次变动
6	中铁国际集团有限公司	↑3 位	↑15 位
7	山东电力建设第三工程有限公司	↑2 位	↑1 位
8	中国中原对外工程有限公司	↑13 位	↑2 位
9	哈尔滨电气国际工程有限责任公司	↓7 位	↓1 位
10	浙江省建设投资集团股份有限公司	↑1 位	↑3 位
11	威海国际经济技术合作股份有限公司	未变	未变
12	中国航空技术国际工程有限公司	↑7 位	↑55 位
13	中石化炼化工程(集团)股份有限公司	↓3 位	↓30 位
14	中国水利水电第十四工程局有限公司	↓1 位	↓18 位
15	北方国际合作股份有限公司	↓5 位	↓4 位
16	中国建筑第五工程局有限公司	↓1 位	↓3 位

资料来源：根据商务部对外合作司数据整理。

从表 5 企业名单可以看出，2017 ~2018 年连续上榜的 41 家企业表现较为稳定的企业有 16 家，其中有 3 家公司连续两年在排行榜中的名次没有变化，分别是华为技术有限公司、中国建筑集团有限公司、威海国际经济技术合作股份有限公司，其中，华为技术有限公司和中国建筑集团有限公司分别连续 2 年位列排行榜的前两名。此外，有 6 家公司在排行榜中的位次连续两年呈现不同程度的下降，分别是中国交通建设股份有限公司、哈尔滨电气国际工程有限责任公司、中石化炼化工程（集团）股份有限公司、中国水利水电第十四工程局有限公司、北方国际合作股份有限公司、中国建筑第五工程局有限公司，其中，中石化炼化工程（集团）股份有限公司在 2017 年和 2018 年排行榜中排名名次总计下降 33 位。还有 7 家公司在排行榜中的位次连续两年呈现不同程度的上升，包括中国港湾工程有限责任公司、中国机械设备工程股份有限公司、中铁国际集团有限公司、山东电力建设第三工程有限公司、中国中原对外工程有限公司、浙江省建设投资集团股份有限公司、中国航空技术国际工程有限公司，其中中国航空技术国际工程有限公司排名上升的情况表现最为突出，两年累计上升 62 位。

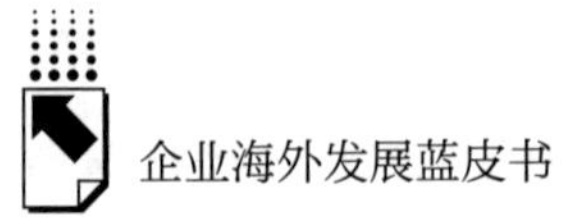

（二）2017～2018年对外承包新签合同额50强排行榜变动情况分析

1. 2017～2018年对外承包新签合同额50强排行榜整体变动情况分析

2017～2018 年，连续两年进入我国对外承包工程新签合同额 50 强排行榜的企业共计 31 家（详见表 6）。

表 6　2017～2018 年连续两年上榜对外承包工程新签合同额 50 强企业

序号	企业名称	序号	企业名称
1	中国建筑集团有限公司	17	中国石油管道局工程有限公司
2	中国水电建设集团国际工程有限公司	18	中工国际工程股份有限公司
3	华为技术有限公司	19	中交第一公路工程局有限公司
4	中国葛洲坝集团股份有限公司	20	山东电力建设第三工程有限公司
5	中国冶金科工集团有限公司	21	中国石油集团渤海钻探工程有限公司
6	中国港湾工程有限责任公司	22	中国机械设备工程股份有限公司
7	中国土木工程集团有限公司	23	中国石化集团国际石油工程有限公司
8	中国铁建股份有限公司	24	中国江西国际经济技术合作有限公司
9	中国交通建设股份有限公司	25	中国石油集团长城钻探工程有限公司
10	中铁国际集团有限公司	26	安徽省外经建设(集团)有限公司
11	中国化学工程第七建设有限公司	27	中兴通讯股份有限公司
12	中国路桥工程有限责任公司	28	中国石油工程建设有限公司
13	上海电气集团股份有限公司	29	威海国际经济技术合作股份有限公司
14	上海振华重工(集团)股份有限公司	30	中铁七局集团有限公司
15	中信建设有限责任公司	31	华山国际工程公司
16	青建集团股份公司		

资料来源：根据商务部对外合作司数据整理。

从表 6 可以看到，连续两年上榜 50 强新签合同额企业有 31 家，占比超过 50%，说明企业整体表现较为稳定，上榜企业依然以大型国有企业为主，企业类型也以基础建设行业企业为主，各个地方国企表现日益突出，逐渐开始国际化布局。

2. 2017～2018年对外承包新签合同额50强排行榜详细变动情况分析

2017～2018年，连续两年进入我国对外承包工程新签合同额50强排行榜的企业中表现稳定、经营具有一定持续性的企业共11家（详见表7）。

表7　2017～2018年连续两年上榜且表现稳定企业

序号	企业名称	2018年位次变动	2017年位次变动
1	中国建筑集团有限公司	未变	未变
2	中国土木工程集团有限公司	↑1位	↑1位
3	中国铁建股份有限公司	↑3位	↑2位
4	中铁国际集团有限公司	↑2位	↑7位
5	中国化学工程第七建设有限公司	↑12位	↑15位
6	上海振华重工(集团)股份有限公司	↑7位	↑14位
7	青建集团股份公司	↑8位	↑60位
8	中国石油集团渤海钻探工程有限公司	↑5位	↑25位
9	中国机械设备工程股份有限公司	↓13位	↓2位
10	威海国际经济技术合作股份有限公司	↑5位	↑6位
11	中铁七局集团有限公司	↑7位	↑14位

资料来源：根据商务部对外合作司数据整理。

从表7企业名单整体情况来看，有11家企业新签合同额连续两年在排行榜中表现稳定。其中有9家公司连续两年在排行榜中的排名呈现不同幅度的上升，是中国土木工程集团有限公司、中国铁建股份有限公司、中铁国际集团有限公司、中国化学工程第七建设有限公司、上海振华重工（集团）股份有限公司、青建集团股份公司、中国石油集团渤海钻探工程有限公司、威海国际经济技术合作股份有限公司、中铁七局集团有限公司，其中青建集团两年中在排行榜中的排名上升了68位，表现最为突出。此外，连续两年排名没有发生变化的企业仅有中国建筑集团有限公司，连续两年排名下降的企业也只有1家，为中国机械设备工程股份有限公司。从数据表现分析看，新签合同额入围50强的企业整体表现较为稳定。

三 未来发展预测

2018 年中国对外承包工程行业整体呈下降趋势，但从完成额 50 强榜单和新签合同额 50 强榜单入围企业来看，整体呈稳定发展态势；从入围企业行业来看，依然集中在基础设施建设等行业，且在该专业领域中保持着稳定的优势；从项目涵盖范围看，呈现多元化、高端化发展趋势，企业间合作、国家间合作更加紧密；从项目市场区域的分布看，亚洲和欧洲市场业务呈现较大下滑，拉丁美洲、非洲、大洋洲业务量有显著的增长，尤其是来自“一带一路”沿线国家的对外承包业务尚有巨大成长空间。对我国对外承包工程完成额和新签合同额前 50 强排行榜进行剖析可以发现，全球市场虽然增长趋势缓慢，但各国尤其是发展中国家基础设施建设需求依然强劲，投资需求较大，是促进我国对外承包工程发展的外部强劲动力，同时我国对外承包行业无论在经验上还是在技术上都存在不可替代的优势，这也是推动我国对外承包工程业务发展和持续增长的重要动力。

综上可知，我国对外承包工程行业迎来了重要的发展机遇，然而我国企业在对外承包市场中仍面临较多的问题和挑战，所以需要进一步加强内功修炼，积极抓住重要发展机遇，实现在海外市场的可持续发展。

（一）建立行业信用体系

从当前我国对外承包工程的发展现状来看，承包项目的区域市场分布较广，尽管在“一带一路”沿线国家设立了基建专项资金以提供支持，但从全球市场的发展态势来看，基建资金的缺口仍然巨大，而且建设项目的落实难度也较大。因此，为了进一步促进我国对外承包工程企业的可持续发展，政府相关部门需要加快建立行业信用体系，具体如下：①政府主管部门需要加强宏观规划和顶层设计；②对外承包行业应加强行业自律体系和行业信用体系建设、搭建业务促进平台和专业服务平台，并在顶层设计指导下引入金融保险机构，提高对外承包工程行业服务保障能力。

（二）合理规避外部风险

2018 年我国对外承包工程业务量稳中有降，除了受全球经济放缓的影响外，还受美国对中国发起“301 调查”的影响。中美贸易摩擦加大了中国全球发展的不确定性，导致中国对外承包企业整体业务量下降。因此，对外承包企业首先应不断提高自身的国际综合竞争力，以促进市场对我国对外承包业务发展信心的提升；其次要树立中国企业良好的工作形象，继续秉承中国企业“全球责任、和谐共赢”理念，发挥承包工程专业优势的同时充分展现中国企业在境外的责任担当、建立健全企业社会责任体系、积极融入东道国的相关文化中，赢得东道国的肯定和社会的广泛认可，合理规避外部风险。

（三）做好企业转型升级

从目前对外承包企业项目发展看，依靠信息不对称获利的承包商已经被市场淘汰。大型国有企业，尤其是国有集团型企业发展较好。中国电建集团旗下 9 家子公司 2018 年累计新签合同额达 289 亿美元，位列首位。另外一些优秀的地方建筑企业如青建集团、华山国际、江西国际等商务能力不断提升，成为我国对外承包的新晋中坚力量。由此可以看出，对外承包项目已经逐渐向具有商业生态缔造能力的集团化企业发展，企业提供的更多的是商业平台而不再是简单的工程承包。未来我国对外承包工程企业应做好转型升级工作，推进“投建营一体化”，努力实现从传统承包商向投资商、运营商、方案提供商的转变，为企业实现可持续发展提供动力。

（四）加强产业链合作

中国对外承包工程行业向多元化、专业化、国际化方向发展的趋势日益明显，沙特延布三期燃油电站项目由山东电建三公司承建，但在设计咨询和设备供应方面与西班牙、美国、韩国等国企业展开合作，确保了项目的顺利实施。目前，中国对外承包项目与发达国家合作初见成效，未来应该加强产业链企业间的跨行业、跨产业合作，集中优势，不断提升服务质量。

参考文献

辛灵：《国际工程承包市场新特点及前景》，《国际经济合作》2019 年第 1 期，第 38 ~43 页。

何凡、曾剑宇：《我国对外承包工程受双边关系影响吗？——基于“一带一路”沿线主要国家的研究》，《国际商务研究》2018 年第 6 期，第 57 ~66 页、94 页。

吕荣杰、张冰冰、张义明：《我国对外承包工程与出口贸易关系研究——基于 VAR 模型的脉冲响应与方差分解》，《国际商务》（对外经济贸易大学学报）2018 年第 4 期，第 46 ~57 页。

覃伟芳、陈红蕾：《对外承包工程“走出去”与工业企业出口扩张》，《国际商务》（对外经济贸易大学学报）2018 年第 2 期，第 53 ~62 页。

“一带一路”专题篇

“The Belt and Road Initiative” Specific Reports

B.7

“一带一路”背景下我国商业银行国际化机构布局区位选择

唐 琬 蓝庆新 高嘉岳*

摘 要： 我国银行业的国际化战略和“一带一路”倡议的有机结合能够推动银行业的进一步发展和国家综合实力的提升。五年来，我国商业银行持续贯彻落实国家倡议，大力支持“一带一路”建设，采用不同的发展策略持续完善沿线机构布局。“一带一路”倡议为中国与沿线国家的互融互通和商业银行国际化发展提供了广阔的市场区域、广泛的客户群体与难得的海外发展机遇。从国家战略大局出发，我国商业银行应抓住“一带一路”契机，积极实施海外拓展，做

* 唐琬，对外经济贸易大学博士，主要研究方向为世界经济；蓝庆新，对外经济贸易大学教授，博士生导师，主要研究方向为国际贸易与产业经济；高嘉岳，旧金山州立大学商学院，主要研究方向为国际投资。

好顶层设计，深化境外网络延伸，培育强大的海外商业存在。

关键词： 商业银行 “一带一路” 国际化机构布局

“一带一路”倡议提出五年，中资银行业密切对接国家重大战略项目，积极参与构建沿线金融大动脉，持续推进机构布局国际网络的建设。“一带一路”倡议的深入推进使得世界上更多国家和地区对于中资金融需求逐步增加。市场化合作主导的商业金融也取得了阶段性的进展，并且逐步提升了国际影响力。随着“一带一路”建设的深入推进，我国商业银行需全方位开启“一带一路”金融合作模式，做好顶层设计，深化境外网络延伸，持续推进国际化机构布局。

一　中国商业银行机构在共建“一带一路”国家的分布情况

“一带一路”倡议为中国与沿线国家的互融互通和商业银行国际化发展提供了广阔的市场空间、广泛的客户群体以及难得的海外发展机遇。我国商业银行需要在提升分支机构驻点之间的协同能力，进一步深化国际化战略上做出深化努力，扩大影响力。目前，中资银行业在“一带一路”沿线国家的覆盖网络日渐完善，沿线金融大动脉初现雏形。

（一）国有商业银行在“一带一路”建设中的作用分析

共建“一带一路”国家是近年我国商业银行海外业务的重要地区，中国四大国有商业银行是我国银行业走向国际化的代表。到 2019 年，中国四大国有商业银行已经在超过 40 个共建“一带一路”国家设立分支机构，覆盖率超过 40%，而其规模占到了整体中资银行总数的 88%，是中资金融机构深化“一带一路”的重要力量（见表 1）。

表 1　中国四大国有商业银行在“一带一路”倡议中的市场分布情况

亚洲					欧洲					美洲、非洲、大洋洲				
	中行	工行	建行	农行		中行	工行	建行	农行		中行	工行	建行	农行
泰国	√	√			波兰	√	√	√		新西兰	√	√	√	
越南	√	√	√	√	俄罗斯	√	√	√	√	智利	√		√	
印度尼西亚	√	√	√		匈牙利	√	√			安哥拉	√			
印度	√	√			捷克		√			毛里求斯	√			
阿联酋	√	√	√	√	斯洛伐克		√			肯尼亚	√			
马来西亚	√	√	√		塞尔维亚	√				秘鲁		√		
哈萨克斯坦	√	√			卢森堡	√	√	√	√	巴拿马	√			
柬埔寨	√	√			意大利	√	√	√		埃及	√	√		
巴基斯坦	√	√			奥地利		√			南非	√	√	√	
菲律宾	√	√								赞比亚	√			
巴林	√	√								摩洛哥	√			
老挝	√	√		√						坦桑尼亚	√			
缅甸	√	√												
蒙古	√	√												
卡塔尔	√	√												
科威特		√												
沙特阿拉伯		√												
斯里兰卡	√													
土耳其	√	√												
韩国	√	√	√											
新加坡	√	√	√	√										

资料来源：根据中国“一带一路”网、各行 2018 年度报告整理。

中国工商银行是中国内最大的商业银行，其国际化战略进展迅速，已经在海外建立了 426 个分支机构，服务能力辐射 47 个国家和地区。其中 131 个分支机构能够对 21 个共建“一带一路”国家和地区提供金融服务。中国银行的海外机构则分布在 23 个共建“一带一路”国家，掌握着 500 家代理机构。中国建设银行则是和约 140 个国家和地区的金融机构达成合作。中国农业银行在参与“一带一路”的建设过程中也建立了 6 个分支机构。作为国际化、综合化程度最高的中资商业银行，中国银行 2017 年境外营业收入在集团总营业收入中的占比高达24.45%，2018年略有下降，为22.78%，同时中行境外营业利润和利润总额也在国内银行业排名第一。作为国内最大的商业银行，中国工商银行境外机构营业成绩也较为突出，2018年境外机构营业收入超过集团总收入的10%。2018年，国际金融市场波动较大，面对严峻复杂的经营环境，四大国有银行的境外机构营业收入、利润在集团中的占比相较于2017年稍有降低（见表2）。

表2　国有四大商业银行境外机构在集团中的贡献率

单位：百万元，%

名称	2017年						2018年					
	营业收入	占比	营业利润	占比	利润总额	占比	营业收入	占比	营业利润	占比	利润总额	占比
中行	118146	24.45	66071	29.73	66566	29.95	114855	22.78	67742	29.65	68306	29.74
工行	98514	12.73	39507	10.93	40273	11.04	105734	14.55	32628	8.79	33239	8.93
建行	23839	3.83	12425	4.17	12177	4.06	21035	3.19	10381	3.37	10226	3.33
农行	35836	6.67	5307	2.25	5383	2.25	31995	5.34	6036	2.41	6140	2.43

资料来源：根据各行2018年度报告整理计算。

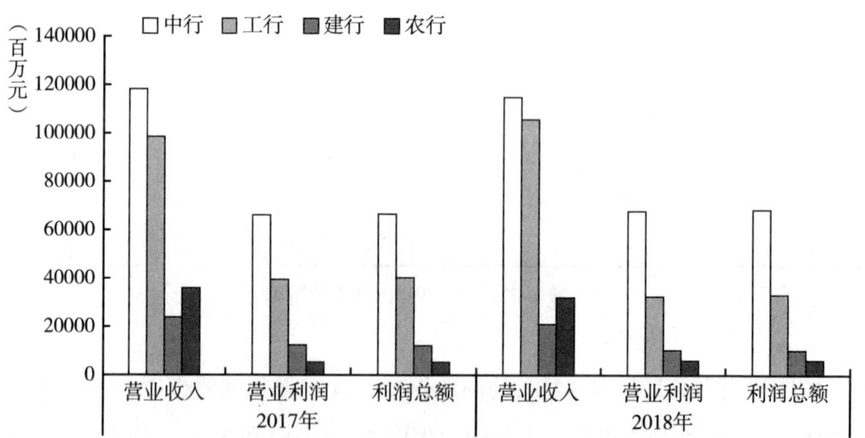

图1　四大国有商业银行境外机构营业情况

资料来源：根据各行2018年度报告整理计算。

中国银行和中国工商银行在国际化和综合化中的优势使其能够成为国内以及国际领先的国际化金融机构，同时也能扩大其与其他商业银行的有机合作，进一步深化中国金融业对于“一带一路”倡议的支持。

（二）中小商业银行在“一带一路”建设中的作用分析

除了四大行，国内中小股份制银行也在提升其国际化程度，正在积极加大“一带一路”建设投资，但目前其布局简单，还处于铺设网点的阶段（见表3、表4）。

表3　中小商业银行境外机构布局情况

银行名称	境外机构布局
交通银行	在新加坡、越南、卢森堡、首尔设有分行
招商银行	在新加坡、纽约、卢森堡设有分行
中信银行	中信银行（国际）有限公司在新加坡设有营业网点，阿尔金银行在哈萨克斯坦建立了6个分支服务网点和1个私人银行金融中心
浦发银行	在新加坡设有分行

资料来源：根据各行2018年度报告整理。

表4　各商业银行在共建“一带一路”国家设立的机构数量

名称	东盟	南亚	中亚	西亚	东亚	非洲	中欧、中东欧	南欧、西南欧	西北欧	美洲、大洋洲	合计
中行	8	3	1	5	5	5	4	2	1	4	38
工行	17	4	2	5	9	1	1	1	1		41
建行	2			1	6	2	1	1	1	3	17
农行	3			2	4				1		10
交行	2				4				1		7
招行	1				2				1		4
中信			1								1
浦发	1				1						2
合计	34	7	4	13	31	8	6	4	6	7	

注：表中机构仅包括分行、代表处，不包括营业网点、代理机构及附属公司。

资料来源：根据中国“一带一路”网、各行2018年度报告整理。

“一带一路”深化发展已有5年，中资银行业的服务分支数量增长明显。2013年末，“一带一路”沿线仅有45家一级分支机构。截至目前，在共建“一带一路”国家拥有125个中资银行一级分支服务驻点，数量增长178%，国家覆盖率也增长了10%。从区位分布上看，中资银行机构在东盟和东亚的布局密度较高，中亚、大洋洲、欧美地区的布局则较稀疏。第一，我国商业银行布局重点集中在东盟地区和波斯湾沿岸地区，已全面覆盖东盟10国，共设有34家分支机构，约占“一带一路”沿线机构数的30%。第二，在西亚发达地区，共设有13家分支机构，南亚和中亚地区的覆盖不足，支撑“一带一路”倡议的分支数量还需进一步提高。

二 “一带一路”背景下我国商业银行的国际化发展

商业银行在设立每一个境外分支机构之前，都会评估其进入难度以及未来的市场前景，论证其可行性。区位选择的一个重要点就是银行业的开放水平高低，这也影响国际银行能否进入以及扩大东道国市场的业务。本报告采用经济合作与发展组织（OECD）提出的服务贸易限制指数来表示银行业的开放程度。其中1是指存在行业限制，0表示不存在行业限制；此数值越高，表明开放水平越低，壁垒越多，进驻越困难。

根据表5中各个国家的银行业限制水平，可以看出，印度、印度尼西亚、俄罗斯的限制指数较高，说明这些国家对外国银行的进入存在较大程度的限制；而捷克、意大利等排名靠后的国家，银行板块的限制指数较低，表明这些国家的银行业开放程度较高，更有利于商业银行进入。目前，我国商业银行的海外分支机构在限制指数较高的国家中较少，说明东道国银行业的限制对我国商业银行机构的全球区位布局选择产生了一定影响。

表5 部分共建“一带一路”国家服务贸易限制指数（银行业模块）

国家	指数	排名	国家	指数	排名
印度	0. 500	1	土耳其	0. 197	12
印度尼西亚	0. 476	2	新西兰	0. 186	13
俄罗斯	0. 358	3	立陶宛	0. 185	14
南非	0. 297	4	爱沙尼亚	0. 182	15

续表

国家	指数	排名	国家	指数	排名
波兰	0.245	5	韩国	0.178	16
匈牙利	0.232	6	斯洛伐克	0.176	17
希腊	0.228	7	意大利	0.175	18
奥地利	0.220	8	捷克	0.170	19
智利	0.208	9	斯洛文尼亚	0.170	20
卢森堡	0.206	10	拉脱维亚	0.124	21
葡萄牙	0.198	11			

（一）“一带一路”对商业银行机构布局区位选择的影响

共建“一带一路”国家虽然面临经济转型和社会发展的众多挑战，但社会和民众对于经济的发展都有积极的共识。这其中所覆盖的国家无论从资源和产业都有很大的不同和差距，经济方面也有互补的合作可能性。同时，“一带一路”需要巨量的投融资服务以及配套的金融服务，有助于国内商业银行拓展沿线的国际化经营。沿线区域的基础设施建设资金需求能够在10年之后高达8万亿美元，而航空、海运、铁运、光缆、油管运输和互联网等惠及民生和国家发展的众多基建项目都有更广阔的发展空间和更多的计划。中国商业银行就能在这些通信、电力等上下游联通关系紧密的领域提供金融支持和投融资服务，提高项目建设的效率。

但我国商业银行国际业务发展起步较晚，制约银行业发展的重要原因有沿线复杂的地缘、政治、经济环境。另外，当地的经济发展水平也严重影响金融业的发展，我国商业银行在海外布局过程当中面对参差不齐的经济发展水平，需要采取不同的方法步骤开拓当地市场，同时，因地制宜的发展战略限制了整体化海外布局的快速推进。

（二）中国商业银行国际化战略实施情况分析

国有商业银行很早就确定了国际化发展战略，并积极推进境外布局。但各家商业银行通常确定的是长期国际化经营战略，缺乏不同时期或发展阶段的具体规划。根据表6各银行的国际化战略可看出，各家银行的国际化布局战略呈现交叉重合的现象。此外，中国香港通常被作为国际化进程的第一站、国际化区位布局的观察窗口。由于大部分中小型商业银行没有明确的国际化布局规划，通常采取追随策略。

表6　中国商业银行国际化战略

银行名称	国际化发展战略
中国银行	商业银行业务是重点，服务多元化，打造国际和国内统筹发展的大型跨国银行集团
工商银行	壮大亚洲，巩固欧洲，突破美洲
建设银行	强化亚洲，稳固欧非，增长美澳
农业银行	立足本土，全球运作
交通银行	走国际化、综合化道路
招商银行	建设以财富管理为特色的一流公众的持股银行集团

中国各商业银行应借此机遇，执行互有特色的国际化布局，扬长避短，分工合作，采取不同的步骤开拓当地市场并展开区域合作，根据合作项目的类型，积极调整支持战略，不断优化境外银行业务结构。并且在人民币国际化战略稳步推进背景下，提高驻点海外的效率，推动建设联系紧密的全球联动体系。同时加强在相应地区的本土化经营，提供专业高效的金融服务，满足沿线国家建设需求。如沿线多数国家是全球重要粮食产区，我国农业银行应充分发挥“服务三农”的特色和优势，加快对我国农业企业的扶持，国际化的方向也要考虑对于加大扶持“三农”的力度。

三　商业银行国际化机构布局区位的选择

从国家战略大局出发，我国商业银行应抓住“一带一路”契机，积极实施海外拓展，培育强大的海外商业市场。同时提高该契机下国家要求的金融合作与洽谈效率，巩固提升“以亚太为中心，以欧美为两翼、拓展全球布局”的覆盖面。发达国家金融发展成熟，具备设立分支机构的条件，如巴黎、伦敦、苏黎世等经济发展水平高的发达地区，商业银行金融机构更容易形成集聚效应并拓展新业务，获得投资机会。发达国家和地区对于外资银行的准入管理趋严，我国商业银行更应紧跟国家政策导向，择机推进在发达地区的机构布局。可以在挖潜传统重点区域基础之上，通过自主申设、投资入股、战略并购等多种灵活的方式在发达地区设立更多的机构网点，持续完善全球机构布局。

国际金融市场在2018年遭遇波动，影响了全球经济的未来发展，亚洲地区是银行业全球化布局区位重点选择区域，东南亚和中亚、中东地区和欧洲地区是未来我国商业银行需要关注的重点地区。

（一）以新加坡为中心辐射东南亚地区

在“一带一路”倡议中，东盟是海上丝绸之路的重要组成部分，新加坡又地处东南亚腹地，是东盟地区最重要的金融中心及外汇交易中心，具备国际化的金融环境，银团二级市场较为活跃，是商业银行国际化经营首选地之一。东南亚及亚太地区拥有大量的被并购标的和自然资源，中资公司通常在新加坡设立机构对新加坡、澳大利亚甚至欧洲标的进行收购，对此商业银行应该加大服务支持。

金融业应该扩大对经济建设的有机结合和持续支持，中国商业银行可进一步扩大对于东南亚能源交通建设项目的关注和合作洽谈，在投融资和资金清算方面寻找合作机会。目前，在全球14个清算行中，在海上丝绸之路布局沿线的清算行占一半，分别位于港澳台、卡塔尔、马来西亚、泰国和新加坡。未来，构建以新加坡为中心，辐射亚洲地区的人民币清算安排是银行业发展的重点方向。我国商业银行需根据与该地区合作项目的类型，积极调整支持战略，不断优化境外银行业务结构。

（二）以哈萨克斯坦为中心辐射中亚、南亚、中东欧地区

哈萨克斯坦是战略出口的重要起始点，并且与我国地缘比邻，且双方具有稳定的政治关系，与之合作是建设丝绸之路经济带的重要环节。与此同时，自全球金融危机以来，矿产价格持续走低，资源依赖型的中亚五国经济

也持续低迷，迫切需求资金支持，而现有的国际组织对该地区的能源和基础建设各方面的支持乏力，所以，中亚各国和中国银行业金融机构的合作联系日益紧密。哈萨克斯坦拥有丰富的石油煤炭储备，土库曼斯坦拥有丰富的油气储备，我国商业银行可以在这些领域展开深度合作，针对其能源项目提高合作洽谈的效率，充分挖掘需求，提出有国际竞争力的方案支持这些项目的发展。但在塔吉克斯坦、吉尔吉斯斯坦、乌兹别克斯坦和土库曼斯坦均没有中资银行的驻点。

我国商业银行应以巴基斯坦、哈萨克斯坦外交、经贸友好伙伴国为突破口，积极推进在中亚地区的机构布局，辐射南亚、中东欧地区，完善沿线金融服务。尤其要加大在卡塔尔、阿曼、约旦等其他主要国际商业银行已部署地区的投入，形成完善多层次的跨境、跨业、跨市场金融服务，进一步提高中国商业银行国际业务的质量和效率。

B.8
我国商业银行在中亚五国经营情况及发展前景探讨

唐 琬　蓝庆新　彭一然*

摘　要： 中亚五国在2014~2016年的巨大外部冲击后经历了一段复苏时期，目前增长前景保持稳定，经济金融体系也正处于转型时期。“一带一路”倡议为中国与中亚五国的互融互通和商业银行国际化发展提供了广阔的市场区域、广泛的客户群体与难得的海外发展机遇。但是近年来中亚地区国家金融风险频发，全球增长面临的下行风险和不断上升的全球政策不确定性对近期前景构成威胁，在一定程度上阻碍了我国商业银行在该地区的经营发展。我国商业银行需要结合中亚五国各国的经济与金融的发展特征，开启“一带一路”金融合作模式，深化在中亚五国的网络延伸。

关键词： “一带一路”　商业银行　中亚五国

中亚五国自转型时期以来，政治和经济方面都进行了深度的改革，改革的方向和重点是实现自由化和市场化。金融合作程度的深化与发展水平的提高，能够极大地推动市场化和自由化。对外开放也是深化金融市场化和自由

* 唐琬，对外经济贸易大学博士，主要研究方向为世界经济；蓝庆新，对外经济贸易大学教授，博士生导师，主要研究方向为国际贸易与产业经济；彭一然，工信部国际经济技术合作中心助理研究员，主要研究方向为国际经济合作。

化的一个重要特征和考察点。目前，中亚五国的金融业模式是以银行主导，因此外国对中亚五国金融业的投资主要集中在银行业金融机构。“一带一路”提供的新增长的机遇对中亚五国的金融体系有着创新活力的改革机遇。随着“一带一路”建设深入推进，我国商业银行需全方位开启“一带一路”金融合作模式，做好顶层设计，深化境外网络延伸，持续推进在中亚五国的机构布局。我国商业银行需要结合中亚五国各国的经济与金融的发展特征，从服务国家经济外交战略及支持中资企业“走出去”的角度，拓展国际业务，通过金融合作与中亚五国之间实现共赢。

一　我国商业银行在中亚五国经营现状

（一）银行业金融机构海外分布增长，提高了金融服务质量

2003 年以来，中国工商银行和中国银行在哈萨克斯坦设立了分支机构，加深了中哈两国金融合作程度。2016 年，中国建设银行也在哈萨克斯坦建立了控股 75% 的分支机构，中国银联和陕西长安银行都在哈萨克斯坦建立了海外支行。2017 年，哈萨克斯坦阿尔金银行被中信银行收购了 60% 的股权，中国农业银行签署了《农业领域合作协议》，正式扩大了中国与哈萨克斯坦在农业金融领域的合作。我国商业银行在中亚五国经营情况见表 1。

表 1　我国商业银行在中亚五国经营情况

<table>
<tr><th>名称</th><th>哈萨克斯坦</th><th>塔吉克斯坦</th><th>吉尔吉斯斯坦</th><th>土库曼斯坦</th><th>乌兹别克斯坦</th></tr>
<tr><td>中国银行</td><td>设有分行</td><td>—</td><td rowspan="5">暂未开立中资银行</td><td rowspan="5">暂未开立中资银行</td><td rowspan="5">暂未开立中资银行</td></tr>
<tr><td>中国工商银行</td><td>设有子行，100% 控股</td><td>—</td></tr>
<tr><td>中国建设银行</td><td>设立分行</td><td>—</td></tr>
<tr><td>中国农业银行</td><td>—</td><td>与塔吉克斯坦农业投资银行合作，设立“中国柜台”</td></tr>
<tr><td>中信银行</td><td>收购哈萨克斯坦人民银行全资子行 Altyn 银行 60% 股权</td><td>—</td></tr>
<tr><td>陕西长安银行</td><td>—</td><td>—</td><td>设立全资海外子行</td><td>—</td><td>—</td></tr>
</table>

目前，中资银行在塔吉克斯坦没有建立分支，但中国邮政储蓄银行和中国农业银行与塔吉克斯坦联系较多。建设银行正在积极推进哈萨克斯坦的机构申设筹备工作，其中，在哈萨克斯坦阿斯塔纳国际金融中心设立的分行是首家入驻该中心的中资商业银行，目前已获颁牌照，开业后将更好地服务于中亚五国市场。

（二）签订监管谅解备忘录加大区域银监合作

中国与中亚五国区域银监合作的一个标志性事件是签订监管谅解备忘录（见表2），这不仅扩大了跨国金融的监管可行性，同时也对该区域的银行金融活动提供了监管的政策保障。这一事件的主要参与对象还包括该区域内的多国央行，显示了各国政府对于区域发展金融的重视性和诚意。

表2　中国与中亚国家金融监管部门签订的银行合作协议

金融监管机构	时间	国外金融监管机构	签署文件
中国银监会	2004年9月	吉尔吉斯斯坦国家银行	《双边监管合作谅解备忘录》
	2010年11月	塔吉克斯坦中央银行	《双边监管合作谅解备忘录》
	2013年9月	哈萨克斯坦国家银行	《双边监管合作谅解备忘录》
	2015年12月	吉尔吉斯斯坦国家银行	《跨境危机管理合作协议》

（三）本币互换协议有助于促进区域金融稳定

中国人民银行在2011年以来推动与乌、塔、哈三国央行签订《双边本币互换协议》。此外，中国人民银行还在2015年与吉尔吉斯斯坦央行签订《加强合作意向协议》，加快推进了双方在货币业务领域的深化合作互信。这一系列的区域金融合作协议实际上增强了该区域各国对于金融的政策扶持和互相信任。

合作协议的签署推动了我国与各国商业银行间的合作，稳健推进了银行金融机构互设。

二　中亚五国银行业投资环境

（一）中亚五国总体经济特征

在中亚五国中，哈萨克斯坦的总体经济发展水平最高（见表3），其特点是能源丰富深厚，同时也有一定的工业基础，在新兴经济体中拥有一定地位；土库曼斯坦拥有丰富的油气资源，GDP 增速较快，发展潜力大，但也亟须转型；乌兹别克斯坦拥有矿产资源，同时棉花出口占全球第三，但工业基础薄弱，其经济增速也较快；吉尔吉斯斯坦经济水平较低，严重依赖农牧业，工业发展亟须转型和扶持；塔吉克斯坦 GDP 增速较快，但人均 GDP 低，贫困水平高。

世界经济的稳中向好、主要原材料的价格平稳、经济政策的正确使用等原因都推动了中亚地区的经济向前向好发展。其特点是经济增速较高，国际收支改善，文化旅游得到发展，通胀总体可控，固定资产投资稳步提升，外债增长可控（中五国国内生产总值增长率情况见图1）。

表3　2013～2017 年中亚五国国内生产总值

单位：百万美元

年份	哈萨克斯坦	吉尔吉斯斯坦	塔吉克斯坦	土库曼斯坦	乌兹别克斯坦
2013	236634.55	7335.03	8506.05	39197.54	57690.45
2014	221415.57	7468.1	9236.31	43524.21	63067.08
2015	184388.43	6678.18	7854.6	35799.71	66903.8
2016	137278.32	6813.09	6952.68	36180	67445.71
2017	162886.87	7564.74	7146.45	37926.29	49677.17

随着经济持续温和增长和全球物价下跌，高加索和中亚地区的通胀压力大体上正在逐步减轻，通胀率将从 2018 年的 8.2% 降至 2019 年的 7.8%，2020 年预计为 6.4%（中亚五国通胀率见图2）。

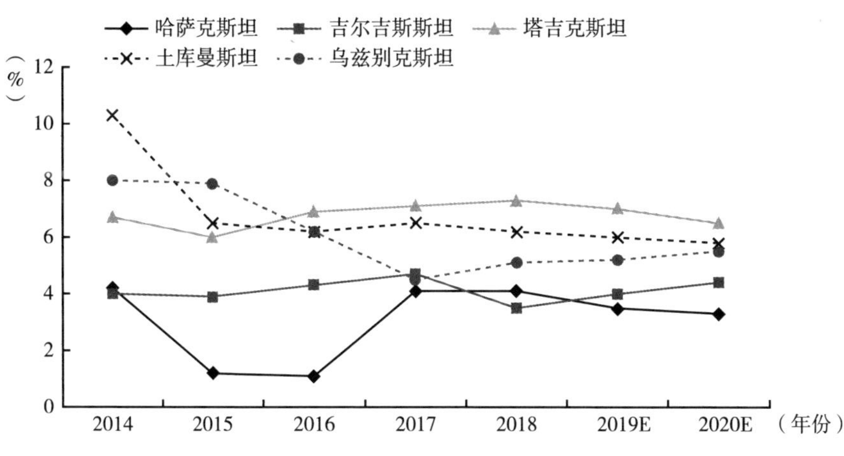

图 1　2014～2020 年中亚五国国内生产总值增长率

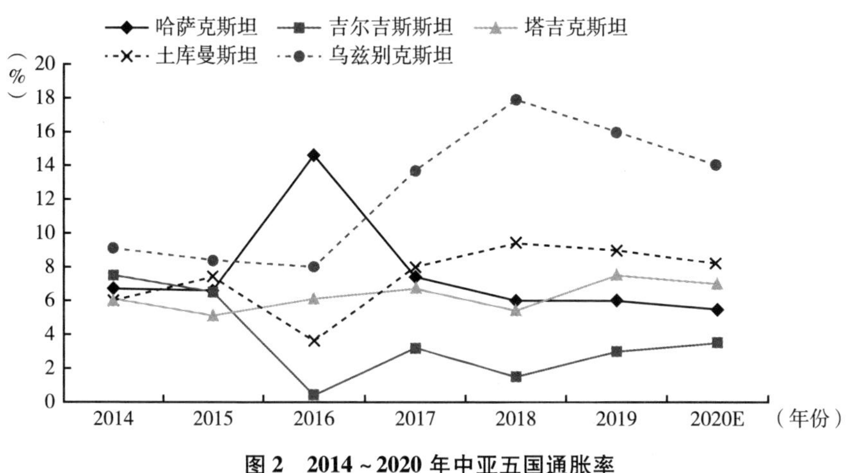

图 2　2014～2020 年中亚五国通胀率

由表 4、图 3 可知，哈萨克斯坦拥有在中亚地区最高的经济自由度，而塔吉克斯坦和土库曼斯坦亟须提高经济自由度，金融业亟须提高开放度。

表 4　2018 年中亚五国经济自由度指数

类别	哈萨克斯坦	吉尔吉斯斯坦	塔吉克斯坦	土库曼斯坦	乌兹别克斯坦
总 分 值	69. 1	62. 8	58. 3	47. 1	62. 8
政府廉洁	44. 6	29. 4	38. 2	27. 3	24. 2

续表

类别	哈萨克斯坦	吉尔吉斯斯坦	塔吉克斯坦	土库曼斯坦	乌兹别克斯坦
税务负担	92.6	93.8	91.8	95.9	91
政府开支	85.3	58.2	71.4	92.2	65.5
财政健康	87.3	89.2	90.4	98.6	99.7
企业自由度	74.3	73.3	63.4	30	66.9
货币自由度	68.2	74.9	69.6	76.3	61.9
金融自由度	50	50	30	10	10

资料来源：《2018 年全球经济自由度指数》。

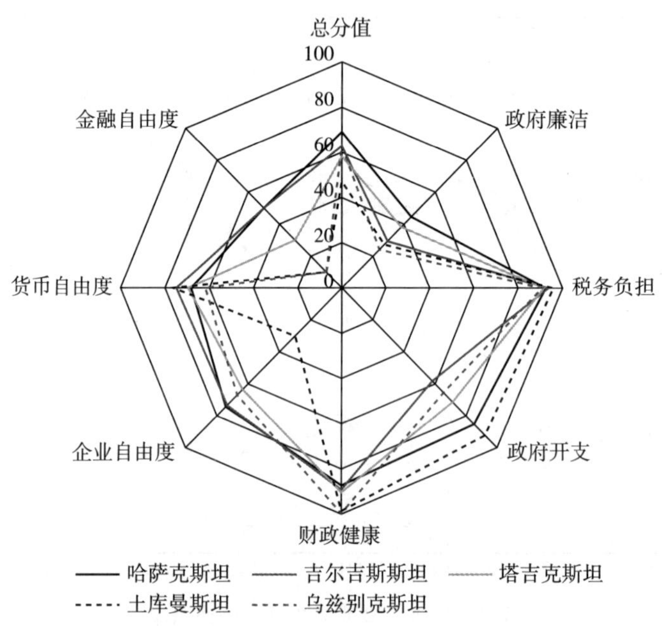

图 3　中亚五国经济自由度

2017 年，除土库曼斯坦外，中亚共计实施了 11 次经济改革，改善了本国的投资环境，取得了良好效果，营商环境有所改善。综合来看，中亚国家营商环境除了土库曼斯坦外都超过了前沿距离中位数，2018 年的哈萨克斯坦对于经营环境的领头作用明显（见表 5）。

表 5 中亚五国营商环境总体排名

国家	2018 年排名	2018 年与前沿距离分数	2017 年与前沿距离分数	前沿距离分数变化
哈萨克斯坦	36	75.44	74.38	1.06
吉尔吉斯斯坦	77	65.70	65.16	0.54
塔吉克斯坦	74	66.33	61.87	4.46
乌兹别克斯坦	74	66.33	61.87	4.46
土库曼斯坦	—	—	—	—

资料来源：世界银行。

中亚五国继 2014～2016 年的巨大外部冲击后经历了一段复苏时期，目前的增长前景保持稳定。然而因为一些遗留问题，包括一些银行体系的薄弱环节以及未完成的结构性改革，增长远未达到长期潜在水平。面对全球贸易增速减缓和未来可能出现的贸易紧张局势，解决这些问题变得更有挑战性和紧迫性。这需要各国采取行动修复金融部门、全面推进货币政策框架的现代化以及改善包括治理在内的营商环境。

（二）中亚五国的金融市场环境

中亚五国银行业的绝对垄断地位对于本国的融资有压制作用，同时政府的过度把控和管理使得经济和金融缺乏活力，贷款基准利率也居高不下，尤其是塔吉克斯坦。实体经济得不到足够的资源支持，而外资在这些国家也面临进入壁垒（中亚国家的金融市场体制与发展水平情况见表 6）。

表 6 中亚国家的金融市场体制与发展水平

国家	货币名称	外汇管制	与人民币是否能直接兑换	本币贷款基准利率(%)
哈萨克斯坦	坚戈	与外币自由兑换，自由浮动汇率	能	17
乌兹别克斯坦	苏姆	经常项目下可自由兑换	否	17～24
塔吉克斯坦	索莫尼	可自由兑换货币	能	24～36
吉尔吉斯斯坦	索姆	可自由兑换货币	否	8～10
土库曼斯坦	马纳特	外汇可自由汇进汇出	否	10

资料来源：《对外投资合作国别（地区）2018 版》。

“一带一路”提供的新增长机遇对于中亚五国的金融体系来说是有着创新活力的改革机遇，这可以体现在风控和资本运作层面上。中亚的基建项目能够在“一带一路”倡议的针对性方案中采用集团贷款方式，实现项目的一体化金融支持和运作，我们与中亚五国在资金保障和保险等方面都有合作的潜力。

近年来，中亚地区国家金融风险频发，一方面，遗留问题和未完成的改革举措限制了该地区的增长潜力；另一方面，全球经济增长面临的下行风险和不断上升的全球政策不确定性对近期前景构成威胁，构成了商业银行在该地区拓展经营的障碍。主要表现在以下几个方面：哈萨克斯坦部分银行隐瞒了问题贷款的真实性，银行不断倒闭和被吊销执照，银行业经营环境恶化；吉尔吉斯斯坦政府外债问题突出，2016 年 6 月，国际货币基金组织发布吉尔吉斯斯坦中期贷款评估报告，将其债务风险评级从中高级上调为高中级，吉尔吉斯斯坦外债压力仍在加剧；土库曼斯坦汇率维稳目标日益艰巨；塔吉克斯坦银行系统对经济发展的支持力度薄弱，高利率和期限限制使银行机构无法对生产性领域进行有效支持（中亚五国银行体系见表 7）。

表 7　中亚五国银行体系

国家	银行体系
哈萨克斯坦	中央银行为哈萨克斯坦国家银行,其他银行为二级银行(商业银行)
吉尔吉斯斯坦	中央银行为吉尔吉斯斯坦国家银行,还有多家各种经济成分并存的商业银行
塔吉克斯坦	塔吉克斯坦中央银行是货币发行机关、中央储备银行
土库曼斯坦	—
乌兹别克斯坦	有 30 家不同所有制形式的商业银行

从金融体系的角度来看，中亚五国的金融市场规模比较小，金融市场的结构单一，证券、保险市场尚不健全，直接融资方式不成熟，对以间接融资为主的贷款方式依赖严重，无法实现资本的规模效应。从银行体系的角度来看，一方面由于民众对银行缺乏信心，较少储蓄导致银行存款较少；另外，银行由于存款利率管制、贷款利率过高也无法充分发挥配置资源、调节经济结构的职能。中亚五国地区的银行体系仍然背负大量问题资产，特别是哈萨

克斯坦和塔吉克斯坦的重组贷款、关注级贷款和不良贷款等问题资产比率较高（见图4）。另外，哈萨克斯坦和乌兹别克斯坦信用意识欠缺和法治薄弱，银行持续面临资金压力，不良贷款持续侵蚀贷款能力并抑制信贷增长。

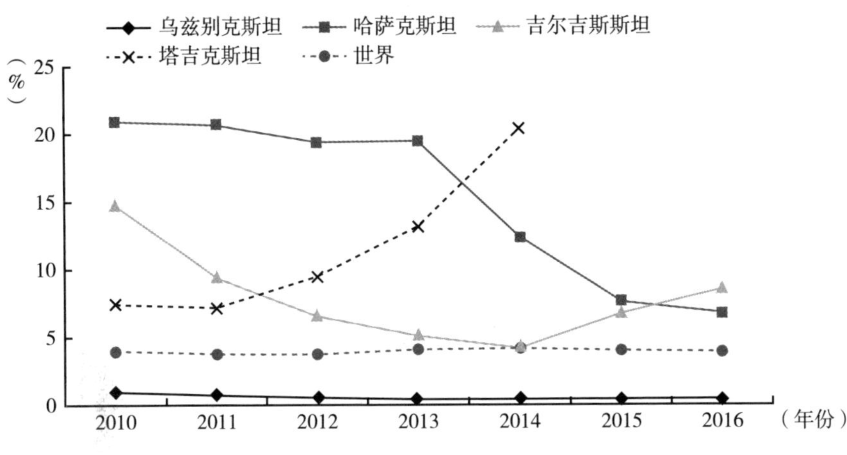

图4　2010～2016年中亚五国不良贷款率

各国应加强监管监督和制定宏观审慎政策，同时应当避免监管方面的过分宽容。对哈萨克斯坦和乌兹别克斯坦来说，这包括改善贷款审批标准和信贷风险管理、改善银行的公司治理以及加强司法和法律体系以强化法治。吉尔吉斯斯坦和塔吉克斯坦还需要强化破产处置和危机管理框架，以便在有限的国家支持下有序、快速地处置破产的银行，促进资本市场发展。全面推进货币政策框架现代化以稳定通胀预期和提高汇率灵活性。

三　我国商业银行在中亚五国的发展前景

1. 积极配合国家战略，多层面加强与中亚五国的金融合作

哈萨克斯坦在中亚国家中金融对外开放度最高，金融体系最为健全，这为两国深化合作奠定了基础。中哈金融合作是中亚区域投资合作项目建设的重点，我国银行业机构应利用该合作提供的空间和平台，就如何开展，深化跨境交易以及机构设立是否可行等方面进行探讨。哈萨克斯坦金融基础较

好，中哈两国在货币领域的合作已取得若干突破，金融合作程度较深，但应进一步关注合作细节，继续在货币掉期、货币公开市场交易等金融活动中加深合作程度，形成可复制经验，外溢到中亚其他国家。乌、土两国正处于金融改革关键转型期，应高度关注，并在外部条件允许的情况下，鼓励开展金融机构间合作；吉、塔两国国家风险问题突出，面对全球贸易减少和未来可能出现的贸易紧张局势，在进一步合作过程中应高度关注两国的政治、经济形势。

2. 以跨境人民币结算为抓手推动与中亚五国的银行合作

国际原油价格下行导致中亚国家出口收入减少，引发国家储备下降、外汇紧张，加之中亚国家普遍存在“过度美元化”问题，哈、乌等国都已提出要“去美元化”。在此经济背景之下，扩大人民币在中亚地区的使用有利于促进跨境贸易的发展，促进该地区金融稳健性水平的提升。继续签署和完善清算机制、能源结算等协议安排，如鼓励中亚五国银行加入 CIPS，争取实现与吉尔吉斯斯坦、土库曼斯坦签订双边本币互换协议。应多措并举，一方面，在中亚国家积极宣传人民币结算的优点，鼓励并促进企业在贸易往来结算中使用人民币，减少汇率风险，降低贸易成本；另一方面，持续推进跨境人民币结算使用体系的完善，构建人民币跨境循环使用机制体制，促进人民币在中亚地区的使用。积极尝试中吉两国在本币结算上的可能性，促进两国银行间代理结算关系的建立，全面推进货币政策框架现代化和提高汇率灵活性，鼓励人民币作为投资货币在吉尔吉斯斯坦开展投融资项目，以达到开发人民币海外结算渠道、发展人民币跨境结算业务的目的，最终促进商业银行发展。

3. 拓展与中亚国家金融合作交流的广度和深度

鼓励金融机构在与中亚地区建立合作的前提下，根据各国国情，选择采取自主申设方式提升跨境金融服务能力和水平。建立多层次、多领域的合作与交流机制，拓展“走出去”方式，健全中亚地区金融服务网络。积极探索建立中国与中亚之间“引进来”战略并购和投资入股带来的更多金融机构间多层服务渠道。借助上海合作组织、中国合作金融委员会、一站式跨境电商综合金融服务平台等，促进国内外金融监管机构之间的交流。在已有的本币互换、合作备忘录、建立定期会晤机制的基础上，进一步加强与中亚国家央行间的沟通协调，强化信息的分享，提升在区域内重大问题上的政策协调和监管一致性。建立区域经济发展融资体系，鼓励金融机构采取银团等多渠道方式开展项目投融资，促进投融资来源多元化。引领金融机构重点关注交通、能源、水利、农业等具有民生效应和经济效应的合作项目，为区域内社会稳定与经济发展提供资金支持。借鉴上合组织银联体成熟模式，重点关注建设“丝绸之路经济带”重点项目的投融资，通过深化金融领域的合作实现我国与中亚五国之间的共赢，推动地区稳定与发展。

参考文献

高洋、崔光莲：《从金融脆弱性视角分析中国与中亚金融合作》，《新金融》2018 年第 3 期，第 17 ~ 21 页。

张栋、董莉、郑红媛：《中亚五国经济和金融发展情况的比较研究（2009 ~ 2016 年）》，《俄罗斯研究》2017 年第 3 期，第 162 ~ 194 页。

本刊编辑部：《学术动态——中国工商银行城市金融研究所近期部分研究报告摘要》，《金融论坛》2015 年第 9 期，第 81 页。

玉素甫·阿布来提：《人民币与中亚五国对外贸易中计价结算问题的研究》，《俄罗斯研究》2008 年第 1 期，第 55 ~ 59 页。

B.9

推进“一带一路”绿色能源国际合作

蓝庆新　李顺顺　彭一然 *

摘　要： 积极开展绿色能源合作是推进绿色“一带一路”建设的关键。我国绿色能源产业发展与共建“一带一路”国家绿色能源禀赋及发展需求有诸多切合点，推进绿色能源合作有着较强的潜力，目前我国已启动与共建“一带一路”国家和地区的绿色能源合作，但合作过程中遇到诸多问题，需采取有效对策加以推进。

关键词： “一带一路”　绿色能源　国际合作

21 世纪以来，为应对日益严峻的生态环境问题和实现经济社会高效和谐可持续发展，推动能源结构转型、推进绿色发展越来越受到世界各国的关注。中国政府在“一带一路”倡议提出后，不断丰富其内容，将绿色“一带一路”作为重要建设方向。2016 年 6 月 22 日，习近平主席在乌兹别克斯坦演讲时提出，中国愿与各国深化环保合作，践行绿色发展理念、携手打造“绿色丝绸之路”。绿色“一带一路”建设的理念自此提上发展议程，并逐渐成为推进“一带一路”的重要方向。《关于推进绿色“一带一路”建设的指导意见》于 2017 年 4 月 26 日发布，该文件向我国推进“一带一路”建设工作的各个成员单位明确了推进绿色“一带一路”的总体要求、主要任务和组织保障，成为绿色“一带一路”纲领性文件。2019 年中国发布的

* 蓝庆新，对外经济贸易大学教授，博士生导师，主要研究方向为国际贸易与产业经济；李顺顺，对外经济贸易大学硕士，主要研究方向为电子商务；彭一然，工信部国际经济技术合作中心助理研究员，主要研究方向为国际经济合作。

《共建“一带一路”倡议：进展、贡献与展望》明确提出，将与“一带一路”沿线各国共同践行绿色发展理念，共同实现2030可持续发展目标。与此同时，推进绿色“一带一路”建设也成为有关国家的国际共识。

绿色“一带一路”建设的重要模块是推进绿色能源合作。当前，中国依托领先的技术实力、雄厚的装备制造业基础，以及绿色发展的国家战略引领成为全球最大的绿色能源投资市场。共建“一带一路”国家拥有丰富的绿色能源，但由于经济、技术落后和开发资金不足，难以独自完成对绿色能源的开发利用。因此这些国家具有与中国开展清洁能源合作、推动本国实现绿色经济发展的强烈意愿。加强与共建“一带一路”国家的绿色能源合作，是推动中国清洁能源产业发展的重要环节，也是优化区域能源治理格局的关键方向。在此背景下，研究中国与共建“一带一路”国家绿色能源合作潜力及面临的问题与对策，对于加快中国绿色能源企业“走出去”、参与“一带一路”地区的能源网络建设、实现绿色“一带一路”具有重要意义。

一　中国与共建“一带一路”国家间绿色能源合作潜力分析

（一）中国绿色能源产业具有国际竞争优势

近年来，中国政府坚定不移地推动中国能源结构转型，大力投资清洁能源技术，中国的绿色能源产业迅速发展，已在多项指标上居世界领先地位，技术实力凸显。

从绿色能源投资规模来看，中国自2013年起一直是世界上最大的绿色能源投资国。2017年中国可再生能源投资总计1266亿美元，超过美国和欧洲绿色能源投资额之和，占全球可再生能源投资市场的45%，投资额较2016年增长31%（见图1）。

从技术产出和装备产业规模来看，中国在利用可再生能源发电方面走在世界前列。截至2017年，中国在可再生能源电力装机容量、水电装机容量、光伏装机容量和风电装机容量等领域的投资额居世界首位；而在利用绿色能源供热方面，中国的太阳能热水器容量、地热供热容量也居世界首位。其中，中国水电装机总量连续多年排名第一，风电装机总量和太阳能热利用总量持续六年排名第一（见表1）。目前中国的风电机组设计技术已经实现自主研发创新，并且拥有完整的产业链，装备产业规模也是世界第一，单机容量较大的机组如1.5MW～3MW机组的批量生产技术业已成熟、3.6MW～5MW机组也已具备批量生产能力，相关技术也取得了重大进步。

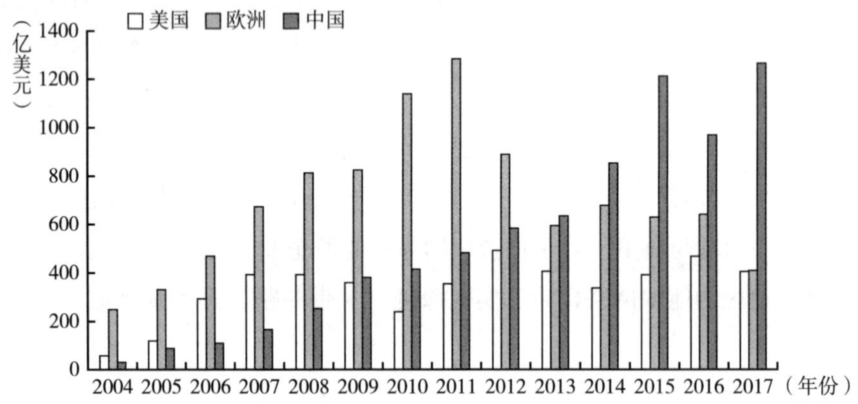

图1　中国、美国和欧洲可再生能源领域投资额（2004～2017年）

资料来源：联合国环境署《全球可再生资源投资趋势报告2018》。

从绿色能源投资经验来看，近几年，中国的可再生能源行业高速发展，部分企业特别是光伏发电企业甚至出现产能过剩现象，迫切需要开拓海外市场，与他国开展绿色能源投资合作。据商务部统计，2017年，中国在境外风力发电和太阳能电站建设领域取得较大突破，这两个领域合计新签合同额60.5亿美元，而火电厂建设年度新签合同金额同比下降24.6%。2017年，中国企业投资的海外清洁能源项目总额超过440亿美元，比2016年增长38%，中国积累了丰富的绿色能源对外投资建设运营经验。而部分共建“一带一路”国家的光伏、风电发电技术落后，普及度低。我国与大部分共建“一带一路”国家有很强的清洁能源合作互补性，投资合作潜力较大。

表 1　截至 2017 年底世界总装机容量或发电量排名前五的国家

类别		第一名	第二名	第三名	第四名	第五名
电力领域	可再生能源电力装机容量（含水电）	中国	美国	巴西	德国	印度
	可再生能源电力装机容量（不含水电）	中国	美国	德国	印度	日本
	人均可再生能源电力装机容量（不含水电）	冰岛	丹麦	德国/瑞典	芬兰	
	生物质发电量	中国	美国	巴西	德国	日本
	生物质发电装机容量	美国	巴西	中国	印度	德国
	地热发电装机容量	美国	菲律宾	印度尼西亚	土耳其	新西兰
	水电装机容量	中国	巴西	加拿大	美国	俄罗斯
	水电发电量	中国	加拿大	巴西	美国	俄罗斯
	光伏装机容量	中国	美国	日本	德国	意大利
	人均光伏装机容量	德国	日本	比利时	意大利	澳大利亚
	聚光太阳能发电装机容量	西班牙	美国	南非	印度	摩洛哥
	风电装机容量	中国	美国	德国	印度	西班牙
	人均风电装机容量	丹麦	爱尔兰	瑞典	德国	葡萄牙
供热领域	太阳能热水器容量	中国	美国	土耳其	德国	巴西
	人均太阳能热水器容量	巴巴多斯	奥地利	塞浦路斯	以色列	希腊
	地热供热容量	中国	土耳其	冰岛	日本	匈牙利

资料来源：REN21《可再生能源全球现状报告 2018》。

（二）共建“一带一路”国家清洁能源亟待开发

从开发潜力的角度分析，共建“一带一路”国家可供开发的绿色资源储量丰富。东南亚国家有丰富的太阳能、风能和地热能。南亚地区也有丰富的太阳能禀赋、水资源和风力资源，孟加拉国、印度每日日照量能达到平均每平方米 4kWh ~ 7kWh，尼泊尔水系年径流总量达 2240 亿 m^3，人均约 8300m^3，水能理论蕴藏量约 83000MW，其中技术可开发量约 42000MW；中亚地区位于北半球中纬度内陆，日光充足、光照强烈，其夏季所获阳光照射量并不逊于热带地区，并且该地区的硅和石英等光伏原料充足，自然资源条件非常适合发展光伏产业；东欧和独联体国家风能资源丰富，该地区内有 6783km^2的土地（29% 的陆地）风力可达到 3 ~ 7 级；中东和非洲国家有充裕的太阳能和风能蕴藏量，中东和北非 32% 的土地面积风力可达 3 ~ 7 级，仅次于西欧和北美地区，撒哈拉以南的非洲国家风力可达 3 ~ 7 级的土地面积占陆地面积的30%。北非的撒哈拉沙漠地区在太阳能领域潜力巨大，理论上每年可利用的太阳能超过220亿GWh。

从实际开发利用率的角度分析，首先，“一带一路”覆盖的各区域目前能源结构仍然以非可再生能源为主，绿色能源的普及率很低（见图2）。欧洲、独联体国家、中东、非洲和亚太区域可再生能源（包括水电）在一次能源总消费量中的占比分别是14.84%、5.89%、0.66%、7.70%、9.52%，而在上述所有区域，不包含水电的可再生能源在一次能源中占比均低于10%，可见目前“一带一路”沿线相关国家对可再生能源的开发利用率偏低。其次，除欧洲外各区域利用可再生能源发电的水平比较落后，并且各区域均出现水电应用较成熟、其他可再生能源的开发利用较为滞后的情况，其中中东区域可再生能源（包含水电）发电率最低，只有2.15%，独联体、非洲国家的可再生能源发电率均未超过20%（见表2）。最后，从可再生能源消费量变化趋势来看，除欧洲区域外，“一带一路”其他区域的可再生能源消费量偏低。但自2012年起各区域在可再生能源领域的消费量均快速增加，其中中东区域增速领跑其他区域，2013~2017年平均增速达36%；非洲国家的平均消费增速排名第二，达到25%；再次是独联体国家、亚太国家和欧洲国家，增速分别为18%、17%、7%。

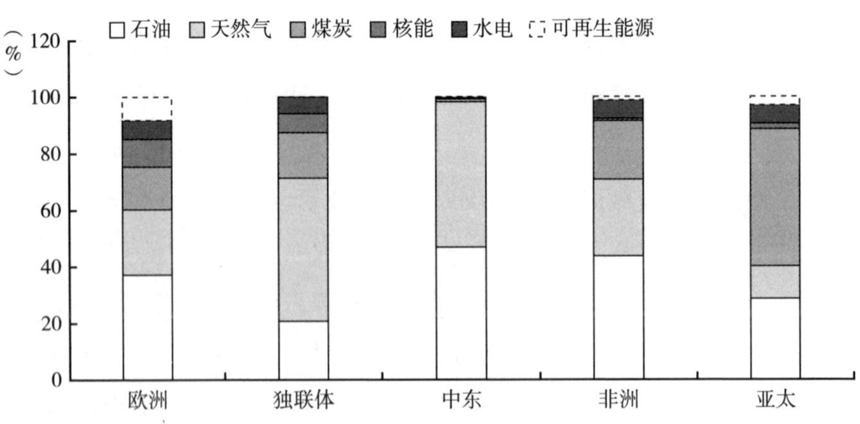

图2　“一带一路”各区域的一次能源结构

表 2　“一带一路”各区域可再生能源发电率

单位：%

区域	水电	其他可再生能源发电率	全部可再生资源发电率
欧　洲	14.77	18.33	33.10
独联体	16.28	0.25	16.52
中　东	1.65	0.50	2.15
非　洲	15.47	2.95	18.42
亚　太	14.33	6.75	21.08

资料来源：BP 和《世界能源统计年鉴 2018》。

（三）共建“一带一路”国家具有强烈的清洁能源发展需求

“一带一路”倡议涉及亚欧非大陆的许多国家，其中大部分是正处于工业化起飞或快速发展阶段的国家，还包括像巴基斯坦、老挝、尼泊尔、孟加拉国等经济发展水平落后、电力等基础设施缺乏、面临能源短缺困境的国家。这些国家的快速工业化使其对能源的需求迅速增加，但因为国家财政资金不足、基础设施建设滞后、能源开发技术落后，这些国家的能源并未得到合理有效的开发利用，其能源消费以化石能源为主、丰富的清洁能源资源并没有得到有效开发，因此迫切需要提高清洁能源开发利用率，逐渐减少化石燃料的使用，实现可持续发展。目前，各国政府纷纷制定了推动可持续能源发展的政策，为中国企业开展与相关国家的绿色能源投资合作奠定了坚实的基础。

东盟十国明确提出可再生能源发电量占比目标，其中越南、柬埔寨、菲律宾政府提出在 2050 年前实现完全采用可再生能源供电；西亚地区 12 个国家制定了可再生能源发电量占比指标，其中黎巴嫩、巴勒斯坦、也门提出 2050 年前实现 100% 采用可再生能源发电；南亚地区 6 个国家提出了具体的可再生能源发电量占比政策目标，其中阿富汗、斯里兰卡、马尔代夫、尼泊尔和不丹政府计划在 2050 年实现可再生能源发电量占比 100% 的目标；中亚地区中，哈萨克斯坦政府预计在 2050 年实现可持续能源提供该国 50% 的发电量；5 个独联体国家和 14 个中东欧国家以及多个非洲国家也设定了具体的电力行业能源占比计划，其中肯尼亚、埃塞俄比亚、摩洛哥、突尼斯、苏丹等国的目标是到2050年可再生能源发电量占比达到100%。另外，绿色能源使用更广泛、开发历史更长、开发技术更先进的中东欧国家还进一步提出了绿色能源在供热制冷、交通运输领域能源消耗占比的目标（见表3）。

表3　“一带一路”相关国家的可再生能源目标

“一带一路”不同区域国家		可再生能源目标	可再生能源发电量占比
东亚	中国	2020年达到15%,2030年达到20%[a]	2020年达到27%
	蒙古国	2020年达到20%~25%[a]	2020年达到20%,2030年达到30%,2050年达到100%
东南亚	新加坡		8%(无具体日期)
	马来西亚		2020年达到9%,2030年达到11%,2050年达到15%
	印度尼西亚	2025年达到23%,2050年达到31%[a]	2025年达到26%
	泰国	2021年达到25%,2036年达到30%[b]	2036年达到20%
	柬埔寨		2035年达到25%,2050年达到100%
	越南	2020年达到5%,2025年达到8%,2050年达到11%[a]	2020年达到7%,2030年达到10%,2050年达到100%
	文莱		2035年达到10%
	菲律宾		2020年达到40%,2050年达到100%
西亚	伊拉克		2030年达到10%
	土耳其		2023年达到30%
	叙利亚	2030年达到4.3%[a]	
	约旦	2020年达到10%[a],2025年达到11%[b]	2015年达到15%
	黎巴嫩	2020年达到12%,2030年达到15%[b]	2020年达到12%,2050年达到100%
	以色列	2020年达到10%,2025年达到13%,2030年达到17%[b]	2020年达到10%,2030年达到17%
	巴勒斯坦	2020年达到25%[b]	2020年达到10%,2050年达到100%
	也门		2025年达到15%,2050达到100%
	阿联酋	2021年达到24%[b]	
	卡塔尔		2020年达到2%,2030年达到20%
	科威特		10%(无具体日期)
	巴林		2030年达到5%
	希腊	2020年达到20%[b]	2020年达到40%
	塞浦路斯	2020年达到13%[b]	2020年达到16%

续表

"一带一路"不同区域国家		可再生能源目标	可再生能源发电量占比
南亚	印度		2030 年达到 40%
	阿富汗	10%[b]	2050 年达到 100%
	斯里兰卡		2020 年达到 20%,2050 年达到 100%
	马尔代夫		2017 年达到 16%,2050 年达到 100%
	尼泊尔	2030 年达到 10%[a]	2050 年达到 100%
	不丹		2050 年达到 100%
中亚	哈萨克斯坦		2020 年达到 3%,2050 年达到 50%
	乌兹别克斯坦	2030 年达到 16%,2050 年达到 19%[b]	2025 年达到 19.7%
	塔吉克斯坦		10%(无具体日期)
独联体	俄罗斯		2020 年达到 4.5%
	乌克兰	2020 年达到 11%,2030 年达到 18%[a],2035 年达到 25%[b]	2020 年达到 11%,2030 年达到 20%,2035 年达到 25%
	白俄罗斯	2020 年达到 32%[b]	
	阿塞拜疆		2020 年达到 20%
	亚美尼亚	2020 年达到 21%,2025 年达到 26%[a]	2025 年达到 40%
	摩尔多瓦	2020 年达到 17%[a],2025 年达到 20%[b]	2020 年达到 10%
中东欧	波兰	2020 年达到 12%[a],2025 年达到 15.5%[b]	2020 年达到 19.3%
	立陶宛	2020 年达到 20%[a],2025 年达到 23%[b]	2020 年达到 21%
	爱沙尼亚	2020 年达到 25%[b]	2020 年达到 17.6%
	拉脱维亚	2020 年达到 40%[b]	2020 年达到 60%
	捷克	2020 年达到 13.5%[b]	2020 年达到 14.3%
	斯洛伐克		2020 年达到 24%
	匈牙利	2020 年达到 14.65%[b]	2020 年达到 10.9%
	斯洛文尼亚	2020 年达到 25%[b]	2020 年达到 39.3%
	克罗地亚	2020 年达到 20%[b]	2020 年达到 39%
	波黑	2020 年达到 40%[b]	
	黑山	2020 年达到 33%[b]	2020 年达到 51.4%
	塞尔维亚	2020 年达到 27%[b]	2020 年达到 37%
	阿尔巴尼亚	2020 年达到 18%[a],2025 年达到 38%[b]	
	罗马尼亚	2020 年达到 24%[b]	2020 年达到 43%
	保加利亚	2020 年达到 16%[b]	2020 年达到 20.6%
	马其顿	2020 年达到 28%[b]	2020 年达到 24.7%

续表

“一带一路”不同区域国家		可再生能源目标	可再生能源发电量占比
非洲	肯尼亚		2050 年达到 100%
	埃塞俄比亚		2050 年达到 100%
	阿尔及利亚	2030 年达到 37%，2030 年达到 40%[b]	2030 年达到 27%
	尼日利亚		2020 年达到 10%
	摩洛哥		2030 年达到 52%，2050 年达到 100%
	突尼斯		2030 年达到 30%，2050 年达到 100%
	埃及	2020 年达到 14%[a]	2022 年达到 20%
	南非		2030 年达到 9%
	苏丹		2030 年达到 20%，2050 年达到 100%

注：表中上标 a/b 表示可再生能源在一次能源和最终能源中的消费占比。

资料来源：REN21《可再生能源全球现状报告 2018》。

二　中国与共建“一带一路”地区绿色能源合作的典型项目分析

中国在东南亚和南亚区域重点推进的清洁能源合作项目是风力发电和光伏发电；其中巴基斯坦是中国可再生能源投资合作最集中、最密集的区域。2015 年，中铁集团开始建设巴基斯坦国会大厦的光伏发电系统，预计该工程年发电量可达 160 万 kWh，可有效缓解巴基斯坦议会大厦电力供应不足的问题；东方集团在巴基斯坦投资的 Jhimpir 风力发电项目每年将为 50 万户家庭提供 27482 万 kWh 电，为解决巴基斯坦电力短缺问题做出了重大贡献。中国主要通过光伏组件出口的形式与印度开展绿色能源合作，其中光伏组件企业晶澳太阳能 2017 年在印度市场的占有率突破 10%，跃居印度市场前两名。中国企业在水电领域与印度尼西亚展开合作，其中比较有代表性的有中国华电集团投资建设的阿萨汉一级水电站、中国电建集团旗下中国水电参与建设的巴丹托鲁水电站和佳蒂格德水电站，以及中国铁建参与的卡扬一级水电站项目等。

中国与中亚和独联体国家绿色能源的合作集中在太阳能发电方面。2014

年，中国水利电力对外公司签署了哈萨克斯坦的图尔古松 1 号水电站 EPC 总承包合同，该项目装机容量为 24.9MW，是继玛依纳水电站项目后该公司在哈萨克斯坦的第二个总承包项目。2019 年东方日升新能源股份有限公司在哈萨克斯坦完成了装机容量为 40MW 的光伏电站项目。

中国和中东国家在绿色能源方面的合作集中在太阳能发电领域。2015 年，中国电建集团与摩洛哥签订了项目金额为 20 亿美元的努奥二期和努奥三期光热电站项目总承包合同，二期装机容量为 200MW，三期装机容量为 150MW。2018 年上海电力公司和沙特 ACW 电力公司组成的联合体与迪拜政府签署了建造全球最大的聚光太阳能项目协议，该项目装机容量为 700MW，这一耗资 39 亿美元的项目将大幅提升迪拜的清洁能源使用能力。

太阳能发电、风能发电是中国与非洲国家可再生能源合作的重点领域。2015 年中国电建水电局承建的下凯富峡水电站项目是赞比亚 40 年来建立的第一个大型水电站，项目装机容量为 750MW，预计可以满足未来 5 ~ 10 年赞比亚国内的电力需求。2018 年，中国太阳能产品制造企业隆基太阳能与突尼斯项目开发商 SHAMS Technology 签订了长期合作的意向备忘录，计划未来共同开发非洲光伏市场。2019 年，埃塞俄比亚阿伊萨Ⅱ期项目中，东方电气集团顺利完成总装机容量 120MW 的风力发电机组吊装工作。

三　中国与共建“一带一路”国家开展绿色能源合作的对策建议

尽管在建设绿色“一带一路”过程中推进绿色能源合作具有较大的发展潜力，但是共建“一带一路”国家投资环境千差万别，加之能源合作本身也具有特殊性和敏感性，因此必须正视合作中存在的风险，采取有效政策加以推进。

（一）建立可操作的国家间绿色能源合作机制

由于基础设施建设普遍存在投资周期长、投资规模大、前期投资多的特点，项目能否正常推进、收回成本以及达到预计盈利水平很大程度上取决于当地是否有稳定的社会政治环境，政权更迭、政策变化以及极端民族主义、地区恐怖主义等会给中国海外资产的安全性带来严重威胁。因此，中国应该充分利用国家间的外交渠道和现有的多边交流合作平台建立可操作的国家间绿色能源合作机制，尽可能地减少我国清洁能源产业“走出去”时遇到的政治风险和社会风险。如 2018 年 10 月首次召开的“一带一路”能源部长会议就是一个加强高层沟通交流、增强各国在能源领域信息共享的重要平台与机制。

（二）多方筹措资金开展绿色能源合作

大多数共建“一带一路”国家经济发展水平落后，财政收入低、外汇储备不足并且债务风险较高，这些客观因素导致中国海外投资企业难以从当地市场或国际市场获得项目融资，或者融资手续极其复杂，而仅靠中国政府的支持也很难满足所有项目的融资需求。因此中国政府需要通过政策引导，吸引民间资本和社会资本共同参与清洁能源项目投资，例如鼓励金融机构积极发展绿色金融体系、通过各种创新型的绿色金融产品吸引民营部门的资金。另外，中国还应充分利用中国进出口银行、国家开发银行、中非基金、丝路基金等金融机构扩展融资渠道，缓解融资难的问题。

（三）关注“一带一路”东道国法律法规开展合规经营

中国与共建“一带一路”国家开展可再生能源合作必须遵循相关法律法规，例如到境外投资风力发电和太阳能发电项目必定会占用东道国的土地资源，因此需要关注项目所在地的土地法规条令，而投资水电项目需重点关注项目所在地有关水资源的法律法规、开发地热能则需主要关注该国的矿业相关法律规定。针对绿色能源合作过程的法律风险，一方面，中国需要与相关国家建立起更加完善的多边法律框架来处理潜在的争端和纠纷，另一方面，中国企业也应在正式签订合同前做好充分的项目前期调查评估工作，在项目实施过程中严格遵守当地的法律规定，尽量以东道国投资主体、产品要素和生产要素布局新项目，做到融入当地、服务当地，推动东道国实现绿色环保、安全高效的能源转型。

（四）加强与共建“一带一路”国家绿色标准对接

“一带一路”沿线相当多国家的清洁能源行业采取的是国际标准，与中国的行业标准存在很大差异，因此中国制造的产品和设备往往要得到第三方机构的认证才能出口到这些国家，而且这些国家采取的国际标准也并不统一，如非洲法语区、英语区和葡语区的国家承认的标准认证不同，这给中国绿色能源产业“走出去”带来了极大的障碍与不便。针对行业标准不同带来的问题，中国政府应该同共建“一带一路”国家进行积极的政策沟通，加强与相关国家的绿色标准对接，争取中国标准在绿色能源合作中的话语权。

参考文献

李昕蕾：《“一带一路”框架下的中国清洁能源外交——契机、挑战与战略性能力建设》，《国际展望》2017 年第 3 期，第 36～57 页。

林建勇、蓝庆新：《“一带一路”战略下中国与中亚国家能源合作面临的挑战与对策》，《中国人口·资源与环境》2017 年第 27 卷第 5 期，第 203～206 页。

于明远、范爱军：《全球能源互联网：推进“一带一路”发展新契机》，《理论学刊》2018 年第 1 期，第 78～84 页。

韩晶、孙雅雯：《借助“一带一路”倡议构建中国主导的“双环流全球价值链”战略研究》，《理论学刊》2018 年第 4 期，第 33～39 页。

B.10
“一带一路”构想与中国—巴基斯坦双边贸易发展

杨立强　胡冠琳　朱晓敏*

摘　要： 巴基斯坦以其独特的地理位置和中巴政治经贸关系，不仅是“一带”和“一路”的核心交叉节点，还构成了中国重要的能源战略通道，通向阿拉伯和伊斯兰世界的桥梁，同时还是国际友好和民心相通的典范。本报告首先分析了“一带一路”构想下巴基斯坦的贸易地位和潜力，随后重点探讨了中巴双边贸易的基础和挑战，最后提出了推动中巴双边贸易快速发展的思路。

关键词： “一带一路”　巴基斯坦　区域经济合作　双边贸易

从20世纪50年代初起，中巴两国一直保持良好的贸易合作关系。2014年中国正式提出了“一带一路”构想，巴基斯坦以其独特的地理位置和蓬勃发展的中巴政治经贸关系成为“一带一路”建设的关键节点。2015年4月20日，习近平主席访问巴基斯坦，双方将两国的外交关系正式提升到全天候战略合作伙伴关系的高度。此后中巴贸易合作伙伴关系上升到新的高度。

---

* 杨立强，对外经济贸易大学副教授，主要研究方向为海外投资与跨国经营；胡冠琳，对外经济贸易大学硕士，主要研究方向为对外投资；朱晓敏，对外经济贸易大学硕士，主要研究方向为对外投资。

一 “一带一路”构想下巴基斯坦的特点和定位

“一带一路”构想下巴基斯坦的定位具有以下四大特点。

（一）巴基斯坦是“一带”和“一路”的交叉节点

从陆路上看，巴基斯坦处在“丝绸之路”经济带南线上，是古代中国商品进入西亚的主要通道之一；而从海路上看，巴基斯坦又处在21世纪海上丝绸之路上，卡拉奇和瓜达尔港是印度洋和阿拉伯海上的重要港口。此外，巴基斯坦还是直接与中国接壤的周边国家，在“一带一路”沿线国家中处于核心节点位置。

（二）巴基斯坦构成了中国重要的能源战略通道

巴基斯坦不仅是“一带”和“一路”的核心交叉节点，还构成了中国除中俄能源通道、中哈能源通道、海上能源通道、中缅能源通道外第五条重要的能源战略通道。

（三）巴基斯坦是中国通向阿拉伯和伊斯兰世界的重要桥梁

巴基斯坦还是一个伊斯兰国家，尽管经济实力较低，但人口约1.97亿，仅次于同为伊斯兰国家的印度尼西亚，其政治军事影响力在伊斯兰世界中具有重要地位，尤其是巴基斯坦是目前唯一进行了核试验的伊斯兰国家。“一带一路”构想下巴基斯坦完全可以成为中国通向阿拉伯和伊斯兰世界的重要桥梁，成为中国商品、资金、技术、管理等进入西亚北非伊斯兰世界的桥头堡。

（四）中巴友谊是“一带一路”国际友好和民心相通的典范

经过了几十年的国际政治风云变幻的考验，中巴友谊已深深植根于两国人民心中。在2008年中国四川省汶川地震发生后，巴基斯坦立即向中国地震灾区运送了10多吨救灾物资。2013年9月24日，巴基斯坦西南部地区发生强烈地震。中国是第一个向巴基斯坦提供 150 万美元现金和 3000 万元人道主义援助的国家①。两国的相互尊重、相互理解、相互支持一次次表明了中巴两国“比海深、比山高”的兄弟情谊。

综上所述，在“一带一路”构想下，巴基斯坦是核心节点、通道和桥梁，同时也是“一带一路”具体措施的实验田和示范区。

二　巴基斯坦在“一带一路”沿线国家中的贸易地位和潜力

（一）巴基斯坦在“一带一路”沿线国家中的贸易地位

受 2008 年美国经济危机的影响，巴基斯坦 2009 年进出口贸易下滑，2011 年仅恢复到危机前水平。2014 年，巴基斯坦出口额为 247.14 亿美元，基本保持自 2011 年以来的平均水平（见图 1）。进口达到 476.36 亿美元的历史最高水平。这也导致巴基斯坦出现了最近二十多年来最大的贸易逆差 229.22 亿美元。应该说，巴基斯坦的出口潜力巨大，但目前尚未挖掘出来。

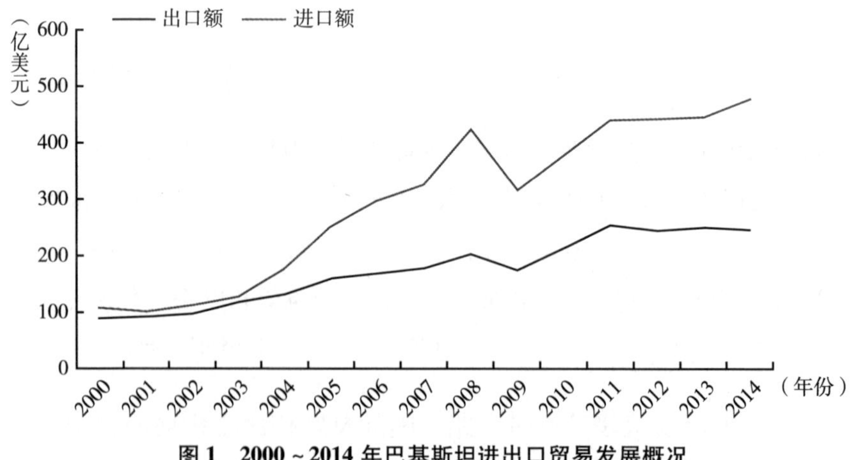

图 1　2000～2014 年巴基斯坦进出口贸易发展概况

① http：//money.163.com/13/0926/19/99NLITL800253B0H.html#from = relevant#xwwzy_ 35_ bottomnewskwd。

2014年，巴基斯坦出口仅占“一带一路”沿线国家当年出口总额的0.35%（不包括中国），出口规模远低于沿线国家的平均水平，在沿线国家中，出口额排名第33位。2014年巴基斯坦进口表现相对要好，占“一带一路”沿线国家当年进口总额的0.76%，但进口规模仍低于沿线国家平均规模974.67亿美元（见表1），在沿线国家中进口额排名第23位。

表1　2014年巴基斯坦在“一带一路”沿线国家中的贸易地位

项目	出口	进口
巴基斯坦出口（进口）额（亿美元）	247.14	476.36
巴基斯坦出口（进口）占沿线国家总额比重（%）	0.35	0.76
巴基斯坦出口（进口）占沿线国家总额比重（不包括中国）（%）	0.52	1.11
“一带一路”沿线国家平均出口（进口）额（亿美元）	1105.38	974.67
“一带一路”沿线国家平均出口（进口）额（不包括中国）（亿美元）	751.06	678.98

资料来源：整理自世界银行WDI数据库。

综上所述，巴基斯坦在“一带一路”沿线国家中进出口贸易整体处于中等偏下位置。

（二）巴基斯坦“一带一路”区域内贸易发展潜力分析

表2给出了2014年巴基斯坦前二十大出口目的地和进口来源地。从出口目的地来看，巴基斯坦的出口对象包括了美国、英国、德国、西班牙、意大利、荷兰、法国等十几个非“一带一路”国家和地区，而且美国是巴基斯坦最大的出口伙伴国，出口规模达到36.47亿美元，占当年巴基斯坦出口总额的14.75%，英国为第四大出口伙伴，出口额达到16.55亿美元，占比达到6.69%。而在“一带一路”沿线国家中，巴基斯坦的主要出口伙伴为中国（22.53亿美元，占比为9.11%）和阿富汗（18.79亿美元，占比为7.60%）。

从进口来源地看，2014年巴基斯坦前五大进口国均为“一带一路”沿线国家，且除了中国外均为伊斯兰国家。中国是巴基斯坦最大的进口来源地，进口规模达到95.88亿美元，占当年巴基斯坦进口总额的20.17%，其次是阿联酋，进口额达到70.77亿美元，占比达到14.89%，沙特阿拉伯（44.17亿美元，占比为9.29%）、科威特（29.55亿美元，占比为6.22%）、印度尼西亚（21.07亿美元，占比为4.43%）分列第三至第五大进口来源地。

表2　2014年巴基斯坦前二十大出口目的地和进口来源地

单位：亿美元，%

出口目的地	出口额	出口占比	进口来源地	进口额	进口占比
美国	36.47	14.75	中国	95.88	20.17
中国	22.53	9.11	阿联酋	70.77	14.89
阿富汗	18.79	7.60	沙特阿拉伯	44.17	9.29
英国	16.55	6.69	科威特	29.55	6.22
阿联酋	13.24	5.36	印度尼西亚	21.07	4.43
德国	12.15	4.92	印度	21.05	4.43
西班牙	7.90	3.19	美国	18.00	3.79
意大利	7.67	3.10	日本	17.53	3.69
孟加拉国	6.88	2.78	马来西亚	12.80	2.69
荷兰	6.85	2.77	新加坡	11.49	2.42
比利时	6.58	2.66	阿曼	11.33	2.38
沙特阿拉伯	5.10	2.06	德国	10.70	2.25
法国	4.31	1.74	泰国	7.30	1.54
印度	3.92	1.59	韩国	6.58	1.38
土耳其	3.91	1.58	英国	6.00	1.26
韩国	3.78	1.53	意大利	4.69	0.99
肯尼亚	3.33	1.35	南非	4.40	0.93
中国香港	3.28	1.33	法国	3.98	0.84
南非	2.90	1.17	阿富汗	3.92	0.82
斯里兰卡	2.66	1.08	乌克兰	3.82	0.80

资料来源：世界银行WITS数据库巴基斯坦报告数据。

如果将“一带一路”沿线国家看作一个经济合作区域，巴基斯坦区域内进出口贸易仍有较大发展空间。如表3所示，2014年巴基斯坦对“一带一路”沿线国家的出口贸易达104.90亿美元，占当年巴基斯坦出口总额的42.43%，低于“一带一路”沿线国家区域内出口贸易比重的平均水平

48.28%。当年，巴基斯坦区域内出口贸易依存度（区域内出口贸易总额除以当年国内生产总值）仅为4.31%，远低于“一带一路”区域内平均出口贸易依存度16.66%（不包括中国的话，沿线国家平均区域内出口贸易依存度达到16.85%）。可以说，与其他沿线国家相比，巴基斯坦的出口贸易发展相对较为滞后，出口增长空间较大。

表3　2014年巴基斯坦“一带一路”区域内贸易发展概况

单位：%

项目	区域内出口贸易比重	区域内进口贸易比重	区域内出口贸易依存度	区域内进出口贸易依存度
巴基斯坦	42.43	74.24	4.31	18.79
区域内平均水平	48.28	56.97	16.66	22.02
区域内平均水平(不包括中国)	48.65	57.40	16.85	31.00

资料来源：世界银行WITS数据库。

巴基斯坦的进口贸易发展迅速。2014年巴基斯坦对“一带一路”沿线国家的进口贸易达352.97亿美元，占当年巴基斯坦进口总额的74.24%，远高于“一带一路”沿线国家的平均水平57.40%（不包括中国）。

如果综合考虑巴基斯坦进出口贸易的话，2014年巴基斯坦的进出口贸易依存度达到18.79%，仍然低于“一带一路”平均外贸依存度22.02%。归纳起来，巴基斯坦的进出口贸易发展落后于“一带一路”整体水平，仍存在较大提升空间。

（三）巴基斯坦在“一带一路”沿线国家中的主要进出口商品分析

如表4所示，巴基斯坦在“一带一路”沿线国家同类产品出口中所占份额最高的商品是纺织服装，2014年出口达到137.73亿美元，占沿线国家同类产品出口总额的2.85%，占该国出口总额的55.71%，可以说，纺织服装是2014年巴基斯坦的主要出口产品。其次是皮革产品、植物和蔬菜产品、矿产等，占沿线国家同类产品出口总额的比重分别达到2.49%、1.80%、

1.74%。

巴基斯坦在“一带一路”沿线国家同类产品进口中所占份额最高的商品是植物和蔬菜产品，2014 年进口额达到 46.24 亿美元，占沿线国家同类产品进口总额的 2.07%，占该国进口总额的 9.73%。其次是纺织服装、石油、化工产品等，占沿线国家同类产品进口总额的比重分别达到 1.65%、1.50%、1.24%。

表 4　2014 年巴基斯坦主要进出口商品在“一带一路”沿线国家的份额

出口				进口			
商品类别	出口额（亿美元）	占沿线国家同类产品总出口比重（%）	占本国总出口比重（%）	商品类别	进口额（亿美元）	占沿线国家同类产品总进口比重（%）	占本国总进口比重（%）
纺织服装	137.73	2.85	55.71	植物和蔬菜产品	46.24	2.07	9.73
皮革产品	12.90	2.49	5.22	纺织服装	28.97	1.65	6.09
植物和蔬菜产品	34.38	1.80	13.91	石油	148.22	1.50	31.17
矿产	7.97	1.74	3.22	化工产品	54.81	1.24	11.53
动物产品	7.11	0.89	2.87	木材	12.70	0.93	2.67
食品	10.54	0.74	4.26	塑料和橡胶	24.56	0.86	5.17
其他产品	7.68	0.17	3.11	金属制品	35.98	0.82	7.57
塑料和橡胶	3.76	0.14	1.52	食品	9.03	0.65	1.90
鞋类产品	1.35	0.14	0.54	运输车辆	23.12	0.54	4.86
金属制品	5.45	0.12	2.20	皮革产品	1.41	0.50	0.30
化工产品	4.21	0.12	1.70	机电产品	72.72	0.47	15.29
木材	1.35	0.10	0.55	鞋类产品	0.90	0.40	0.19
石料陶瓷和玻璃	1.97	0.07	0.80	其他产品	9.72	0.22	2.04
石油	6.48	0.04	2.62	动物产品	1.88	0.20	0.39
运输车辆	0.82	0.02	0.33	石料陶瓷和玻璃	3.85	0.18	0.81
机电产品	3.53	0.02	1.43	矿产	1.36	0.07	0.29

资料来源：整理自世界银行 WITS 数据。

综上所述，尽管巴基斯坦进出口贸易落后于“一带一路”整体发展水平，但发展潜力巨大，存在较大的提升空间。只要巴基斯坦的安全环境得以改善，其工业化进程能够快速推进，巴基斯坦进出口贸易发展前景广阔。

三 “一带一路”构想下中巴双边贸易发展的基础与挑战

（一）中巴双边贸易合作的基础

近年来中巴双边贸易发展迅速。据统计，2014 年中国对巴出口达到 132.46 亿美元，进口达 27.55 亿美元；而据巴基斯坦统计数据，2014 年巴基斯坦自华进口 95.88 亿美元，对华出口 22.53 亿美元（见表 5）。按照中国统计数据，2010 年以来中巴双边贸易的年均增速超过 19%，如果按照巴基斯坦统计数据，2010 年以来中巴双边贸易的年均增速更是超过了 20%。

表 5　2000～2014 年中巴双边贸易额与贸易差额

单位：亿美元

年份	中国报告数据			巴基斯坦报告数据		
	对巴出口额	自巴进口额	中方顺差	自华进口	对华出口	巴方逆差
2000	6.70	4.92	1.78			
2001	8.15	5.82	2.33			
2002	12.42	5.57	6.85			
2003	18.55	5.75	12.80	9.57	2.60	6.98
2004	24.66	5.95	18.71	14.89	3.01	11.88
2005	34.28	8.33	25.94	23.49	4.36	19.14
2006	42.39	10.07	32.32	29.15	5.07	24.08
2007	58.31	11.04	47.27	41.64	6.14	35.50
2008	60.51	10.07	50.44	47.38	7.27	40.11
2009	55.15	12.60	42.55	37.80	9.98	27.82
2010	69.38	17.31	52.07	52.48	14.36	38.12
2011	84.40	21.18	63.21	64.71	16.79	47.92
2012	92.76	31.40	61.36	66.88	26.20	40.68
2013	110.20	31.97	78.23	66.26	26.52	39.74
2014	132.46	27.55	104.91	95.88	22.53	73.36

资料来源：联合国货物贸易统计（UN Comtrade）。

实际上，除纺织服装、皮革产品外，中巴双边贸易具有较为明显的互补性。如表6所示，巴基斯坦显示性比较优势指数（RCA）超过1的商品主要包括纺织服装、皮革产品、植物和蔬菜产品、矿产等，换句话说，相对于其他商品，巴基斯坦在这些商品上拥有较为明显的比较优势。类似的，中国显示性比较优势指数（RCA）超过1的商品主要包括鞋类产品、纺织服装、皮革产品、机电产品、其他产品等。从中巴进出口商品类别来看，中国对巴出口以机电产品、化工产品、钢铁等为主，而自巴进口以农产品、矿产为主（见表7）。

表6　2014年中国和巴基斯坦主要出口产品RCA指数

巴基斯坦				中国			
产品类别名称	出口额（亿美元）	出口份额（%）	显示性比较优势（RCA）	产品类别名称	出口额（亿美元）	出口份额（%）	显示性比较优势（RCA）
纺织服装	137.73	55.71	16.06	鞋类产品	705.45	3.01	3.38
皮革产品	12.90	5.22	9.16	纺织服装	2876.50	12.28	2.46
植物和蔬菜产品	34.38	13.91	2.91	皮革产品	350.85	1.50	2.40
矿产	7.97	3.22	1.56	机电产品	9706.03	41.44	2.07
食品	10.54	4.26	0.96	其他产品	2295.70	9.80	1.33
动物产品	7.11	2.87	0.86	金属制品	1842.64	7.87	0.95
鞋类产品	1.35	0.54	0.85	塑料和橡胶	906.98	3.87	0.81
其他产品	7.68	3.11	0.52	木材	394.55	1.68	0.67
塑料和橡胶	3.76	1.52	0.34	石料陶瓷和玻璃	1123.14	4.79	0.66
金属制品	5.45	2.20	0.33	化工产品	1092.75	4.67	0.46
石料陶瓷和玻璃	1.97	0.80	0.28	动物产品	187.21	0.80	0.30
石油	6.48	2.62	0.13	食品	290.08	1.24	0.29
化工产品	4.21	1.70	0.10	运输车辆	1047.83	4.47	0.28
木材	1.35	0.55	0.08	植物和蔬菜产品	216.98	0.93	0.21
运输车辆	0.82	0.33	0.02	矿产	42.22	0.18	0.10
机电产品	3.53	1.43	0.02	石油	344.51	1.47	0.05

资料来源：整理自世界银行WITS数据库。

表 7　2014 年中巴两国商品贸易前十位排名

自巴进口			对巴出口		
HS 章	产品名称	金额（亿美元）	HS 章	产品名称	金额（亿美元）
52	棉花	16.95	85	电机、电器设备机器零件	23.47
10	谷物	1.59	84	核反应堆、锅炉、机器、机械器具机器零件	16.84
74	铜及其制品	1.51	54	化学纤维长丝	10.23
41	生皮及皮革	1.48	72	钢铁	8.13
26	矿砂、矿渣及矿灰	1.29	55	化学纤维短丝	7.12
23	食品工业的残渣、配制的动物饲料	0.80	29	有机化学品	5.70
25	盐，硫黄，泥土及石料，石膏料、石灰及水泥	0.75	31	肥料	5.10
3	鱼及其他水生动物	0.48	39	塑料及其制品	4.81
39	塑料及其制品	0.38	73	钢铁制品	4.01
27	矿物燃料、矿物油及其蒸馏产品	0.37	60	针织物及钩编织物	2.95

资料来源：整理自联合国 Comtrade 数据库。

综上所述，中巴双边贸易有良好的互补性和稳定的合作基础。随着“中巴经济走廊”计划的稳步推进，巴基斯坦工业化进程将逐步加快。如果巴基斯坦能够抓住这一契机成为中国企业辐射南亚、进军西亚的生产基地，那么巴基斯坦的进出口贸易将会出现快速发展。

（二）中巴双边贸易发展可能的挑战

未来中巴双边贸易发展的挑战主要体现在安全问题、工业基础、贸易逆差三个方面上。

第一个挑战是安全问题。尽管安全问题并不直接影响中巴双边贸易，却会对中国对巴直接投资和工程承包项目带来严重影响，进而影响到巴基斯坦工业化进程。在 2015 年中国出口信用保险公司的国家风险评级中，巴基斯坦国家风险为 6 级，仍属于高风险国家（见表 8）。虽然安全问题的彻底解决离不开世界政治格局的变化，但巴基斯坦仍可以加强国内不同利益群体间的协调，坚决打击恐怖主义和极端主义，加强对中方项目人员的保护，持续改善国内安全环境。

表 8　2015 年“一带一路”沿线国家国家风险参考评级

极高风险（7～9 级）	高风险（6 级）	中等风险（5 级）	低风险（4 级）	极低风险（1～3 级）
伊拉克	巴基斯坦	斯里兰卡	科威特	捷克
埃及	白俄罗斯	印度尼西亚	以色列	新加坡
孟加拉国	越南	土耳其	沙特阿拉伯	卡塔尔
伊朗	菲律宾	泰国	斯洛文尼亚	文莱
黎巴嫩	阿尔巴尼亚	俄罗斯	爱沙尼亚	阿联酋
缅甸	蒙古	塞尔维亚	阿曼	
摩尔多瓦	亚美尼亚	阿塞拜疆	马来西亚	
塔吉克斯坦	乌兹别克斯坦	约旦	立陶宛	
尼泊尔	波黑	巴林	斯洛伐克	
柬埔寨	格鲁吉亚	保加利亚		
也门	不丹	哈萨克斯坦		
乌克兰	马尔代夫	罗马尼亚		
吉尔吉斯斯坦	老挝	克罗地亚		
东帝汶		拉脱维亚		
叙利亚		匈牙利		
阿富汗		波兰		
		印度		
		土库曼斯坦		
		马其顿		
		黑山		

资料来源：中国出口信用保险公司国家风险参考评级 2015 版数据。其中 1 级国家风险最低，9 级风险最高。

中巴双边贸易发展的第二个挑战是巴基斯坦较为薄弱的工业基础。“一带一路”构想和“中巴经济走廊”建设为巴基斯坦加快工业化进程提供了良好的契机。如果巴基斯坦能够抓住这一机遇，做好基础设施建设和吸引外资工作，工业化步伐将会明显加快，工业基础也将有一个长足的发展。实际上，如表9所示，近年来越来越多的中国企业进入巴基斯坦市场，在服务巴基斯坦民众的同时也推动了巴基斯坦制造业和服务业的快速发展。

表9 中国企业在巴基斯坦的部分重大投资项目简况

投资时间	中方投资企业	投资规模(亿美元)	行业
2006年11月	中国通信建设	4.90	运输
2007年1月	中国移动	2.80	科技
2007年5月	中国移动	1.80	科技
2007年5月	国机集团	1.50	能源
2008年11月	三峡集团	2.40	运输
2009年3月	东方集团	3.30	能源
2009年11月	哈尔滨电气	6.00	能源
2009年12月	中国移动	5.00	科技
2010年3月	国机集团和葛洲坝	15.10	能源
2010年8月	葛洲坝	5.90	能源
2010年12月	中国通信建设	1.60	运输
2011年4月	中国建筑	4.50	运输
2011年9月	联合能源	7.50	能源
2011年12月	三峡集团	1.30	能源
2012年2月	三峡集团	2.70	农业
2012年5月	三峡集团	2.00	能源
2012年8月	中国通信建设	2.30	房地产
2013年1月	中国通信建设	3.00	能源
2013年1月	三峡集团	2.60	运输
2013年12月	中国核工业集团	65.00	能源
2014年1月	电力建设公司	2.40	能源
2014年3月	三峡集团	9.00	能源
2014年3月	中国通信建设	2.20	运输
2014年4月	中国移动	5.20	科技
2014年4月	国机集团	19.90	能源
2014年4月	中国通信建设	1.30	运输

资料来源：美国传统基金会网站。

中巴双边贸易的最后一个主要挑战是巴方逆差问题。据官方数据统计，接近一半的巴基斯坦贸易逆差来自中巴贸易。而据巴基斯坦统计数据，中巴双边贸易巴方逆差为73.36亿美元，占巴基斯坦总贸易逆差的32%，接近1/3。长期的贸易逆差从根本上来说是由巴基斯坦产业结构和发展阶段决定的，但长期的贸易逆差将在一定程度上削弱巴基斯坦的对外支付能力，减缓巴基斯坦引进技术设备的步伐。巴方贸易逆差问题的解决有赖于巴基斯坦工业制造业的发展，同时也有赖于中国对巴投资和大幅降低贸易壁垒的中巴自由贸易协议的升级与落实。

四 推动中巴双边贸易加快发展的思路

第一，彻底解决巴基斯坦工业发展问题的核心思路是加快推进跨境产业转移和中巴间的国际产能合作。鼓励中国企业赴巴基斯坦投资建厂，在巴基斯坦开展本土化经营，使之成为中国面向南亚和西亚市场的重要生产经营基地。近年来，以海尔集团、中兴通讯、中国移动为代表的一大批中国企业已经扎根当地，成为推动巴基斯坦产业升级和工业化进程的重要力量。

第二，着力改善投资环境。跨境产业转移需要适合的安全环境、足够的基础设施和良好的营商环境。借助“一带一路”构想和“中巴经济走廊”计划逐步完成基础设施建设，弥补国内交通、通信、电力等方面的不足，将是促进巴基斯坦经济长期增长的重中之重。

第三，实现中巴两国市场的高度统一。早在2003年中巴就签署了《中巴优惠贸易安排》，2006年正式签署《中巴自由贸易协定》，2011年中巴两国又开始了《中巴自由贸易协定》第二阶段谈判，进一步推动中巴经贸合作。实际上，随着自由贸易协定的升级，中巴贸易障碍的削减，未来中巴两国市场将有望实现高度统一，从而让中巴双边贸易造福两国人民，推动两国经济增长。

北京市企业国际化专题篇

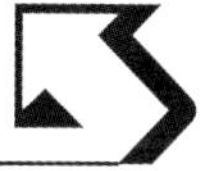

Beijing Enterprise Internationalization Specific Reports

B.11
北京市对外投资的现状和发展策略

蓝庆新　窦　凯　朱兆一*

摘　要： 党的十九大报告要求，推动形成全面开放新格局，要以“一带一路”建设为重点，坚持“引进来”和“走出去”并重，创新对外投资方式，促进国际产能合作，形成面向全球的贸易、投融资、生产、服务网络，加快培育国际经济合作和竞争新优势。北京作为首都，经济发达，开放程度高，企业对外投资水平和国际经营能力处在不断上升时期，已经步入了对外投资合作不断深入推进、对外投资模式持续转型创新的新阶段。为加强顶层设计和指导，实现新时代北京对外投资合作方式的创新和高质量的发展，拓展北京融入“一带一

* 蓝庆新，对外经济贸易大学教授，博士生导师，主要研究方向为国际贸易与产业经济；窦凯，对外经济贸易大学博士，主要研究方向为世界经济；朱兆一，对外经济贸易大学助理研究员，主要研究方向为世界经济。

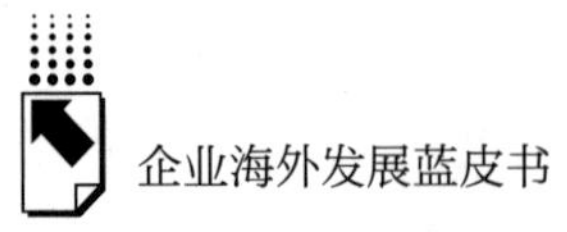

路”建设的深度和广度，提升企业在全球价值链中的影响力和加强企业控制力的话语权，十分有必要对北京对外投资重点任务与保障措施进行系统分析。本报告认为，应该以加强国际化服务能力建设、对外经济合作平台建设、创新对外投资合作模式三个方面作为促进北京对外投资的重点任务，并从组织体系、企业海外经营行为、对外投资合作、防范金融风险、取缔非法劳务派遣等五个方面入手，保障重点任务的顺利实施。

关键词： 北京市　对外投资　重点任务　保障措施

一　北京市对外投资发展现状

北京近年来由于持续推进“走出去”发展战略，在对外投资层面取得了较大的发展，投资规模不断增加、投资版图持续扩大、投资主体更加多元、投资行业不断拓展，但与此同时也存在投资低位下降、高端产业投资较少等问题。

（一）北京市对外投资发展特点

1. 对外投资实现持续快速增长

北京市2016年非金融对外直接投资流量达到155.73亿美元的历史最大规模，同比增长达到26.82%。如图1所示，2003～2016年，北京非金融对外直接投资流量总体上呈现迅速增长的态势，增加额达到152.72亿美元。2017年对外直接投资出现下降，主要是由于在国家调控的大背景下，非理性投资得到有效遏制，但对外投资良好发展势头并未改变，所以2018年北京市非金融对外投资相比2017年再次增长15.5%，达到70.5亿美元。

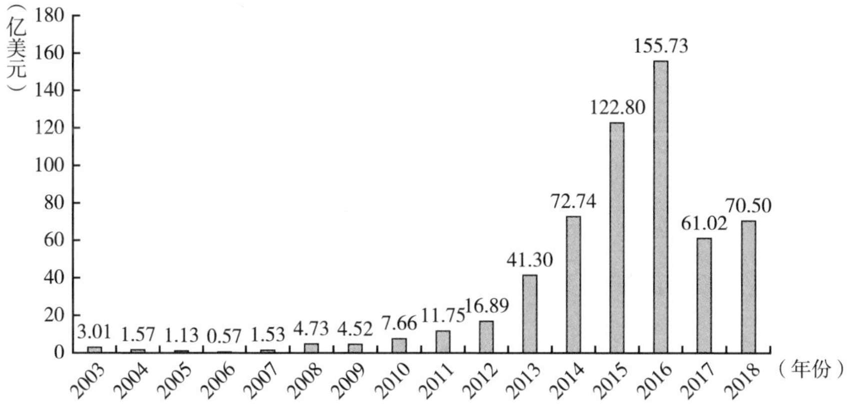

图1　2003～2018 年北京非金融对外直接投资流量

资料来源：北京市商务局。

2. 投资主体和区域分布更加广泛

2018 年北京市企业总共对全球 75 个国家及地区的 476 家境外企业新增非金融类直接投资 70.5 亿美元。其中，民营企业“走出去”设立企业和机构 3000 余家，占 80% 左右，国有企业“走出去”设立企业和机构 498 家，占 14.0%，由此可知，民营企业已替代国有企业成为对外投资的重要主体。同时，在对外投资的区域方面，北京市呈现区域多元化的趋势，2000 年前后北京仅对周边 20 多个国家及地区进行投资，截至 2018 年，北京已对全球 6 大洲 120 多个国家和地区进行投资，其中对欧洲、亚洲、北美洲投资比重较大，对非洲以及拉丁美洲等发展中及欠发达经济体投资增速较高。

3. 对外投资行业结构不断优化

北京对外投资覆盖第二、第三产业等近 20 个行业。其中，租赁和商务服务业、制造业以及信息传输、软件和信息技术服务业为北京市企业境外投资较为集中的行业。截至 2017 年底，北京企业在这三大领域境外投资存量分别为 218 亿美元、64 亿美元和 52 亿美元，分别占北京企业境外投资存量总额的 40.2%、11.7% 和 9.6%，位居行业投资前三位。同时商务部最新数据显示，在制造业非金融投资领域的投资规模达到 46 亿美元，占行业内北京对外投资比重的 30%；新兴技术类非金融投资规模达到 31 亿美元，占行业内北京对外投资比重的 20%。

4. 投资合作方式多元化

在经济全球化大形势下，北京市境外投资形式呈现多样化，绿地投资、跨国并购以及跨国联合投资等形式多元。2017 年，跨国并购较为活跃，整个年度共实施完成并购项目 32 个，实际交易总额达到 20.09 亿美元，占北京市全年境外投资的 1/3。从投资模式上讲，北京市逐渐对集群式模式进行有益探索，尤其是伴随着北京出现了一批具备较强资源配置能力、技术创新能力以及品牌运营能力的国际化企业，开始不断推进境外经贸合作园区发展模式，如北京昭衍新药研究中心股份有限公司美国旧金山的昭衍美国科技园区、北汽南非汽车工业园等，境外经贸合作区模式将成为北京企业对外投资的新趋势。

（二）北京对外投资存在的问题

1. 对外投资规模与国内经济社会发展地位不匹配

北京相对于国内其他省份，在对外直接投资方面发展较早，尤其是 2003 年北京已经在对外直接投资流量方面位居全国第一。虽然北京对外投资近年来获得较大发展，但是却有地位下降的势头，2015 年北京对外直接投资数量排在上海之后，广东之前，居于全国第二位。2018 年，北京对外直接投资（70.5 亿美元）低于浙江、上海、广东等省份，且近年来对外投资规模仅占上海的 41%。从存量来看，截至 2017 年，北京对外直接投资存量达到 543.8 亿美元，而排名第一、第二位的广东、上海对外直接投资存量分别为 1250.4 亿美元、840.5 亿美元，由此可见，北京的境外投资流量相对较低，与经济发展程度相当的广东、上海差距较为悬殊，与其人均 GDP 排名全国第一的地位不相匹配。

2. 制造业与高科技产业对外投资仍有提升空间

目前，北京企业在制造业及信息传输、软件和信息技术服务业投资尽管增长较快，但是其存量对比租赁和商务服务业仍有较大差距。根据北京发展定位以及疏解北京城市功能的任务，再加上北京自身优势条件，北京市对外投资主要目标应集中于制造业和高科技行业，一方面开展制造业产能国际合作有利于疏解北京非首都功能，也有利于北京产业结构的优化升级；另一方面开展高科技产业对外投资，开展技术导向型投资能够更好地学习吸收国外先进技术，从而达到提升产业水平及优化产业结构的目的，而租赁和商务等传统服务业对外投资对比制造业和高科技产业而言，结构升级效应有限。

3. 民营企业国际化经营水平有待提高

北京对外投资主体以民营企业为主，其中处在全球产业链低端的企业占据多数，行业、实力和素质上千差万别、高低不一，境外投资经验仍然存在不足，国际化经营管理人才储备不够，境外经营管理水平有待提高，对外投资的风险防范体系不够健全。加之融资能力不强，国内金融支持不够等问题，导致民营投资主体在海外投资的竞争力和抗风险能力相对较弱。此外，北京民营企业海外投资在产业选择上更愿意集中于香港等自由港地区，地区选择上缺乏多元化，投资优化能力不强，同时也存在信息不对称而导致的非理性行为，以及在海外经营不规范问题。

二　总体思路

以习近平新时代中国特色社会主义思想为指导，全面贯彻党的十九大精神；牢牢把握首都城市战略定位，紧紧围绕构建开放型经济新体制和北京市“四个中心”功能优势，开展对外投资合作；积极融入“一带一路”建设，秉承共商、共建、共赢的投资理念，倡导合作共赢的精神；创新对外投资方式，以投资带动贸易发展、产业升级、社会进步，增强国际影响力；转变政府职能、深化简政放权、创新监管方式，营造良好的营商环境；积极加快北京市优势产业“走出去”步伐，不断提升对外投资合作水平，不断增强北京企业跨国经营能力，突出国际经贸合作中的“北京贡献”。

三　发展原则

坚持政府引导原则。充分吸收改革开放40年积累的重要经验，坚持政府在经济社会事业中的引导和推动作用，降低企业对外投资盲目性和风险性，对非理性投资和违规投资进行有效监管，创造良好的发展环境。

坚持互利共赢原则。对接双方的发展战略，平衡双方发展需求，切实有效地推进产能合作和投资促进，在最大程度上实现互利双赢，包容发展。

坚持突出重点原则。突出北京特色和产业结构特点，积极推动商务服务、传统文化、高精尖等北京优势产业“走出去”，拓展“北京+”的国际市场空间。

坚持风险防控原则。加强风险防控，加强对外经济合作风险研判，尝试建设重大国别或地区风险评估和预警机制，积极构建境外投资合作风险管理体系，健全风险防控以及问责机制，有效保障境外企业合法权益不受侵犯。

四　主要目标

努力抓住国家进一步扩大对外开放的新机遇，积极把握全球经济发展新趋势，巩固北京市传统优势海外市场，全方位、多领域、高水平地培育国际市场经营格局，提升北京企业跨国经营能力，提高其在国际上的影响力以及控制力。

在“十三五”末期，建立企业联合“走出去”机制，实现北京对外投资与吸引外资规模协调，对外投资金额超过吸引外资金额成为新常态；对外投资年流量稳居全国前列成为新常态；提高对“一带一路”沿线国家及地区的投资比重；通过资本输出带动标准、技术、服务、商品输出，形成一批具有国际知名度的北京品牌；北京企业的对外承包工程水平不断得以提升、国际竞争力持续增强；对外劳务合作得以持续规范健康发展。

到2030年，力争实现对外投资规模全国第一，形成北京面向全球的覆盖各领域的网络体系；在全球范围内，北京企业大大增强其运用生产要素的能力，致力打造出一批源于北京的跨国公司，力争北京成为全国对外投资的发展示范区域、改革先行区域、创新推广区域、信息集成区域，极大地推动及提升了整个国家对外投资合作发展和水平。

五　重点任务

（一）加强国际化服务能力建设，打造良好营商环境

1. 持续推进简政放权

坚持对外投资合作项目“备案为主、核准为辅”的行政服务方式，持续推进简政放权，积极完善境外投资网上备案平台，优化简化备案流程，压缩企业填报事项；开通重点项目备案“绿色通道”；下放对外承包工程项目备案至各区商务部门。

2. 强化部门协调合作

联合市发改委、市国资委、市政府外办、北京外汇管理局等机构，建立对外投资合作信息共享和沟通机制，共同优先推进事前项目备案，联合建立风险防范体系，协同加强事中事后监管。

3. 完善重点项目精准指导

建立重点项目台账，明确专人定期联系，强化要素保障；定期召开业务座谈会、专题讲座、银企交流会，解答企业关切问题；注重产业集聚，以重点项目为目标集中发展上下游产业；促进重点项目负责企业遵守境外法律法规及当地习俗，更好地融入市场。

4. 引入现代信息技术

依靠大数据的支撑，利用人工智能技术，加强各平台建设，帮助企业系统收集各国政治动向、法规环境、经济政策、税收制度及外汇管理等情况，提供及时且准确的海外经营信息、架构设计、资金融通、投资风险预警及市场趋势分析等综合性服务。

（二）加强对外经济合作平台建设，构建“走出去”支援体系

1. 塑造品牌型会议论坛平台

加强同国家相关部门的交流与合作，努力吸引一批具有全球影响力的高端论坛、国际会议项目；利用使馆、跨国公司总部、高校和科研机构的集聚效应，争取更多的国际商务投资论坛和国际学术会议在北京举办，丰富会议论坛平台的内容；办好“北京市双向投资论坛”及系列“国别日”主题活动。

2. 完善对外经济合作线上服务平台

以“北京国际经贸合作网络信息服务平台”为基础，联合国内外类似网站，丰富信息供给渠道，及时公布国内外投资数据、投资政策、友好城市合作现状、国外投资环境和市场需求等信息，多方位、全流程地满足企业的信息需求。开发“北京市对外劳务合作平台”，及时公布对外劳务政策及相关信息，有效遏制非法劳务派遣行为。

3. 加快境外服务中心平台建设

通过建设境外服务中心搭建海外投资援助支撑体系，有针对性地为企业提供海外投资目的地服务；研究出台境外服务中心考核评价及资金支持政策，培育海外服务团队，形成覆盖全球主要国家和地区的北京国际经贸合作服务网络，为企业在政策咨询、法律服务、双向投资等多个方面提供务实帮助。

4. 建设风险预警防范平台

依托国家国别（地区）风险评估和预警机制及中国驻外使领馆制定的国别投资安全风险信息，做好在高风险国家（地区）投资合作的指导和监管；鼓励北京政策性以及商业保险机构为境外投资企业提供项目风险测评服务；建立“高风险国家”投资项目“海外投资险统一投保平台”，在降低企业的投保成本的同时，又拓展了保险的覆盖面。

5. 创立境内境外双向合作园区平台

研究制定《北京市海外园区建设促进意见》，实施境外经贸合作区创新工程，构建面向全球的双向互动投资平台，通过平台突出“投资引领、产

能合作”，内外配套联动，实现国际间价值链、产业链协同合作。重点将中关村科技园、北京经济技术开发区、北京高端制造业基地等园区打造成为境内境外双向互动的投资服务平台，吸引企业入驻与推动园区内企业“走出去”并重，鼓励境内园区开展境外经贸合作园区建设，落实“丝路明珠”示范工程，重点支持有能力的企业在“一带一路”国家共商共建以北京园区、基地命名的主题合作园区，探索投资便利化模式和园区支持体系，推动企业集群式“走出去”，境内境外共同建设招商、共享发展。

6. 打造对外投资合作支撑平台

加强与香港及内地相关省市合作，推动中资会计师及律师事务所、征信及评级等中介机构“走出去”，保证为进行境外投资经营的企业提供高端的商务服务；探索建立北京对外投资国际顾问委员会，加强同各国顶级智库合作；助力企业通晓国际通行规则。

（三）创新对外投资合作模式，提高企业国际影响力

1. 引导企业多模式对外投资合作

引导企业通过绿地投资、对外援助、跨国并购等方式进行对外投资，重点支持实体对外投资，扶持中小企业积极“走出去”，优化产业结构，扩大国际产能合作，打造标志性示范项目；指导对外承包工程的转型升级，鼓励企业以 PPP、BOT 等方式承接境外基建项目，随之带动原材料及高端装备出口，形成一批具有国际竞争力和国际影响力的北京工程承包跨国公司。

2. 培育对外投资合作联合体

引导上下游关联企业组建联合体，推动设计咨询、投融资、建营一体化企业联合“走出去”；探索北京企业与发达国家大型跨国公司联合“走出去”，共同开发探索第三方市场；探索以民营企业为先导、国有企业跟进的海外混合所有制合作模式，充分发挥和利用国有企业和民营企业各自已有的优势，联合“走出去”。

3. 推动中国技术、标准“走出去”

鼓励北京企业积极筹建海外研发中心及联合实验室；参与国际技术标准

体系的建设过程，积极反映中国技术要求，获得并掌握对国际技术标准的发言权和制定权；倡导对外投资企业推广使用中国标准，加强同行业或同领域企业的联合协作，发挥聚合效应，实现标准、产品、服务、技术四位一体关键要素的相互促进、相互配合；支持北京企业或科研机构组织系统的中国标准翻译工作，面向“一带一路”国家发行高质量、多语种的权威版本，推动中国标准体系的战略输出。

4. 引导企业在“一带一路”建设中输出中国经验

在国际化发展过程中，鼓励北京企业积极推广与分享自身创新与成功经验。传输中国有效的管理机制与市场机制、改革开放发展道路、产业结构优化途径、城镇化建设模式等中国经验，宣扬中国发展理念，积极推动国际社会共享中国的发展红利。

5. 培育一批具有国际竞争力的北京“走出去”企业

依循“走出去—走进去—走上去”路径，做强做大一批北京“走出去”国际品牌企业，整合国内外优质资源，引导“走出去”企业进入东道国的主流营销渠道，同时不断进行技术升级和品牌塑造，最终走上东道国的高端消费领域，形成高端国际品牌。促进北京企业在海外经营中建立和维护良好形象，积极履行责任，践行可持续发展的理念，兼顾项目的经济性、环保性和对当地社会民生的改善，以诚意和行动获得国际社会认同。

六 保障措施

第一，完善组织保障体系。联合市发改委、市政府外办等20余家相关部门，组建北京企业“走出去”工作联席会议，负责“走出去”顶层设计、发展规划、政策法规；指导北京市有关部门制定阶段性目标、各项措施和实施方案；协调各部门按职责分工处置北京市企业境外安全事件及各类境外纠纷。

第二，规范企业海外经营行为。加强企业海外经营行为的监管，严格履行“双随机一公开”制度，依法惩治海外经营中的违法违规行为；研究制定“规范境外投资合作行为防范不正当恶性竞争实施办法”，完善“境外企业和对外投资监测服务平台北京分平台”，形成覆盖事前、事中、事后的完整监管链条。

第三，强化对外投资合作安全保护。全方位梳理境外投资经营管理过程中的风险，促进风险防控的持续化、常态化；提高公共服务保障水平，加强海外舆情引导应对，引导企业依法合规经营，强化自身管理和安全防控能力；充分发挥北京涉外突发事件应急指挥部作用，完善企业海外突发事件的应急预案，明确各部门职责、目标和运作程序，建立起环环相扣、层层连接的紧急事件应对机制；引导北京对外投资企业建立并保持与中国驻外使领馆及项目所在地红十字会、急救中心、医院、华人社区社团的长效性沟通联系渠道，探索采取政府购买服务的方式，发挥“大救星”等商业化海外安全保障机构的作用，在突发事件时获取快捷有效的政府帮助和医疗救助。

第四，加大财政金融保障。积极利用中央及地方专项资金，优化资金支持和管理方式；对现有的、分散的对外发展基金加以整合和利用，提高投资及促进的力度，对企业进行对外投资活动提供资金上的支持；加强与政策性银行的合作，积极对接亚投行、金砖国家银行和丝路基金等国际金融机构。支持北京重大对外投资合作项目的建设，尤其是“一带一路”重点园区、基础设施、国际产能合作等重点项目建设；支持符合条件的北京企业在境外通过发行人民币债券来进行境外投资，打造中小企业“一带一路”融资中心，推动政策性和商业性金融以及产业资本联合“走出去”。

第五，整治非法劳务派遣。联合相关部门，加强对非法外派劳务机构的查处和打击力度；加大对出国劳务中介机构的登记管理和规范指导，重点监督对外劳务合作风险处置备用金缴纳、涉外突发事件应急处置制度和预案、劳务合同签署、派遣劳动者工资支付、社会保险费交付等情况，确保不侵犯、不违反派遣员工的合法权利；依法取缔、打击无证经营的非法劳务中介，并且针对出国劳务的特点和务工者的法律需求，定期组织法律和政策讲座，规范外派员工适应性培训，提升外出务工人员的自我保护意识，营造良好的涉外劳务输出环境。

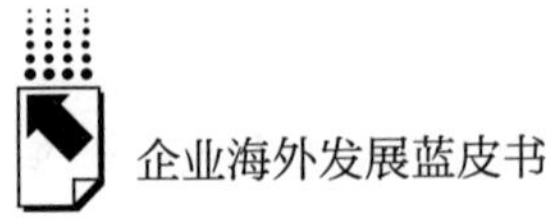

参考文献

孙好雨：《对外投资与对内投资：替代还是互补》，《财贸经济》2019 年第 6 期，第 117 ~ 130 页。

高鹏飞、孙文莉、胡瑞法：《中国对外直接投资政策体系演进与政府行为创新——基于国际比较的视角》，《国际贸易》2019 年第 5 期，第 47 ~ 55 页。

薛德升、万雅文、杨忍：《中国对外建设水电站时空演变过程及影响机制分析》，《地理学报》2018 年第 10 期，第 118 ~ 129 页。

刘建丽：《国有企业国际化 40 年：发展历程及其制度逻辑》，《经济与管理研究》2018 年第 10 期，第 13 ~ 30 页。

金三林：《我国农业对外投资的战略布局与重点》，《经济纵横》2018 年第 7 期，第 68 ~ 75 页。

牛文元：《可持续发展：21 世纪中国发展战略的必然选择》，《生态经济》2000 年第 1 期，第 1 ~ 3 页。

B.12
北京市出口贸易现状及影响因素研究

蓝庆新　赵永超　彭一然　蓝 月*

摘　要： 受城市定位影响，北京在当前"高、精、尖"产业尚未完全发展情况下，出口贸易呈现波动态势。尽管这种现象在产业结构调整、转型升级以及推进产业平衡发展过程中不可避免，但也应该引起重视。本报告首先分析了北京市出口贸易的现状，随后重点以北京工业产品为研究对象，主要从价格因素（如实际有效汇率等）和非价格因素（FDI、规上工业企业数量等）两个层面，对北京企业产品出口的影响因素及程度进行深入分析，以推动北京产业结构调整和转型升级，提升工业产品出口竞争能力。

关键词： 北京企业产品出口　多元线性回归　出口贸易

一　北京工业出口的现状及发展趋势

北京因其独特的区位优势与产业结构，发展形成了具有明显地域特色的工业出口现状。具体主要表现在：出口增速、出口结构、出口主体、出口地区与出口贸易方式五个方面。

* 蓝庆新，对外经济贸易大学教授，博士生导师，主要研究方向为国际贸易与产业经济；赵永超，对外经济贸易大学博士，主要研究方向为对外投资与区域合作；彭一然，工信部国际经济技术合作中心助理研究员，主要研究方向为国际经济合作；蓝月，北京信息科技大学学生，主要研究方向为国际投资。

1. 工业出口增长率水平呈现较强的波动性

对于北京工业出口增速来说，2011～2016 年北京工业出口增速总体呈下降趋势，如图 1 所示，自 2011 年起，北京工业出口连续五年呈负增长态势。2016 年降至最低为 -11.30%。2017 年出口增速强力反弹至 6.03%，六年来首次实现增长。2018 年北京工业出口增速再次创下新高，达到 21.70%，为近十年增速最高水平。

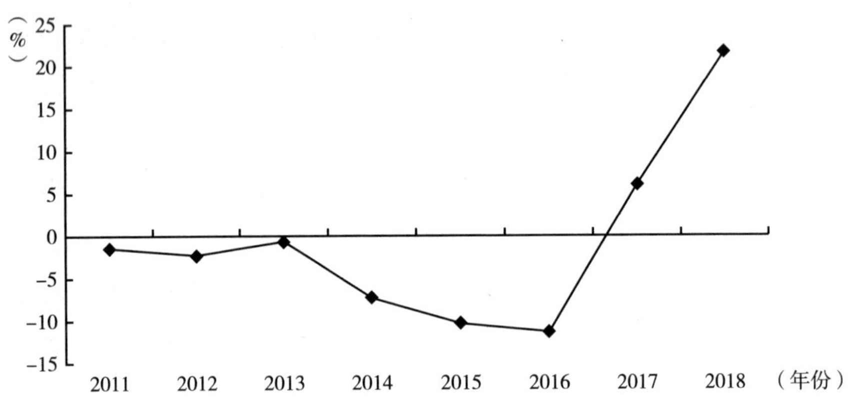

图 1　北京 2011～2018 年出口增速情况变动

资料来源：北京统计局年度数据。

表 1 是我国四个直辖市 2013～2018 年的出口增长率汇总情况。可以得知，近年来除重庆市外，其余三个直辖市出口增速均小于零。但北京市出口增速连续三年为四市最低水平。在近六年出口增速的平均值比较中，重庆以 42.24% 的平均增速排第一，天津以 3.4% 排第二，上海以 -1.28% 排第三，北京以 -5.55% 的平均增速排在最后。

表 1　四个直辖市 2013～2018 年出口增速汇总表

单位：%

直辖市	2013 年	2014 年	2015 年	2016 年	2017 年	2018 年	平均值
北京	-1.44	-2.27	-0.65	-7.30	-10.32	-11.30	-5.55
上海	3.90	-4.94	-3.38	-2.67	-0.33	-0.24	-1.28

续表

直辖市	2013 年	2014 年	2015 年	2016 年	2017 年	2018 年	平均值
重庆	117.01	81.01	36.35	19.72	2.18	1.56	42.24
天津	8.69	16.15	0.51	3.91	-6.49	-2.36	3.40

资料来源：国家统计局、各地市统计年鉴。

2. 出口产业结构不断升级，高精尖产品出口占主导地位

在出口产品结构方面，从横向比较而言，在北京主要的六类工业产业中，作为高技术产业代表的电子产业出口规模最大。如图 2 所示，电子产业占北京工业出口总额的57.61%，装备制造占22.44%，汽车制造占5.99%，生物医药占1.82%，基础产业占6.11%，都市产业占6.03%。可见电子产业作为高精尖行业其出口规模已超过北京工业出口总规模的一半以上。

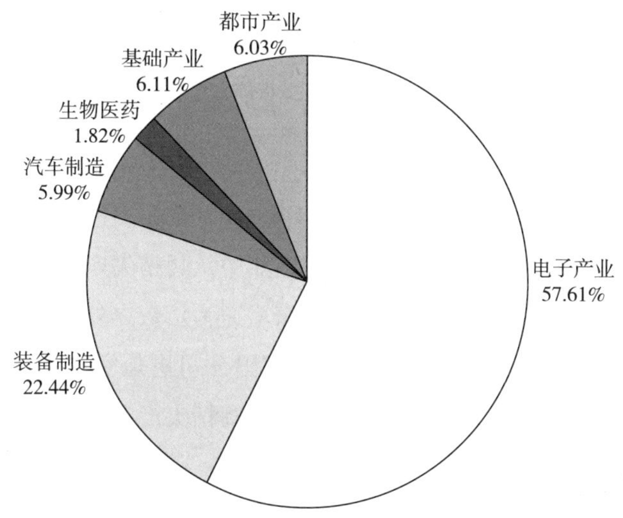

图 2　2018 年北京工业出口结构示意

资料来源：北京市经济和信息化委员会。

从纵向比较而言，如图 3 所示，结合各产业出口交货值占自身工业总产值比重可知，电子产业出口占其总产值比重最高，为60.88%，其余产业由高到低依次为：装备制造占 29.77%，都市产业占 5.21%，汽车产业占

1.68%，生物医药占1.37%，基础产业占1.09%。因此，若按照出口能力大小排序可将六大产业分为四个梯队：电子产业出口能力最强，为第一梯队；装备制造第二，为第二梯队；都市产业第三，为第三梯队；其余三大产业则能力相近，为第四梯队。

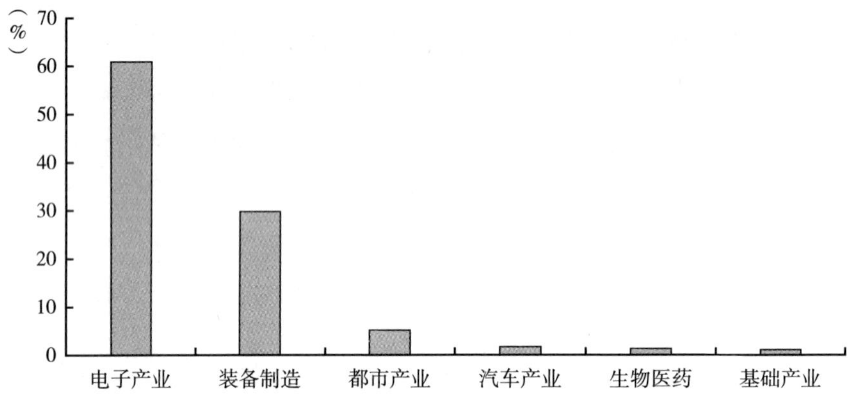

图3　2018年北京六大产业出口交货值占各自总产值比重示意

资料来源：北京市经济和信息化委员会。

从企业角度比较而言，根据2019年1～6月企业出口交货值的排名及其增速来看，如表2所示，排在前十位的企业中，高精尖产业占绝大多数，且除了北京索爱普天移动通信有限公司一家增速为负数之外，其余9家企业出口值均实现正增长，其中小米通讯技术有限公司更是实现了200%的增速。可以看出，不论是产业层面还是企业层面，高精尖产业已经成为北京工业出口结构的主体部分。

表2　北京2019年1～6月工业出口交货值前十位的企业出口增速

排名	企业名称	增速(%)
第一名	北京京东方显示技术有限公司	60.0
第二名	北京索爱普天移动通信有限公司	-40.0
第三名	威讯联合半导体(北京)有限公司	5.0
第四名	小米通讯技术有限公司	200.0

续表

排名	企业名称	增速(%)
第五名	北京京东方光电科技有限公司	150.0
第六名	中芯国际集成电路制造(北京)有限公司	5.0
第七名	北汽福田汽车股份有限公司	20.0
第八名	SMC(北京)制造有限公司	20.0
第九名	瑞萨半导体(北京)有限公司	10.0
第十名	SMC(中国)有限公司	30.0

资料来源：北京市经济和信息化委员会。

3. 出口主体以外资企业为主

2018 年全年数据显示，北京工业出口企业主体中，有外资成分参与的企业占比高达 68.01%（包括港澳台企业），民营企业为 31.81%，国有企业占比仅为 0.18%。如下图 4 所示，在有外资成分参与的 68.01% 中，港澳台企业占比为 21.67%，外商独资企业占 22.5%，中外合资企业占到 23.84%。

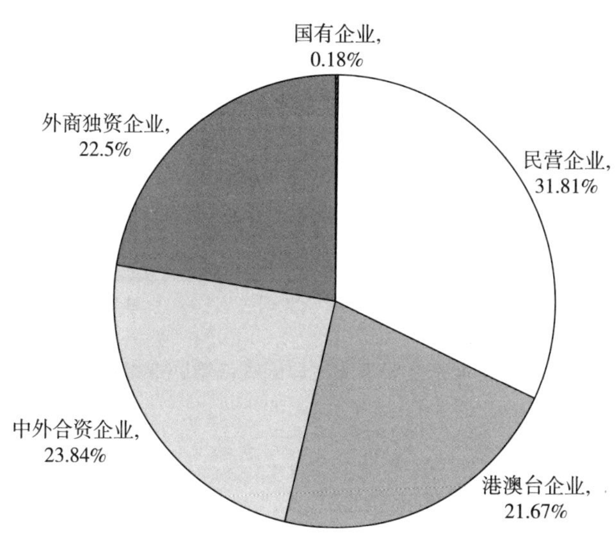

图 4　2018 年北京工业出口企业主体构成示意

资料来源：北京统计局年度数据。

4. 出口市场呈现多元化

海关数据显示，2018 年北京地区工业出口地区结构中，亚洲地区为 116.57 亿美元，占出口总额的 59.76%；欧洲地区为 23.68 亿美元，占出口总额的 12.14%；北美洲为 18.14 亿美元，占出口总额的 9.3%；拉丁美洲地区为 13.46 亿美元，占出口总额的 6.9%；非洲地区为 18.14 亿美元，占出口总额的 9.3%；大洋洲地区为 5.07 亿美元，占出口总额的 2.6%。在主要出口国家或地区中，港澳台地区为 19.97 亿美元，占出口总额的 10.24%；欧美地区为 33.14 亿美元，占出口总额的 16.99%；日本为 11.51 亿美元，占出口总额的 5.99%；澳大利亚为 3.92 亿美元，占出口总额的 2.01%（见图 5），港澳台地区与主要发达国家市场仅占 35% 左右，相较于同样国别地区占中国总出口 60% 多的比重，北京出口市场明显更为多元。

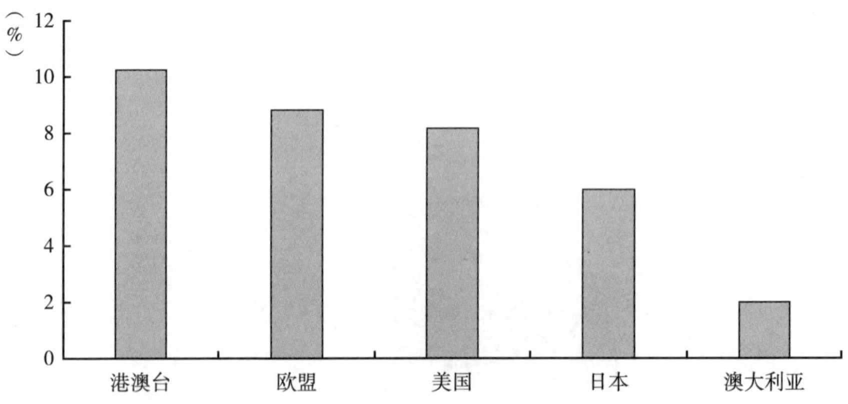

图 5　2018 年北京主要工业出口国家或地区占出口总额比重

资料来源：北京海关。

5. 一般贸易为出口贸易的主要方式

2018 年，在北京工业出口贸易方式中，一般贸易占总出口额的 58.54%；加工贸易占总出口额的 33.45%；其他贸易占总出口额的 8.01%，如图 6 所示。

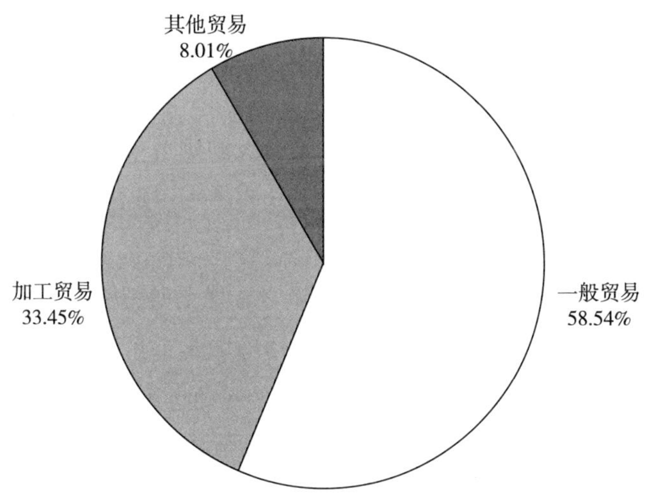

图 6　2018 年北京工业出口贸易方式占比

可以从图中看出，一般贸易是目前北京工业出口贸易的主要方式，贸易方式相对优化。

二　北京企业产品出口影响因素分析

1. 地区生产总值（X_1）

改革开放 40 年来，出口贸易规模持续扩大很大程度上带动了我国经济增长，出口在 GDP 中的地位与作用日渐重要。鲁晓东和赵奇伟研究表明，地区生产总值（GDP）与出口贸易规模存在线性正相关关系，即 GDP 增加时出口贸易规模也会相应增加；反之，则减少①。但是在一个区域中，如果一个产业在地区发展中所做的贡献越来越小，则该产业出口与 GDP 则会呈现负相关关系。因此，本报告将 GDP 纳入分析北京工业产品出口的一个重要构面。

① 鲁晓东、赵奇伟：《中国的出口潜力及其影响因素——基于随机前沿引力模型的估计》，《数量经济技术经济研究》2010 年第 10 期，第 21 ~ 35 页。

2. 实际有效汇率（X_2）

汇率水平变动即货币的升值或贬值对一国和地区的贸易收支、资本流入及流出、物价水平等方面发挥重要的调节作用①。一般情况下，产品进出口和国际竞争力主要受产品价格影响，而汇率变动则可以通过价格变动影响产品贸易。根据马歇尔－勒纳条件（Mashall-Lerner Condition），即如果产品进、出口需求弹性之和大于1，则实际汇率贬值将会促进一国和地区产品出口增加及出口竞争力提升，进而有利于改善国际贸易收支和吸引更多消费者。但赵大平和汤玉刚认为，如果汇率水平变动不能有效传递给产品进出口价格，即使 Mashall-Lerner Condition 成立，则汇率水平变动也不能影响到产品进出口，汇率水平变动与国际贸易收支改善往往会发生一定的时滞效应②。

3. 规模以上工业企业单位数量（X_3）

规模以上工业企业单位数量与工业产品出口一般呈现线性关系，即规模以上工业企业单位数量增加预示工业产值增加，导致工业出口扩大；规模以上工业企业单位数量减少会导致工业产值缩减，从而会降低工业产品出口规模。自从北京确定“四大中心”（全国政治中心、文化中心、国际交往中心和科技创新中心）定位后，大幅度疏解一般工业企业，因此本报告将规模以上工业企业单位数量作为影响因素进行分析。

4. 外商及港澳台商工业投资额（X_4）

发展中国家和地区通过外商直接投资不仅可以获取充足资本，而且还可获得先进技术和管理经验，更会在一定程度上带动发展中国家和地区产品出口。我国已成为全球范围内吸收外商直接投资金额最多和规模最大的发展中国家，这其中港澳台投资企业在我国对外开放过程中发挥着中介和桥梁作用。

5. 劳动力成本（X_5）

当前北京企业工人工资水平已经超过许多发展中国家尤其是东南亚国家

① 甘星、印赟：《人民币有效汇率变动对我国出口贸易影响的研究》，《宏观经济研究》2016年第3期，第128～138页。

② 赵大平、汤玉刚：《贸易收支改善的汇率弹性条件与ML条件——兼论人民币汇率传递的贸易收支效应》，《上海金融》2010年第2期，第63～70页。

和地区，在劳动力成本优势逐渐丧失的同时其他竞争新优势尚未形成，新旧动能接续转换发生断档，企业国际竞争力和产品出口面临严峻挑战，进而可能陷入“中等收入陷阱”。因此，将劳动力成本（城镇单位在岗职工平均工资）作为衡量北京工业产品出口影响因素具有重要意义。

6. 工业污染治理完成投资（X_6）

北京为治理大气污染，每年投入大量工业污染治理费用，而大量工业污染治理完成投资对企业出口贸易又带来一定影响，即两者之间呈现负相关关系，大量污染治理费用加剧企业成本，不利于工业产品出口。因此，本报告将工业污染治理完成投资作为分析影响北京工业产品出口的一个重要因素。

三　模型构建及数据来源

根据北京工业企业产品出口影响因素分析，可知地区生产总值（X_1）、实际有效汇率（X_2）、规模以上工业企业单位数量（X_3）、外商及港澳台商工业投资额（X_4）、劳动力成本（X_5）以及工业污染治理完成投资（X_6）对北京工业企业产品出口有着重要影响，据此本报告建立多元线性回归模型：

$$\ln Y = \alpha_1 + \alpha_2 \ln X_1 + \alpha_3 \ln X_2 + \alpha_4 \ln X_3 + \alpha_5 \ln X_4 + \alpha_6 \ln X_5 + \alpha_7 \ln X_6$$

选取 2007 ~2015 年作为样本区间，数据来源均为各年度中国统计年鉴，借助 EVIEWS 8.0 软件对相关数据（见表 3）进行回归分析。

表 3　2007 ~2015 北京工业企业产品出口影响因素相关数据

年份	Y(北京工业出口额,亿元)	X_1(地区生产总值,亿元)	X_2(人民币实际有效汇率)	X_3(规模以上工业企业单位数量)	X_4(外商及港澳台商工业投资额,亿元)	X_5(劳动力成本,万元)	X_6(工业污染治理完成投资,亿元)
2007	1865	9006.2	88.99	6397	984	45823	8.1207
2008	1761.9	10488	96.52	7205	1090	55844	7.8475
2009	1508.5	11865.9	100.72	6890	1122	57779	3.4421
2010	1632	13777.9	100	6884	1134	65158	1.934
2011	1514.9	16000.4	102.52	3746	1242	75482	1.0946

续表

年份	Y(北京工业出口额,亿元)	X_1(地区生产总值,亿元)	X_2(人民币实际有效汇率)	X_3(规模以上工业企业单位数量)	X_4(外商及港澳台商工业投资额,亿元)	X_5(劳动力成本,万元)	X_6(工业污染治理完成投资,亿元)
2012	1498.9	17801	108.61	3692	1392	84742	3.284
2013	1512.4	19500.6	116.01	3641	1477	93006	4.2768
2014	1409.8	21330.8	118.84	3686	1542	102268	7.5698
2015	1073.3	22968.6	123.35	3538	1637	111390	9.9958

资料来源 :《中国统计年鉴》(2008～2016 年)、《中国对外经济贸易年鉴》(2008～2016 年)。

最终回归结果为:

$$\ln Y = 11.194 - 0.297\ln X_1 - 2.26\ln X_2 + 0.06\ln X_3 + 1.27\ln X_4 - 0.008\ln X_5 - 0.03\ln X_6$$

同时经过检验发现，回归方程比较显著，这说明地区生产总值（X_1）、实际有效汇率（X_2）、规模以上工业企业单位数量（X_3）、外商及港澳台商工业投资额（X_4）、劳动力成本（X_5）以及工业污染治理完成投资（X_6）与北京工业出口额之间有着显著的线性关系。

四　结果分析

（1）北京地区生产总值（X_1）每增加 1 个百分点，工业企业产品出口将下降 0.297 个百分点。这一结果实际上与北京城市功能和发展定位密切相关，北京定位“四大中心”，不仅要疏解非首都功能，腾退一般制造业企业、区域性市场以及区域性物流功能，而且还需要加快构建“高、精、尖”产业结构。因此在对地区生产总值贡献中，工业企业所做的贡献会越来越低，大部分转向服务业，从而出现地区生产总值越高工业企业产品出口越低的这一“反常”现象。

（2）人民币实际有效汇率（X_2）每上升 1 个百分点，工业企业产品出口将下降 2.26 个百分点，这一影响相对比较显著。近年来人民币实际有效汇率上升是影响北京工业企业产品出口甚至全国出口下滑的一个重要原因，进而降低了产品出口竞争力。

（3）规模以上工业企业单位数量（X_3）每增加 1 个百分点，工业企业产品出口将增加 0.06 个百分点。由于北京城市功能定位，大量工业企业疏解到周边省份乃至全国其他省份，全市规模以上工业数量已经由 2008 年最高的 7205 家持续下降至 2016 年的 3000 家左右，导致工业产值大幅缩减，进而影响到工业企业产品出口规模。

（4）外商及港澳台商工业投资额（X_4）每增加 1 个百分点，北京工业企业产品出口将增加 1.27 个百分点。为继续发挥外商及港澳台投资工业企业对促进北京工业企业产品出口、提升工业产品竞争力作用，在当前北京工业企业产品出口大幅下滑的情况下，应采取有效措施重点吸引外资投资高、精、尖的工业，着力推动北京工业企业转型升级和产品出口。

（5）劳动力成本（X_5）每上升 1 个百分点，北京工业企业产品出口将下降 0.008 个百分点。近年来北京劳动力成本不断增加，持续增加的人工成本使得成本套利下降，导致外资工业企业将生产转移到成本较低的国家或回迁至自己国家，影响到北京工业企业产品出口。

（6）工业污染治理完成投资 X_6 每增加 1 个百分点，北京工业企业产品出口将下降 0.03 个百分点。工业污染在未来一段时间内仍然是北京大气污染的一个主要来源，功能疏解、缩减产能不仅是其中一个方面，加大对工业污染的治理投资也是一个重要方面。虽然政府对污染治理费用进行大量补助，但也有很大一部分来自企业自筹，过高的污染治理费用提高了企业的生产成本，降低了产品出口竞争力，影响了工业企业产品出口。

通过以上分析可以发现，在当前北京转型发展阶段，由于受到多种因素的影响，北京工业企业产品的国际竞争力出现了持续下降态势，虽然 2017 年趋稳向好，但是出口总量仍然不高。实际上除了以上模型中所提到的因素以及竞争力较弱外，出口退税政策、贸易环境等都会对北京工业出口带来影响，这些因素有些是可控的，有些是不可控的。

应该看到，尽管北京产业的转型升级，一定程度上影响了北京工业企业产品出口竞争力，但是产业的转型升级不必然带来工业企业产品出口竞争力的下降。从国际发展经验来看，德国工业实现了产业转型升级，产业投资遍布全球，但是德国却是世界第一出口大国。因此，从发展地位和发展水平看，北京的产业转型升级应当成为提升北京工业企业产品出口水平提升的原动力，促进产业转型升级与工业企业产品出口提升形成互动的良性循环关系。未来北京还是要以提升工业出口竞争力为主要目标，积极改进制约北京工业出口增长的可控因素，确定未来工业出口重点发展方向。

参考文献

陈洁、刘彬、张懿、赵凤珠：《中国出口贸易增长及影响因素研究——基于三元边际视角》，《上海管理科学》2019 年第 2 期，第 44 ~ 49 页。

方伊、梁慎刚：《中国对“一带一路”沿线国家出口效率影响因素分析》，《市场周刊》2019 年第 4 期，第 161 ~ 163 页。

甘星、印赟：《人民币有效汇率变动对我国出口贸易影响的研究》，《宏观经济研究》2016 年第 3 期，第 128 ~ 138 页。

鲁晓东、赵奇伟：《中国的出口潜力及其影响因素——基于随机前沿引力模型的估计》，《数量经济技术经济研究》2010 年第 10 期，第 21 ~ 35 页。

阮建坤、佘雪锋、杨卉：《出口质量的决定因素及对贸易增长的影响——基于全球贸易质量及行业数据的分析》，《科技与经济》2018 年第 6 期，第 91 ~ 95 页。

汪萍：《持续顺差背景下我国出口影响因素的计量分析》，《商场现代化》2019 年第 5 期，第 61 ~ 62 页。

余翔：《劳动力成本上升对中国出口竞争力的影响》，《金融发展评论》2015 年第 12 期，第 147 ~ 158 页。

臧新、姚晓雯：《中国 OFDI 和出口关联度的测算及影响因素研究》，《国际贸易问题》2018 年第 12 期，第 122 ~ 134 页。

赵大平、汤玉刚：《贸易收支改善的汇率弹性条件与 ML 条件——兼论人民币汇率传递的贸易收支效应》，《上海金融》2010 年第 2 期，第 63 ~ 70 页。

朱启荣、任飞、郭笃鹏：《中国出口贸易国内增加值及影响因素分析》，《山东工商学院学报》2019 年第 3 期，第 57 ~ 69 页。

朱雪萍、王炳才：《我国生产性服务贸易竞争力的影响因素研究——基于出口复杂度视角的实证分析》，《天津商业大学学报》2019 年第 2 期，第69 ~ 73 页。

B.13

提升北京企业出口贸易的措施研究

蓝庆新　霍星辰　朱兆一*

摘　要： 在供给侧结构性改革的背景下，北京企业（尤其是工业企业）的出口受到了较大的影响，工业出口额持续大幅度下降，在一定程度上影响了北京开放型经济体制以及开放型经济发展战略的实现。本研究拟从政府层面、企业层面和中介组织层面探讨提升北京企业出口的针对性措施和建议，力求为北京开放型城市的构建做出应有的贡献。

关键词： 北京企业“走出去”　政府　企业　中介组织

一　政府层面

1. 完善财政支持政策

第一，建立北京市外贸发展专项资金，支持引进外向型项目，加大人才培训、贸易促进等公共服务平台建设支持力度；第二，用足用好已有财政支持资金，促进企业参加国内外展览展示，开展境外商标注册、跨境电子商务、各类认证等，提升品牌知名度，并建立境外营销网络，开拓全球市场。

2. 加强与天津陆港口岸合作

充分发挥首都资源优势，搭建口岸服务北京企业平台，加快推进北京陆

* 蓝庆新，对外经济贸易大学教授，博士生导师，主要研究方向为国际贸易与产业经济；霍星辰，对外经济贸易大学硕士生，主要研究方向为电子商务；朱兆一，对外经济贸易大学助理研究员，主要研究方向为世界经济。

港口岸、天津自贸试验区京津物流园等项目建设；不断完善北京市朝阳、平谷口岸功能，促进天津高端航运服务功能向具备条件的北京无水港延伸，联合北方国际航运核心区建设，实现天津航运指数在北京平谷无水港每日发布，为工业出口企业提供航运运价结算、市场分析等方面服务。

3. 建立贸易监管部门协同推进机制

第一，建立跨部门的沟通交流平台，对涉及多部门的事项进行联动协调，从而加强部门政策之间创新机制的联动性、配套性、协同性。第二，在工业产品出口贸易领域，需要探索建立高效便捷、流程优化、标准统一的联合监管机制。第三，加强信息共享和服务平台的信息整合、服务整合、监管整合功能，整合各部门服务资源，强化“一站式”出口服务和公共参与互动，推动跨部门协同联合监管和服务。

4. 建立工业出口预警系统

第一，对工业品出口现状、趋势及重大事件进行持续性跟踪、调查、分析，及时掌握与搜集出口走向的第一手信息和资料，着重关注反垄断、反倾销等贸易保护主义方面的信息，并实时进行信息传递与通报活动。第二，综合运用比较、归纳、统计等方法对收集到的信息进行筛选，并按照信息的类别、来源、正负面、可否量化、重要程度等进行整理归类，重点考察信息和数据的有效性及真实性，通过识别，剔除误导性、错误性数据，分析得出本地工业品出口的真实情况。第三，根据北京经济发展目标，明确各行业本身的性质、边界、类型、发展阶段，确立工业预警临界值，结合现有情况及产品出口变化趋势，确定实际警情的严重程度，并对已采取的工业出口预警进行跟踪监控。

5. 紧握贸易强国战略

一方面，将贸易强国战略内涵体现到工业各部门发展战略中，形成政策合力，狠抓现有政策措施落实，推动贸易、产业、企业有机融合；另一方面，以《中国制造 2025》和《〈中国制造 2025〉北京行动纲要》为引导，加快运用现代技术改造传统产业，提升劳动密集型产品科技和时尚内涵，鼓励工业出口企业进行科技创新、贸易业态创新，培育以服务、质量、技术、品牌为核心的出口竞争优势，形成智力、技术密集型服务出口和货物出口协调发展、良性互动的新局面。

6. 促进总部企业在京实体化

瞄准高质化方向，引导在京总部企业开展实体化经营，注重总部企业的发展质量，鼓励各类型高端总部企业在北京设立二级总部或采购、投资、研发、结算、营销等实体经营业务的分支机构，提升北京在全球价值链中的地位，增强全球配置资源能力和控制力。同时，依托北京总部企业人才、资本、技术、管理等优势，大力支持北京工业企业开展跨国、跨区域经营，真正实现“走出去”，强化北京全球贸易影响力。

7. 树立重视出口的观念

长期以来，出口高速增长已成为拉动中国经济增长的重要引擎，而当前世界经济仍处于“深度调整期”，加之地缘政治角力，石油等大宗商品价格大幅波动，投资刺激忌惮较多，消费需求难以迅猛增长的情况下，较快、稳定的工业产品出口增长，对于转变北京经济发展方式，增强经济、社会可持续发展能力至关重要。

8. 增进政府服务能力

在实地调研中，部分企业反映政府与企业联系较少，政府业务办理效率较低。因此，北京市政府应把服务企业作为永恒主题，强化服务企业意识，加强与企业的沟通联系，了解企业诉求，精准发力，主动为企业解决实际难题。同时，建立与公务员工作实绩挂钩的考核、奖惩机制，提高政府工作人员服务企业的积极性，确保政府政策准确、及时落实。

二　企业层面

1. 打造供应链联盟

其一，谨慎选择合作伙伴，采取共同研发新项目的形式，与上游厂商建立更深厚的信任联盟关系，实现核心利益一体化。其二，加强支持下游的代理商，对供求关系良好的代理商给予特别的折扣优惠，并且在返销方式上，给代理商一定的自主空间，分担一定的代理商风险；同时，针对消费市场、地域文化的不同，定期派专人提供督导和培训，让代理商充分发挥本地的地理人文优势和经营优势。其三，完善服务保障体系，消除代理商的后顾之忧。

2. 增强自身核心竞争力

首先，扩大科技投入。一方面，加大基础技术升级，对生产设备、工艺、技术上的薄弱环节进行改进、提升，优先发展先进实用的生产技术，提高生产设备与技术的使用率；另一方面，充分研究、利用国家的倾斜政策，积极吸引政策资金和合作资金，利用地方调控政策、国家节能减排政策；同时，增加与高等院校、科研机构的合作，利用多层次、多形式联合，构建协作体制。其次，进行企业文化建设，尊重员工，构建以人为本的企业文化，关心员工的需求，让员工对企业有归属感。再次，将企业的战略目标内化在员工个人目标的基础之上，根据企业自身优势，制定符合企业发展的中长期发展目标，并划分为各个部门的层级目标，再由中层领导细化为员工个人工作目标。最后，企业要给员工提供更多的交流平台，增加员工之间工作经验的分享，以及与外部同行业的企业间加强学习与沟通。

3. 重视品牌策略

第一，重视产品质量，制定合适的企业产品质量标准，根据企业发展阶段开展产品质量的认证工作，这是品牌策略的核心。第二，创建服务品牌，通过提高和完善专业化服务水平，为用户提供整体的解决方案，包括供货、设计服务、配套装修等，进一步提高产品的附加值，巩固和扩大品牌影响力，提升公司的盈利能力。第三，外掘品牌潜力，通过品牌入股、合作经营等方式，整合更多社会资源，实现品牌价值和品牌效应。第四，加大品牌宣传力度，多渠道经营及提升品牌的使用率和知名度。

4. 构建出口风险应急管理机制

首先，搭建应急组织机构，包括企业高层领导、相关业务部门、外部专家，负责听取风险预警数据、分析未来发展方向、决定应急实施草案、审议重大事项等。其次，建立风险预警数据库，将本行业真实的经营情况、数据收集与汇总，以便于提高风险应急管理机制的运作效率。再次，从专项应急和综合应急两方面建立预案，专项应急是针对小型预警风险，为达成某种目标而制定的解决方案或措施，综合应急是从整体的角度对企业可能受到的出口威胁制定解决方案，规定机构职责，明确基本流程。最后，从战略决策层到具体业务层，借助信息化手段将风险应急固化于流程中，使应急机制真正产生效用。

5. 主动融入“一带一路”

“一带一路”是中国重要的对外开放发展战略，也是现阶段构建中国全方位开放新格局的总抓手。在“一带一路”所带来的新机遇下，企业应借此东风，积极开拓非洲、东盟、中亚、印度、俄罗斯等新兴市场，建立全球营销网络，有条件的企业可积极建立海外生产研发基地，更好地融入全球价值链体系。

三　中介组织层面

1. 加强信息服务功能

由于处于企业和行业的交界处，中介组织应快速、准确地搜集跨行业、跨地域的商业知识、市场需求信息、竞争对手信息和技术信息，充分发挥信息服务功能，降低环境的不确定性给工业出口企业带来的负面影响，优化北京企业间的联系，降低企业收集专业技能和知识的时间、投资成本，增强企业对信息、知识的理解，提高企业决策的可靠性、有效性。

2. 提供政策、法律咨询服务

由于中国经济进入新常态，政府对一些政策、法律的制定还不完善，并且众多工业企业对国家政策的理解还处于探索阶段，此时，北京市中介组织应走多元化发展之路，完善咨询服务体系，一方面帮助企业了解国家的方针政策，另一方面可为政府提供宏观经济政策服务。

同时，面对严峻的国际贸易形式，为提高工业外贸企业抵御国际市场风险的能力，北京市中介组织还应不断强化法律咨询服务功能。在贸易摩擦发

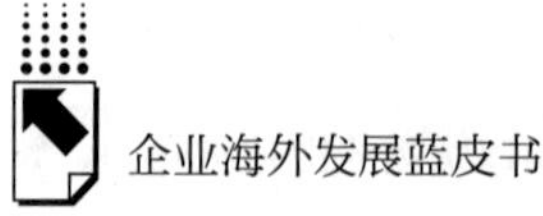

生后，中介组织应积极协调，做好对外交涉工作，鼓励和引导北京企业参加应诉，并提供法律咨询，组织企业利用贸易摩擦规则进行反制。

3. 组织展销会

北京行业中介组织可凭借自身优势，举办多样的国内、国际工业产品展销会，使工业出口企业直接、近距离地接触客户，降低企业宣传成本，开发潜在客户群体，提升出口效率，拓展消费市场。

4. 深入挖掘人才

中介组织可以通过了解、收集工业出口企业对技术人才、管理人才等需求，以人才交流为核心，辅助企业引进所需人才，代理职称填报、劳务中介、人事档案等业务，进而改善出口企业管理、生产效率，提升国际竞争力。

参考文献

孙天法：《北京市外贸发展存在的问题探讨》，《行政事业资产与财务》2019 年第 11 期，第 36 ~ 38 页。

西蒙·伊夫奈特：《中国出口近期面临的贸易扭曲措施研究》，《国际贸易》2018 年第 9 期，第 17 ~ 23 页。

朱丽萍：《京津冀地区出口贸易结构优化研究》，硕士学位论文，河北大学，2017。

林玲：《我国资源性产品出口管理政策研究》，硕士学位论文，西南财经大学，2013。

陈策：《异质性厂商国际市场进入方式的选择和政策支持研究》，博士学位论文，西北大学，2010。

B.14

提升北京企业出口贸易的路径选择研究

蓝庆新　朱兆一　蓝 月*

摘　要： 当前北京在转型发展过程中，出口贸易额呈现下滑态势，虽然2017年呈现趋稳向好的状况，但是出口总量仍然不高。这是当前北京转型发展过程中的一个阶段性问题，应引起足够的重视。明确北京企业未来出口的路径选择能够避免经济“脱实向虚”，对提升产业层次、增加高端就业以及税收、促进“四个中心”以及京津冀一体化战略的实现具有重要意义。本研究拟从培育外贸园区、支持重点产业出口、外贸转型升级、发展跨境电子商务、扶持北京本地企业、实现出口国别多元化等角度探索提升北京企业出口贸易额的路径从而为北京企业出口提供有力支撑。

关键词： 北京企业出口　路径选择　外贸园区　转型升级

一　积极培育外贸园区

1. 加强外贸园区建设，夯实外贸发展基础

依托各类开发区、产业集聚区、保税区等，选择产业特色明显、产业链

* 蓝庆新，对外经济贸易大学教授，博士生导师，主要研究方向为国际贸易与产业经济；朱兆一，对外经济贸易大学助理研究员，研究方向为世界经济；蓝月，北京信息科技大学学生，主要研究方向为国际投资。

条完整、外向度高的区域实施重点培育，建设一批发展潜力大、技术含量高、带动能力强的外贸园区，夯实北京市外贸发展的产业基础；支持外贸园区申报国家外贸转型升级示范基地和科技兴贸创新基地，加快培育市、区级外贸园区，逐步形成三级齐抓共管的外贸园区发展新格局；大力推进出口食品、工业品、农产品质量安全示范区建设，促进产业提质增效；推动政府、行业组织、科研院校以及外贸出口龙头企业公共服务平台建设，逐步提升外贸园区的国际市场竞争力和创新能力。

表1　北京部分工业园区

园区名称	规划面积(km^2)	区位与交通	基础设施情况	功能定位
天竺综合保税区	5.94	近首都机场	七通一平	进出口加工
林河工业开发区	4.16	西临101国道	九通一平	汽车、微电子、生物医药
密云经济开发区	35	紧邻京承快速路	九通一平	汽车零部件、生物医药
八达岭工业开发区	4	八达岭高速直通区内	九通一平	高新技术

资料来源：《北京工业年鉴（2016）》。

2. 主动对接“一带一路”“走出去”，拓宽国际市场

“一带一路”倡议拓展了对外、对内开放的新空间，自实施以来，中国与“一带一路”沿线国家双向投资活跃，沿线庞大的基础设施建设需求巨大，这为北京工业企业向沿线国家“走出去”增添了新动力。借鉴国内外工业外贸园区的发展经验，北京市由政府搭台，与“一带一路”沿线重点国家的政府加强合作，依托新亚欧大陆桥经济走廊节点城市，以不断创新的合作模式，打造国际物流和产业合作基地、境外产业集聚园区，推动北京工业外贸园区国际对接进程，创制“走出去”的升级版，提升北京工业出口优势。

3. 瞄准高端外向型项目，培育外贸增长点

依托北京市区位、要素、市场优势及产业基础，紧抓全球产业重新布局的机遇，以工业外贸园区为主要载体，瞄准高端装备制造、生物医药、集成电路、汽车及零部件等延伸产业链，补充完善产业链的基地型、龙头型项目，实现链式转移；利用引进嫁接，推动北京市产业、产品由粗放向集约、

由配套向总装、由低端向高端、由进口向出口转变，优化升级产业结构，培育外贸新的增长点。

4. 加快产业集聚，发挥规模经济效应

鼓励北京工业出口企业集群式发展，促进企业间的技术交流与传播，增强企业间的信任与合作。加快产品生产流通速度，发挥规模经济效应，从而降低企业生产成本。同时，企业集聚还能强化分工协作，提高生产效率，延伸产业链条，推动贸易和产业融合发展，进而扩大出口企业规模。

二　支持重点产业出口

北京市应当重点支持电子、装备制造、汽车、生物医药等产业出口，尤其是目前出口比重仍处在较低位势的汽车产业和生物医药产业。2011～2016年，电子产业、装备产业、汽车产业、生物医药产业的出口交货值占北京市总出口交货值的75%以上，2017年1～6月，北京市工业出口交货值排名前10的企业均是电子产业、装备产业、汽车产业。北京电子和装备产业出口排在前两位，规模、比重和出口能力远超其他产业，且这两个产业也代表着高技术发展方向。因此，未来需要重点继续保持和发挥这两个产业的出口优势，促进出口增长；随着人口老龄化加剧，生命科学和生物技术研究不断取得突破，加速生物医药产业出口贸易已成为许多国家的经济发展战略重点；鉴于北京汽车产业的出口发展潜力，对汽车产业的出口发展应当加以重点扶持。具体应当采取如下措施。

1. 促进加工贸易升级，优化国际竞争力

目前在北京出口量最大的电子产业中，加工贸易占了较大份额。应从原材料的采购环节入手，鼓励使用本土资源，限制过度进口，并且打造供应—初加工—深加工的生产链条，将劳动力资源密集型加工模式转型为资本、技术密集型加工模式，提升从业出口产品的科技含量，从而带动出口增长。

2. 出口转向新兴国家，扩大产品需求

印度、俄罗斯、巴西、东盟等新兴国家和地区经济发展迅猛，对电子信息产品、汽车、生物医药、工业装备等需求强劲，大力开拓新兴市场一方面可以摆脱北京工业出口企业对欧美等发达国家市场的依赖，另一方面可以有效避开与领先国家的竞争，逐步稳固自身出口优势，循序渐进地深入海外市场。

3. 完善自主创新能力，提高产品附加值

对待出口重点产业，应当不断完善创新资源整合机制，以项目为载体，大力推动以企业为主体的产学研合作，促使企业真正从出口市场需求方面去创新；加大科研投入力度，满足国外高端消费需求，真正实现“以智取胜”；在加大政府对科技创新投入的同时，把政府行为与市场机制结合，充分发挥出口市场的基础性作用，依靠市场筛选运作项目，提升重点产业产品出口针对性。北京重点产业出口应注重长远利益，建立与国际接轨的生产流程和质量标准，保障产品的性能可靠、质量稳定。

4. 转变融资机制，激发出口活力

从依赖银行的间接融资转向依靠国外风险基金的引进和民营化体制的建立，即国内外金融市场的直接融资。北京市应紧握“四个中心”建设的机会，积极引进国外风险基金，支持电子产业、装备产业、生物医药产业和汽车产业的发展，并且采用个人参股、上市等形式大力吸引社会资金，引导民营资本投向重点产业，缓解北京出口企业融资难的问题，增添工业企业出口动力。

三　推动外贸转型升级

北京市引导和支持传统商贸、工贸企业采取参股控股、重组兼并等多种形式强强联合，培育具备国际标准制定能力和全球资源整合能力的跨国集团；鼓励中小企业专业化经营，引导上下游企业、流通企业、生产企业联合，努力增强外贸企业整体实力，提升出口竞争力；稳定优势商品出口，对拥有营销网络、品牌、知识产权和高效益、高附加值、高技术含量的产品出口进行激励；鼓励企业采取授权使用、收购等形式推进品牌建设，从而培育国际知名品牌，开拓全球消费市场；支持企业开展境外生产、安全、质量、环保、商标注册和社会责任等方面的国际标准体系认证，有效规避贸易壁垒。

四　发展跨境电子商务

1. 搭建跨境电子商务发展平台，积蓄出口增长潜能

北京市应推动北京天竺综合保税区、亦庄保税直购中心、电子商务中心区、平谷国际陆港、通州口岸与国内其他省份的电子商务、物流等产业园区对接，并积极与东欧、中亚、东南亚等国家电子商务平台、产业园开展合作，通过挖掘、整合国内外资源，实现跨境电子商务协同发展，并吸引并集聚国内大型外贸综合服务企业，改善北京工业产品出口环境，提升北京工业出口增长潜能。

2. 采用多元化方式，扶持特色跨境电子商务经营主体

北京市应鼓励工业外贸企业与境外电子商务企业合作，通过建立配送网点、体验店和“海外仓”，采用线上平台 + 线下交易结合、代购平台等方式，开拓全球市场，融入境外零售体系，不断提高利用电子商务开展对外贸易的比重，从而大大提升工业企业全球营销能力，推动北京跨境电子商务转型升级。

3. 吸引大型电子商务企业，扩充出口动力

北京市应充分利用政策、口岸建设体系、航旅资源等方面的优势，营造跨境电商运行高效、分布合理、要素集聚的发展环境，促进大型电子商务企业在京集聚，发挥带动效应，为北京工业产品出口增加原动力。

表 2　中国跨境出口电商模式汇总

平台模式	代表公司	运营方式	优势	劣势
B2B 平台	阿里巴巴国际站	线上平台 + 线下交易结合	产品丰富，提供供求信息和询盘、支付等服务	物流、通关按传统方式，效率低
C2C 平台	阿里巴巴全球速卖通	代购平台	产品丰富，用户流量大	供应链控制弱，物流慢
综合性 B2C 平台	大龙网	国内供应商搭建跨境电商平台	供应链的控制力强，资金足，物流快	资金需求大
垂直型 B2C 平台	米兰网	特定商品供应商垂直自营平台	供应链的控制力强，物流快	用户流量受限

五　扶持北京本地企业出口发展，加快国有企业、民营企业“走出去”步伐

北京市应加大本土企业外向型发展的扶持力度，推动本地国有企业和民营出口增长，对产品科技含量高的本土企业产品开拓国际市场进行重点扶持，支持本地企业在海外建立营销网络，创建国际自主品牌。鼓励金融机构为国有企业、民营企业开拓国际市场提供全方位金融服务，对“走出去”的国有企业、民营企业提供出口信用担保和贷款、境外投资建设贷等直接融资和间接融资；支持有条件的国有企业、民营企业到境外投资建立生产加工装配基地和产业园区，开展国际工程承包和项目合作，带动北京相关产业零部件、材料、装备和技术标准“走出去”。

六　积极实现出口国别多元化

北京出口市场长期集中于美国、中国香港、日本、韩国、新加坡、越南、印度等国家和地区，尤其是美国、中国香港和日本，占出口的1/4左右，而随着拉动国际市场需求增长的动力不足、贸易保护主义升温以及国际市场竞争愈演愈烈，北京工业出口企业经济损失逐渐提升，为实现工业出口的持续发展和外贸安全，北京市应积极实现工业出口市场多元化，一方面有利于促进消费升级、产业结构调整，提高在国际分工中的地位，另一方面有利于减少贸易摩擦，规避市场风险，争取国际贸易中的有利条件，推动北京工业出口健康、稳定发展。同时，“一带一路”倡议的提出及中欧、中亚、中东、南亚等国家多元化经济改革的提速，均为北京工业出口带来新的发展机遇，为打造全方位的全球贸易空间布局奠定了坚实的基础。因此北京未来要重点开拓新兴市场国家、“一带一路”沿线国家以及众多发展中国家，在现有市场的基础上实现出口市场的多元化。

参考文献

张雁凌:《高新技术产品出口路径选择——安徽省为例》,《湖北第二师范学院学报》2018 年第 11 期，第 55 ~ 61 页。

赵永亮、葛振宇、王亭亭:《市场相似性、企业海外集聚与出口市场边界扩展——基于出口市场选择的空间路径分析》,《国际贸易问题》2018 年第 6 期，第 150 ~ 163 页。

冯玉娟:《生产率异质性与服务业出口、FDI 的路径选择》，硕士学位论文，兰州财经大学，2016。

韩滋琳:《全球价值链视角下我国出口贸易产业升级路径选择》，硕士学位论文，天津商业大学，2016。

陈惠:《我国中小企业的出口现状及出口路径选择》,《企业改革与管理》2016 年第 6 期，第 14、17 页。

案 例 篇

Case Studies

B.15 北汽集团国际化发展案例研究

唐 琬*

摘 要： 北汽作为中国五大汽车集团之一，中国汽车行业的骨干企业，在快速发展进程中国际竞争力及品牌实力不断提升。在新时代下开启从传统制造业向制造服务业以及现代制造创新型企业的转变，不断拓宽其业务范围，实现了向战略性产业板块通用航空等产业链的延伸。2019 年，北汽继续推动集团向高质量发展转变，新能源产业政策导向调整加速行业格局重构。同时，北汽全面开启国际化 2.0 转型之路，目前已经在全球 100 多个国家建立了销售渠道，在 10 多个国家设有 KD 工厂。北汽国际将“产能走出去，市场走出去”作为当前的指导方针，将聚焦包括南非、伊朗、东南亚和墨西哥在内的四大海外基地项目，并

* 唐琬，对外经济贸易大学博士研究生，主要研究方向为世界经济。

辐射周边市场，寻求区域突破。同时将聚焦五大市场——北非、安第斯、海湾六国、东欧、中亚和东南亚，深化国际化高质量发展模式，继续推进跨境合作和国际发展。

关键词： “一带一路” 北汽集团 国际化发展 创新驱动

一 公司概况

北京汽车集团有限公司成立于1958年，总部位于首都北京。北京拥有众多的科研院所和高校，汇聚了大量的行业专家和人才，公司能够即时获得较为优质的人力资源支持。北汽主营业务涵盖整车制造、零部件研发制造、汽车服务贸易、智能化综合出行服务、教育、金融和投资等。在新时代下开启从传统制造业向制造服务业以及现代制造创新型企业的转变。北汽集团仍不断拓宽其业务范围，领域更是由地面延伸到了天空，实现了向战略性产业板块通用航空等产业链的延伸。目前，北汽是中国五大汽车集团之一，成为中国汽车行业的骨干企业，在快速发展的进程中其国际竞争力及品牌实力不断提升。表1为北汽集团产业领域，图1为北汽集团产业结构。

表1 产业领域

产业领域	代表企业
汽车整车制造	北京汽车、昌河汽车、福田汽车、北京奔驰、北京现代、福建奔驰、北汽常州、北汽银翔、北汽镇江、北汽广州、北汽瑞丽、北汽国际、北汽越野车
新能源汽车	北汽新能源、福田汽车
研发与零部件	北汽研究总院、海纳川、inalfa、渤海活塞
服务贸易	北汽鹏龙、华夏出行、恒盛置业、北京出行
通用航空	北京通航、泛太平洋航空、Beijing Line Maintenance International
投资与资产经营管理	北汽财务、九江银行、北汽资产、北汽产业投资
现代农业装备	北汽兴东方
工业设计与文化	北汽教育、《北京汽车报》、北京汽车技师学院、北京市工业设计研究院有限公司

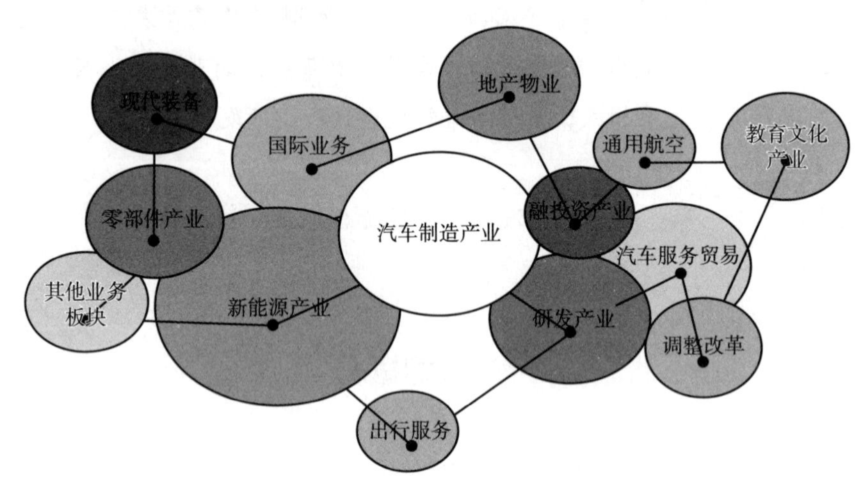

图1 产业结构

到2018年，北汽集团已走过了60个年头（见表2）。由于对“高质量发展”的聚焦与坚决执行，北汽也在成立60周年之际进入全新的历史发展阶段，在经营上，取得良好成绩（见表3），各项业务实现了重大突破：全年整车销售量为240万辆，实现营业收入4807.4亿元，同比增长2.2%（见表4）。其中北京奔驰表现不俗，全年贡献48.5万辆的汽车销量，同比增长14.8%，不断突破梅德赛斯—奔驰品牌在华销售业绩；北京汽车也迎来了2.0AI时代的发展新阶段，其差异化优势不断凸显，北京汽车先后推出智行和智道两款全新产品，组成“双智星”的AI产品矩阵，布局SUV和轿车两大市场，产品在行业内的竞争力明显提升，同时纯电动新能源产品处于行业领先地位。

2019年，北汽继续推动集团向高质量发展转变，新能源产业政策导向调整加速行业格局重构。同时，北汽全面开启国际化2.0转型之路，深化国际化高质量发展模式，以“产能走出去”“市场走进去”为主要路径，继续发挥其在合资、行业联盟、跨境合作和国际发展方面的实力，开展最高水平的开放合作和最深入的跨境整合。坚持“四个聚焦”，即“聚焦市场”“聚焦产品”“聚焦品牌”“聚焦效益”，实施组织再造、流程再造、文化再造带动体系能力提升，不断实现从规模增长向质量增长、效益增长和能力增长的转变。

表 2　北汽集团 60 年发展历程

艰苦创业期（1949～1978 年）	1949 年中国人民解放军华北军区北平汽车修配厂成立，它是北京汽车制造厂的前身； 1958 年北京第一汽车附件厂研制出新中国第一辆“井冈山”牌轿车，填补中国汽车制造工业空白，并更名为北汽汽车制造厂； 1960 年北京汽车制造厂研发试制成功“东方红”牌中级轿车，并经国家批准开始小批量生产； 1973 年北京市汽车工业公司成立，北京汽车工业产能分散经营进入行业统一管理的新阶段
改革发展期（1979～2006 年）	1996 年北汽摩公司发起全国 100 家法人组建北汽福田车辆股份有限公司； 2002 年北京现代正式成立，成为中国加入世贸组织后的第一家中外合资汽车企业
腾飞跨越期（2007～2018 年）	2007 年北汽集团正式提出“走集团化道路、实现跨越式发展”的重大战略决策； 2009 年北京新能源汽车有限公司正式挂牌； 2010 年北京汽车股份有限公司正式成立； 2013 年北汽国家化战略发布，北京汽车国际发展有限公司正式成立； 2014 年成立国内首家股份制新能源有限公司——北京新能源汽车股份有限公司； 2017 年北汽集团确定全面实施“引领 2025 战略”，开启集团化发展 2.0 时代； 2018 年由北汽集团、北汽新能源牵头建设的国家新能源汽车技术创新中心在京成立，是中国汽车行业第一个国家级技术创新中心

表 3　2018 年“北汽朋友圈”

1	中国首个国家级新能源汽车技术创新中心在京正式揭牌成立
2	北京奔驰新能源汽车顺义生产基地项目顺利推进
3	与麦格纳共同打造开放共享的高端智能纯电动汽车研发与制造中心
4	积极践行“一带一路”倡议，北汽南非工厂在中南两国元首见证下正式投产
5	与华为、百度、小米、滴滴等知名企业共同打造智能互联汽车时代的全新生态圈

表 4　2016～2018 年北汽集团经营情况

	2016 年	2017 年	2018 年
营业收入（亿元）	4061	4703	4807.4
资产规模（亿元）	3155	3439	3708
整车销量（万辆）	280	251	240
品牌价值（亿元）	1287	1545	1650.86
研发投入占营业收入比（%）	4.5	3	6.3
新增专利申请（件）	4053	5052	4339
新增专利授权（件）	2741	3430	4105

续表

	2016 年	2017 年	2018 年
员工流失率(%)	5.4	5.1	5.2
总用电量(万度)	209460	206000	166774
节约用电量(万度)	1562	2574	4280
总节能量(吨标煤)	9658	17012	22127
新能源使用量(吨标煤)	8693	9476	4644.77
固废排放量(吨)	—	33735.6	26957
废水排放量(吨)	—	6088831.5	6083559.4
节约用水量(吨)	282756	166401	652186
温室气体排放量(吨)	1873460	1592918	1326400
SO_2 排放量(吨)	0.15	6.68	21.84
NOX 排放量(吨)	28	82	236.13
挥发性有机化合物(VOC)减排量(吨)	328	1209	748.48
环保培训(人次)	58469	46641	84894

北京汽车国际发展有限公司（简称“北汽国际”）为北汽集团的全资子公司，公司于2013 年6 月22 日正式成立。作为北汽集团全面开拓国际化业务的主平台，北汽国际积极顺应国家“一带一路”倡议，加快资源整合与全球布局。

目前已经在全球100 多个国家建立了销售渠道，在10 多个国家设有KD 工厂。将“产能走出去，市场走出去”作为当前的指导方针，北汽国际将聚焦包括南非、伊朗、东南亚和墨西哥在内的四大海外基地项目，并辐射周边市场，寻求区域突破。同时将聚焦五大市场——北非、安第斯、海湾六国、东欧、中亚和东南亚。从简单的产品输出到实现产品和运营的本土化。2018 年，北汽国际累计销量突破9 万辆，已经在全球47 个国家建立了169 家销售网络、7 家海外公司和22 个KD 项目。虽然北汽的自主品牌在国际化的发展道路上起步较晚，但其发展速度很快，每年出口到海外的产品增速都维持在40% 的高位。

二　北汽集团国际化发展动因

（一）借力“一带一路”

北汽集团积极践行“一带一路”倡议，重视品牌、技术、管理服务，市场覆盖80多个国家和地区。2019年，北汽国际继续深耕国际化2.0，以“高质量发展”为统领，以“产能走出去”“市场走进去”为主要路径，坚持“四个聚焦”，即“聚焦市场”“聚焦产品”“聚焦品牌”“聚焦效益”，实施组织再造、流程再造、文化再造带动体系能力提升，不断实现从规模增长向质量增长、效益增长和能力增长的转变。

目前，北汽国际在全球已经建立了四大运营中心。除了在南非建立了工厂以外，北汽在云南瑞丽还设立了北汽瑞丽工厂，是中国边境线上最大的一个现代化汽车生产基地。工厂设在中国境内，已经具备了成熟的生产条件，产品面向海外市场销售，主要面向东南亚地区，包括缅甸、泰国、老挝等地区销售。另外，北汽集团还在伊朗设有KD工厂，雇有200多名当地工人。目前中国汽车出口量最大的国家之一就是伊朗，北汽在伊朗的工厂，能够以伊朗为中心，辐射西亚地区，将产品和服务出口到西亚，拓展北汽的国际化经营，完善海外产品的布局。此外，北汽在南美墨西哥的运营中心已经覆盖南美市场，形成以墨西哥为中心，辐射南美洲的网络体系，包括巴西、秘鲁。下一步将实现以墨西哥为中心，辐射整个美洲。

面对复杂的国际市场环境，北汽制定了“2030”战略，战略包括2020年实现20万辆整车出口以及完成三个建设（国际化运营队伍建设、合作伙伴队伍建设以及体系能力建设）的目标。同时计划在2020年实现设立七大海外运营中心，并且在30多个国家设立本地化的管理机构，实现海外运营中心自主管理，北汽国际已成为中国自主品牌开展国际化业务的领先者。

（二）启动新能源出口

北汽集团以“电动化，智能化，网联化，共享化”的理念整合优质资源，提升研发能力，对于新能源汽车领域进行充分的前瞻性探索和研究。大数据等新兴科技为北汽集团的现代化之路提供了巨大的推动力。另外，在品牌的自主知识产权和全球竞争力方面，北汽集团在近年也抓紧了战略升级的进度。

北汽集团的输出产能和拓展市场的战略也对新能源汽车战略有着借鉴作用。而实际上北汽集团在新能源领域成绩斐然，在中国电动汽车的销售领域有很大竞争力，在资源整合上有很强的整合能力。拓展新能源汽车的国际市场也是北汽集团的重要使命和任务。在南美市场，北汽集团完全颠覆传统的落后经营模式，而把现代网络和现代物联结合起来，联动南美墨西哥当地的产业发展，结合自身的新能源汽车市场拓展，形成了一个独立自主的北汽集团海外新能源汽车发展模式。而且，在南美墨西哥市场的成功，也有利于北汽集团对于其他国家市场的拓展，提升国际竞争力。

北汽集团作为中国企业海外市场拓展的一个典型，结合中国高速发展的国情，战略性地响应国家号召，拓展海外市场，传播中国现代化的企业文化。

（三）高度互补、多点布局具有较强竞争力的自主品牌

北汽拥有较强竞争力且高度互补的乘用车品牌组合，满足了各层次消费者的购车需求。凭借其先进技术和拥有较强竞争力的自主品牌，北汽针对不同消费群体推出了多款车型。对于专业越野爱好者，北汽推出了北京（BJ）80 6X6 皮卡版，以满足他们的野外生存需求；北汽又进一步细分了市场，将越野与舒适相结合，推出（BJ）40 PLUS 款车型，开发“越野向往者”这一新的客户群体，不管是在野外还是在城市，这款车型能够适应所有路况和任何场景的生活方式。北汽也专为互联网新一代年轻消费者打造出一款都市 A 级 SUV 产品，给消费者带来更多的驾驶乐趣。集团间乘用车品牌高度

互补，其中包括北汽与戴姆勒合资企业——北京奔驰有限公司生产的豪华品牌乘用车，历史悠久、实力雄厚的现代品牌合资中高端乘用车、发展迅速的梅赛德斯—奔驰高端商务车，以及自主品牌中高端和自主品牌经济型乘用车，很好地避免了各品牌间的直接竞争，实现了集团各品牌综合价值和企业效益的最大化。

（四）优秀的管理团队和专业的核心研发人员

作为国际化企业，北汽集团在海外招聘已形成规模，通过海外招聘，北汽集团已经拥有了一批国际化的管理人才，他们在各自的领域中拥有丰富的行业及管理经验，很多人才都曾服务于一家或多家国际知名的车企，多年的管理经验使他们具备了多学科的知识体系和专业技能。积累了丰富的企业管理经验，根植本土文化，拓展国际视野，确保公司能够定位未来乘用车发展趋势和技术，遵循产业发展规律，制定出高效、富有远见的研发战略。

北汽的研发核心团队（表5）由曾经在国际、国内领先汽车和零部件企业供职的专业人士构成，其中包括韩国、加拿大、日本和美国的优秀人才。核心研发团队较强的研发实力和丰富研发经验为公司产品的不断升级、技术的不断突破提供了有力保障。

表5　北汽研发中心国际布局

已经建立	规划建立
①**美国底特律研发中心**：电驱动系统； ②**德国亚琛研发中心**：增程器系统； ③**德国德累斯顿研发中心**：轻量化技术； ④**中国北京研发中心**：全球研发总部； ⑤**美国硅谷研发中心**：智能互联、智能驾驶、大数据分析、先进电池管理系统； ⑥**西班牙巴塞罗那研发中心**：高性能车型；	①**德国慕尼黑研发中心**：造型设计； ②**日本东京研发中心**：造型设计；

三　北汽集团国际化关键因素分析

北汽集团坚定实施国际化发展战略，积极与海外优秀合作伙伴进行合作。“一带一路”已经从一项倡议转变成更多中非经济往来的实际行动。例如，南非工业发展公司（IDC）是项目投资者之一。它是南非的一家大型国有企业，拥有近78年的历史。它是一家金融公司，为促进非洲工业化的公司和投资项目提供财政支持。通过互信、互助和相互合作，北汽和IDC将能够开展北汽南非项目。项目涵盖了南非和其他主要非洲市场的区域核心基地，探索了中国汽车公司海外发展的可行途径。据估计，达到最大产能后，汽车及零部件产业的附加值约为186亿元，南非出口贸易额约62亿元。在此期间，中国企业在南非获得了良好声誉，其优秀的产品质量也获得了合作伙伴的认可，并使当地市场更大、更深、更精致。

（一）战略对接，凝聚内核

在推动国际化进程中，北汽一直紧跟“大国外交”的脉搏和海外市场的发展步伐。国家发展战略对接是企业产能合作的保障。金砖四国务实合作深入扎实，已成为新兴市场国家与发展中国家合作的典范，已成为促进世界经济回温和可持续增长的重要引擎。与此同时，中非关系不断深化，2015年正式成为全面战略伙伴关系。其中，中南关系是引领中非友好合作的典范，习近平主席用“同志加兄弟”来形容中南两国的特殊关系，纵观中国和非洲的整体，中非合作在“一带一路”建设的五年中呈现出新的、可喜的变化。首先，中国与非洲已经从单纯的货物贸易转向产能合作，贸易层级得以升级。其次，从过去的政府主导向企业导向的市场运作转变；最后，中国公司正在从工程承包转向投资业务。改变背后的原因是非洲正在努力培养自主发展的能力，以加快工业化和现代化进程。

（二）优势互补，筑牢基石

以市场为导向是企业产能合作的基础。从市场的角度来看，南非是非洲综合实力首强，在非洲和非盟事务中扮演着“领头雁”的角色，在引导非洲工业化方面发挥着“火车头”的作用，在对接中非“一带一路”建设中也充当着“桥头堡”的角色。在汽车工业方面，南非拥有成熟完备的汽车生产制造基础，汽车产量在非洲地区位列第一。

南非吸引了全球主要汽车生产商，全球主要的汽车生产商都在南非建立了汽车生产基地，总的年产量达到 70 万辆。库哈经济特区坐拥两大物流港口，国际运输非常便利。库哈经济特区规划了多个产业区，涉及汽车、金属、化工、能源、制药、物流、商业服务、海洋经济、农产品加工等产业，形成了产业集群区相互搭配的格局，得天独厚的集群效应及技能资源优势，使得北汽与南非的合作具有天然优势。

中南两国工业化合作取得了极其丰硕的成果。北汽在南非的工厂就是很好的示范，中南携手推进工业化合作，充分发挥了相对比较优势，实现了优势互补、资源对接，达到了“1 +1 >2”的双赢效果。双方在先进制造技术方面实现了互补。制造业是国民经济的发动机，特别是制造业中的汽车产业，在推进工业化进程和带动社会繁荣方面充当着最强劲的引擎角色。北汽拥有资金、技术、装备、人才和发展经验等全方位优势，不仅可以为南非带去成熟完备的汽车生产线，更可以同步输出先进的汽车生产理念和管理经验，帮助南非提升产业工人技能水平，从而推动南非汽车制造水平提升，推动工业化进程。

（三）创新驱动，打造引擎

北汽南非工厂为提升南非的工业化水平提供了强有力的支持。北汽发挥自身在资金、技术、管理等方面的优势，提升了南非当地的装备制造业水平。在工厂技术方面，工厂改善传统的生产方法，提高自动化率及工艺质量，并且降低有害废气排放量。据介绍，在产业工人就业和技能方面，企业正常投产后，本地化就业率将为90%～95%；北汽还将通过安排专业培训团队，以培养本地化员工和管理人才；这也将为当地持续提供就业、技术培训，并且提高技能水平。这些都将极大加快南非的工业现代化建设步伐；同时，它还将为南非的消费者带来极具竞争力的产品。

创新还体现在合作模式上。工厂将在采购、生产、销售和金融服务等方面进行整个产业链的建设，通过以点带面，以整车制造带动零部件、物流仓储等自有业务，努力降低当地汽车制造成本，打造全功能的生产基地。位于库哈经济特区的北汽南非工厂的基础设施建设，能使东开普省的直接和间接经济效益达24亿兰特，其中大部分将受益于曼德拉湾；加上工资收入等的辐射效应，东开普省的经济影响估计为33亿兰特；同时，工厂的建设增加了建筑工业的经济效益。由于这些投资及其相关的间接影响，其他如化学品和化学产品、运输、制造业、房地产、社区、个人服务、食品工业、贸易、住宿、畜牧业、保险等经济效益也会出现相对较大的增长。

（四）国际化多维度全产业链信息披露

“国际化多维度全产业链信息披露”是指随着中国环境和自身企业建设的国际化发展，企业需要在国际上承担建立中国品牌形象的责任。北汽集团开创性地进行国际化视角、多维度、全产业链的企业社会责任信息披露，创新利用新媒体手段结合社会热点内容进行国际化全方位信息披露，积极推动我国新能源产业发展及北京市属企业社会责任专业发展。

（1）产业链发展

北汽集团积极带动下属产业履行社会责任，确保整个行业的健康持续发展；推动和参与国务院国资委关于国企履行汽车社会责任交流、北京市国资委关于企业社会责任调研、《中国汽车行业企业社会责任指标》关于中国汽车企业社会责任发布等政府、行业的工作，为集团化打造良好的企业社会责任环境。

（2）促进专业发展

北汽集团率先引入G4.0指标体系，在打造世界级中国品牌过程中与世界接轨。自2012年开始坚持连续发布高水平的企业社会责任报告，兼具社会责任报告和企业宣传画册的作用，并通过报告的表达形式体现集团的企业国际化形象、提升企业的良好声誉。

（3）产业全面绿色升级

北汽集团积极构建完善的企业生态体系，打造绿色平台，推进国家新能源行业进程，引领汽车行业绿色低碳循环发展。

四　发现与启示

（一）借力“一带一路”发展倡议，深化海外合资合作

作为中国五大汽车集团之一以及北京市国资委下属企业，北汽的国际化战略布局也在不断深入，其借力“一带一路”倡议，重点开发和布局沿线地区。北汽的国际影响力在不断提升，目前已位列全球汽车行业第14位，《财富》世界五百强排名第124位。北汽国际紧跟“一带一路”倡议和汽车行业的相关政策，借助“一带一路”发展倡议的政策福利，依托相关贸易交流平台和邦交渠道，通过“借船出海”“抱团出海”的方式深化与“一带一路”沿线国家的合资与合作，拓展海外市场，寻找更多的商机。同时将设计、制造、贸易和物流集成到“一带一路”地区的贸易合作园区，合理分享资源，分担仓储物流和服务运营成本。以推动企业全产业链输出，加快企业的创新转型和国际化步伐。另外，整合集团内部资源，协调国内产品迭代节奏，延长产品生命周期和产业链，最大限度地优化产品；建立金融联盟，为汽车租赁和二手车回购业务提供服务。

（二）坚持创新驱动，致力跨境整合

北汽集团专注于新能源、智能、网联和创新驱动的发展。2018年，北汽集团研发投入50.5亿元，专业技术带头人达51人，专业领域覆盖新能

源、智能化、轻量化等重点战略方向。北汽集团将继续发挥其在合资、行业联盟、跨境合作和国际发展方面的实力，以最高水平的开放合作和最深入的跨境整合，凝聚未来发展的磅礴合力。

北汽在新时代下开启从传统制造业向制造服务业以及现代制造创新型企业的转变。北汽对工业化和信息化进行深度融合，推动制造业和服务业的优势互补以及实施产业结构升级的新战略。北汽的创新转型是推动产业结构向高、精、尖领域升级，是创造新价值的新路径。

（三）坚持“北汽精神”，重视社会责任探索可持续发展

北汽坚持“奋力拼搏、团结协作、知难而退、志在必得”的集团精神，作为北京汽车行业的“金字招牌”，北汽集团打造有百年持久竞争力的“百年北汽”。除了为市场提供满足各种消费者的高品质汽车产品外，北汽也积极承担企业的社会责任。在扶贫方面，北汽集团于 2018 年前往新疆、云南、广西、江西等地的贫困村，提供精准的帮扶和对口支援；对接四川、河北、云南、内蒙古等地的汽车产业，提供多方位的支持，授人以渔。坚持将责任经营视为企业发展的基石，不断完善公司治理，坚持稳中求进，强化战略引领，实现稳健经营，履行社会责任的步伐亦更加坚定。

（四）深入推进战略转型，坚持“高、新、特”发展

2018 年，北汽面临巨大挑战，其旗下四大自主品牌的总销量出现较大幅度下滑。为深入推进战略转型，北汽适时调整企业发展战略，坚持自身品牌建设，走可持续发展道路，向规模化、高端化、国际化和低碳化经营目标前进。同时，北汽主动打造汽车制造业领域的服务型企业以及创新型企业，紧跟时代发展步伐，贴近社会消费需求，着力提供“强科技、优品质、高安全、重环保”等多个方位的出行解决方案。面对当前新时代制造业高质量发展以及建设现代化经济体系的需要，北汽勇当汽车行业先锋，积极推进供给侧结构性改革，不断加快行业结构调整和转型升级，践行“创新、协调、绿色、开放、共享”五大发展理念，努力做好“高、新、特”三大篇文章。

“高”是指强化高效益和高端制造，巩固高品质的发展基础。不断推进高端产能调整，不断增加高附加值，优化高科技产品布局，促进品牌发展，大力培育服务贸易、金融等新的增长极，积极深化产业转型升级。“新”是指创新驱动，加快全面新能源化、智能网联新技术开发应用的步伐。北汽集团在业内率先推出新能源汽车业务，成绩斐然，在中国电动汽车的销售领域有着很大的竞争力，在资源整合上有很强的整合能力。新能源汽车的拓展市场的任务也成为北汽集团输出中国国家竞争力的重要使命。2019 年北汽新能源取得傲人成绩，销量位列全球纯电动汽车市场第 1 位，连续 5 年取得国内纯电动汽车市场销量第一的成绩。并且牵头组建了汽车行业首个国家技术创新中心。“特”体现在强化特色产品和服务，打造高质量发展差异化优势方面，坚持“纵向深化、横向拓宽”的开发原则；在服务方面，积极响应共享经济浪潮，通过服务转型，打造具有高效未来的“出行业务”。

参考文献

北汽集团：《突破变局　傲立时代》，《汽车纵横》2019 年第 5 期，第 23 ~ 25 页。

于永达、韩振国、张洋、王晓雪：《创新型国家、学创型组织与国企创新发展路径研究——以北汽集团为例》，《管理现代化》2019 年第 39 卷第 2 期，第 30 ~ 34 页。

郑雪芹：《北汽全面推进“新能源 + 智能网联”双轮驱动战略》，《汽车纵横》2019 年第 3 期，第 30 ~ 31 页。

关喆：《北汽：开启百年新征程》，《汽车观察》2018 年第 10 期，第 42 ~ 45 页。

关喆：《北汽集团：擘画“高、新、特”发展蓝图》，《汽车观察》2018 年第 8 期，第 90 ~ 93 页。

王勇：《进阶中的北汽新能源》，《能源》2018 年第 8 期，第 58 ~ 59 页。

郑劼：《北汽战略新蓝图：以新能源为抓手》，《汽车观察》2018 年第 7 期，第 28 ~ 31 页。

王勇：《进阶中的北汽新能源》，《能源》2018 年第 8 期，第 58 ~ 59 页。

吕宇翔：《传统厂商新能源汽车价值链构建与治理研究》，硕士学位论文，暨南大学，2018。

赵黎：《北汽：新时代的探索与突破》，《汽车纵横》2018 年第 6 期，第 33 ~ 34 页。

张弛：《北汽集团新时代发展策略与布局》，《新能源汽车报》2018 年 5 月 21 日，第 18 版。

曹晓昂：《从“走出去”到“走进去”，北汽国际的海外故事》，《汽车纵横》2018 年第 5 期，第 64 ~65 页。

北铭：《北汽与麦格纳携手打造新一代智能纯电动汽车》，《中国设备工程》2018 年第 9 期，第 5 页。

B.16

海信集团国际化发展案例研究

张婉婷*

摘　要： 近年来，全球家电业格局发生深刻变化，日系品牌逐渐没落，欧美品牌纷纷剥离家电业务，中国已经成为世界家电制造大国。从全球家电市场来看，无论是在最能体现竞争力的欧美市场，还是在亚非拉等发展中国家地区，以海信为代表的国内家电企业正在创造属于中国品牌的时代。本文结合海信集团国际化经营实践，从生产基地的建设、研发体系的构建和海外分公司的设立三大方面分析了其国际化发展特征，并总结了海信国际化进程中的四大关键因素。本文通过对海信集团国际化战略的研究，提供一个有代表性的企业国际化案例，对国内其他家电企业有一定借鉴价值和现实意义。

关键词： 海信集团　国际化发展　家电制造业

一　案例现状及问题提出

（一）海信集团概况

海信集团成立于1969年，由“青岛无线电二厂”发展而来，公司总部位于山东青岛，当前拥有海信电器（600060）和海信家电（000921）两家在沪、深、港三地上市的公司，在全球拥有13个生产基地，18家海外分公

---

* 张婉婷，晋中学院讲师，主要研究方向为企业风险管理。

司，12 所研发中心，并且拥有“海信”“容声冰箱”“科龙”“东芝电视”等多个品牌。图 1 为海信集团产权结构。

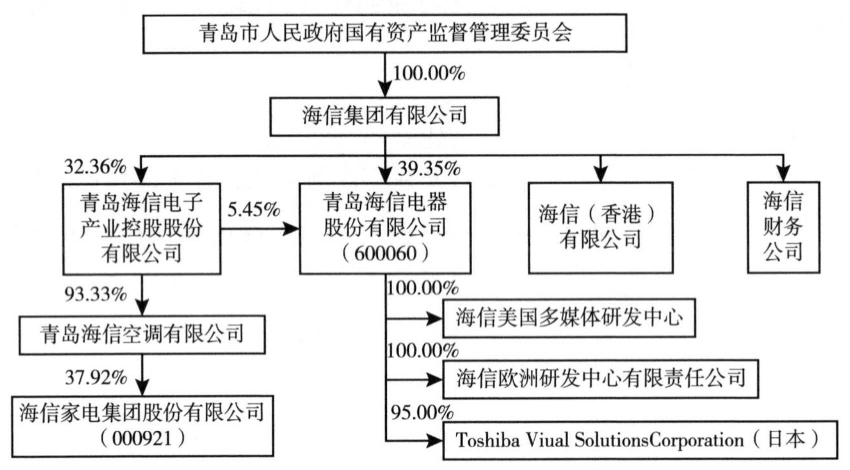

图 1　海信集团产权结构

注：数据截至 2018 年 12 月 31 日，图中列示了海信电器部分海外子公司，其余未列示。

目前，海信集团主营业务形成以数字多媒体技术、智能信息系统技术、现代通信技术、激光显示技术等为支撑，涵盖多媒体、家电、IT 智能信息系统和现代地产的产业格局，其在各产业中的主营业务见表 1。从产品结构来看，电视、冰箱、空调等家电产品是海信的拳头产品，它们在海信集团主营业务收入占比中名列前位。从地区来看，当前海信的营业收入中，1/3 来自海外收入，2/3来自国内收入，海信集团俨然是全球型的集团企业。

表 1　海信集团产业类别及主营业务

产业类别	主营业务
多媒体产业	互联网电视运营、电视机与显示设备、移动通信设备、光通信器件、芯片
家电产业	冰箱、冰柜、空调、洗衣机等的研发、制造与营销
IT 智能系统	智慧城市、智慧社区、智能交通、智能商用、医疗电子、移动通信技术、智慧家居系统与服务
地产及现代服务	地产、高级百货连锁、模具设计与制造、贸易、金融

资料来源：海信集团官方网站。

近年来，海信坚定不移地坚持“科技型企业”定位，其自主创新实力和品牌价值在国内外不断提升，很多技术上的突破和自主创新的产品，已成为全球行业内的标杆。经过近三十年的努力，海信集团在“走出去”、“走进去”和“走上去”的“三步走”战略下，实现了其业务的多元化和国际化发展，最终确立了海信产品和品牌的市场领先地位。表 2 为海信产品获得的行业荣誉。

表 2　海信产品获得的行业荣誉

主要产品	行业荣誉	数据来源
海信电视	自主创新品牌第一	2018 年中国品牌价值排行榜
	中国出海品牌十强	BrandZ 中国出海品牌 50 强榜单
	海信电视全球出货量第四	IHS
海信冰箱	海信、容声冰箱合计中国市场占有率第二	中怡康统计
海信空调	海信、科龙空调合计中国市场占有率第四	中怡康统计
光通信	海信宽带光模块产品国内排名第一	2016 年全球光通信市场现状分析与预测
	海信宽带光模块产品全球占有率排名第六	
智能交通	2011 ~ 2015 年城市智能交通企业业绩总排名第一	《2016 年中国城市智能交通市场研究报告》
智能商用	海信商业 POS 连续十三年中国第一	《中国收款机行业市场调查分析报告》

数据来源：海信集团官方网站。

（二）海信集团国内外发展历程

1. 国内发展历程

1969 年，海信集团的前身“青岛无线电二厂”成立，从最初主要生产半导体收音机，到第一代“青岛牌”彩色电视机问世，只用了 15 年的时间。1993 年，随着《商标法》（修正版）的颁布，“青岛牌”正式更名为“海信”，同年海信集团成立。之后，海信集团涉足通信技术、智能交通技术、芯片技术等领域，并构建了 3C 产业格局，拓展空调、冰箱、液晶电视、智能手机生产线，在国内，成为一家多元化企业。

从海信集团在近二十年发展中经历的大事件（见图 2）可以看出，海信更是根植于民族情怀的企业，它在技术上的不断创新与突破，结束了多个领

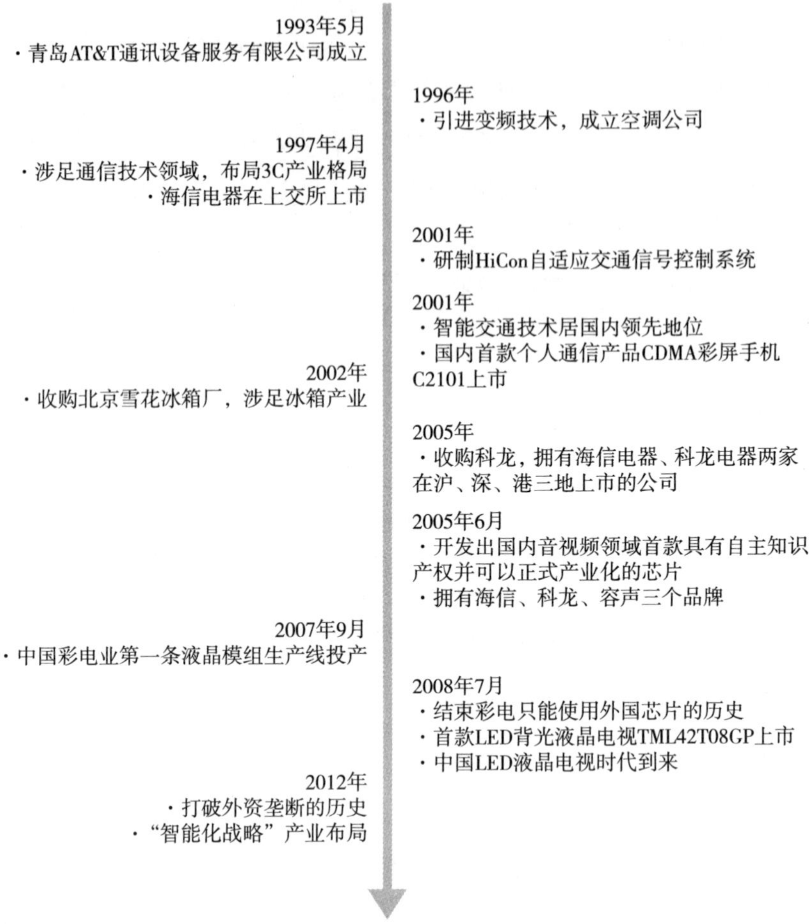

1993年5月
・青岛AT&T通讯设备服务有限公司成立

1996年
・引进变频技术，成立空调公司

1997年4月
・涉足通信技术领域，布局3C产业格局
・海信电器在上交所上市

2001年
・研制HiCon自适应交通信号控制系统

2001年
・智能交通技术居国内领先地位
・国内首款个人通信产品CDMA彩屏手机C2101上市

2002年
・收购北京雪花冰箱厂，涉足冰箱产业

2005年
・收购科龙，拥有海信电器、科龙电器两家在沪、深、港三地上市的公司

2005年6月
・开发出国内音视频领域首款具有自主知识产权并可以正式产业化的芯片
・拥有海信、科龙、容声三个品牌

2007年9月
・中国彩电业第一条液晶模组生产线投产

2008年7月
・结束彩电只能使用外国芯片的历史
・首款LED背光液晶电视TML42T08GP上市
・中国LED液晶电视时代到来

2012年
・打破外资垄断的历史
・"智能化战略"产业布局

图 2　海信集团国内发展大事件

域内外国技术在我国的垄断局面，国家质量监督检验检疫总局曾就海信做出的成就授予其"中国自主创新品牌价值第一名"的荣誉。与此同时，海信通过技术引进、投资建厂、并购企业等方式，积极推动自身产业链的延伸，在家电产业、多媒体产业、IT 智能系统三大方面实现了同步发展。

2. 国外发展历程

图 3 为海信集团的国外发展大事件。1996 年 10 月，海信集团投资 580 万元收购韩国大宇集团在南非的 CRT 电视工厂，迈出实施国际化战略的第

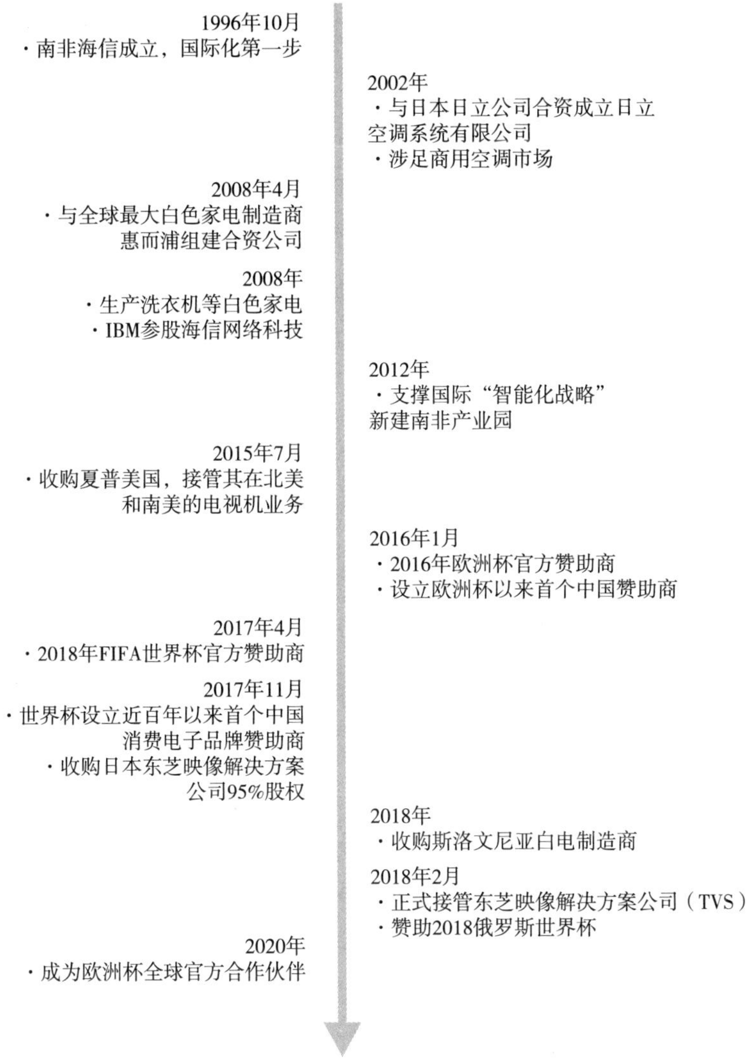

1996年10月
· 南非海信成立，国际化第一步

2002年
· 与日本日立公司合资成立日立空调系统有限公司
· 涉足商用空调市场

2008年4月
· 与全球最大白色家电制造商惠而浦组建合资公司

2008年
· 生产洗衣机等白色家电
· IBM参股海信网络科技

2012年
· 支撑国际“智能化战略”新建南非产业园

2015年7月
· 收购夏普美国，接管其在北美和南美的电视机业务

2016年1月
· 2016年欧洲杯官方赞助商
· 设立欧洲杯以来首个中国赞助商

2017年4月
· 2018年FIFA世界杯官方赞助商

2017年11月
· 世界杯设立近百年以来首个中国消费电子品牌赞助商
· 收购日本东芝映像解决方案公司95%股权

2018年
· 收购斯洛文尼亚白电制造商

2018年2月
· 正式接管东芝映像解决方案公司（TVS）
· 赞助2018俄罗斯世界杯

2020年
· 成为欧洲杯全球官方合作伙伴

图 3　海信集团国外发展大事件

一步，依托国内的产能及成本优势，积极布局全球重点市场。从非洲到亚洲发达国家，再到北美和欧洲，海信在全球范围内不断拓展研发中心、海外公司和生产基地，领先推出 ULED 超画质电视、4K 激光电视等高端差异化产品，在全球市场份额和品牌认知度方面均有了质的突破。

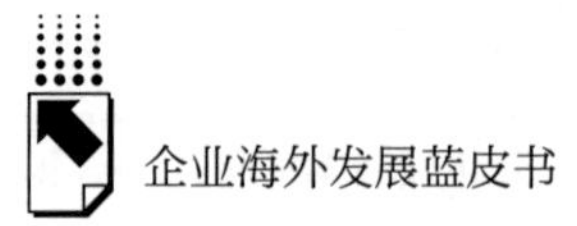

从市场份额来看。2018 年，在日本电视市场容量与 2017 年基本持平的情况下，“海信牌”电视销量同比增长 34.4%，海信电视与东芝电视的市场份额超过了 20%，高居日本市场第二位。近几年，“海信牌”家电产品，在日本、北美、欧洲、南非、澳洲等重点海外市场，均保持高速增长态势。

从品牌认知度来看。2019 年初，中国外文局发布了 2018 年“中国企业海外形象调查报告”，海信位居“中国企业海外形象 20 强”榜单第二名，并在家电分行业榜单中，获得中国“最佳海外形象”第一。根据益普索调研数据，“海信品牌”在国外的整体认知度较 2017 年提高了 6%，特别是在英国、法国、加拿大、俄罗斯、西班牙等海外市场，知名度和美誉度不断提高，“海信品牌”已向全球高端品牌迈进。自 1996 年海信开始走国际化战略，经过二十多年的经营与发展，海信从“中国制造”实力转型为“中国创造”，已经成长为国际强势品牌。

（三）海信集团国际化现状

青岛海信国际营销股份有限公司是海信集团旗下的子公司，负责整体海外业务拓展，并在南非、捷克及墨西哥等地设有生产基地。在美国、英国、德国、澳洲、日本等 18 个国家及地区设有海外分公司，产品远销西欧、北美、澳洲、非洲、东南亚等 130 多个国家和地区。海信集团在海外主要经营业务涉及两大产业——多媒体行业和家电制造业，由两大子公司海信家电集团股份有限公司和青岛海信电器股份有限公司分别经营，总体来看，2009 ~ 2018 年，海信集团 10 年期间的年均复合增长率约为 9.85%，其中，海外收入占集团总体收入的 1/3。

2018 年，由于全球经济增速以及技术更新放缓等因素的影响，加之互联网市场价格战以及原材料价格波动的影响，整个市场需求疲软，家电行业进入存量竞争阶段，竞争激烈。家电产品是海信集团国际化经营的拳头产品，从主营业务收入来看，在严峻的市场环境下，海信家电产业主营业务收入仍能保持增长态势，全球市场占有率持续上升，表明其品牌知名度和市场地位在海外市场不断提升。从净利润来看，海信为提升长期发展能力，在全球继续加大技术研发投入以及品牌建设投入，致使费用增幅较大，导致短期内利润下滑。但从净资产收益率来看，在行业整体下滑的背景下，海信在多媒体及家电产业领域仍能保持高于10%的平均净资产回报率，表明其收益能力的强劲（见表3）。

表3　2018年海信家电及多媒体产业主要财务指标

财务指标	主营业务收入(亿元)	净利润(亿元)	净资产收益率(%)
行业平均值	312.2	17.7	-1.7
海信家电	360.2	13.8	18.7
海信电器	351.3	3.5	2.8

数据来源：根据新浪财经数据整理。

海信集团境外业务占总体营业收入的1/3，就历史数据来看，境外业务每年能保持10%的增长速率，海外市场的增长基本能与集团整体协调同步发展。尽管海外研发投入以及营销投入力度的加大，导致近两年营业毛利率有所下滑，但在海外市场疲软的情况下，仍高于5%的毛利率水平，表明海信产品在海外市场的品牌认可度依旧较高（见图4）。“2018年Brand ZTM中国出海品牌50强”排行榜中，海信排在第9名，并且获得“海外成长最快家电品牌”称号。

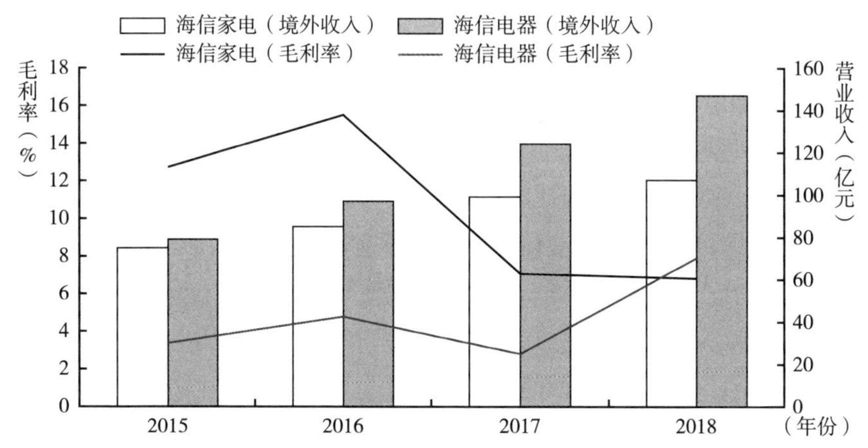

图4　海信家电及多媒体产业境外经营情况

数据来源：海信家电、海信电器财务报告。

近年来，海信一方面持续丰富产品阵容、不断细分市场、努力提升产品差异化水平，以提高出口产品竞争力；另一方面，提升中高端产品销售占比，持续优化出口产品结构，向世界知名高端品牌进军。

二　海信集团国际化发展特征分析

海信集团自1996年开始国际化战略的20多年来，境外营业收入占比超过1/3，并平均每年以10%的速率增长，在国际市场上长期支撑品牌的，还是不断发展的产品和技术，这离不开全球供应链、全球研发系统和售后服务网络布局。目前，海信在全球拥有18家海外公司、13家生产基地、12所研发中心，这三大布局促使海信海外市场的拓展可以快速进行。

1. 辐射全球的生产基地

海信集团在全球拥有13个生产基地，除成都、青岛、江门、佛山等国内九大生产基地外，海信在海外先后投资了四大生产基地，分别是最早投资建厂的南非生产基地，以及近几年建成的新泽西生产基地、捷克生产基地及墨西哥生产基地。2015年，根据集团全球化布局，海信加大了北美、欧洲等国际重点市场的推进力度，成功收购夏普墨西哥电视工厂及其电视业务，改建成海信墨西哥生产基地。

海信集团的四大海外生产基地辐射西欧、南非和北美三大国际重点市场。全球生产基地的建成为海信打开国际市场起到了重要作用。首先，海外生产基地可以使海信灵活选择产品进入海外市场的方式，包括：国内完全生产国外销售（CBU）、国内散件生产国外组装销售（SKD）、国外本土采购国外销售（CKD）。其次，全球生产基地的建成可以有效地避免关税，降低产品成本，提高海信产品在国际市场的竞争力。再次，利用当地各类资源，如生产技术、供应链等，进行全产业链的纵向集成，提升海信的核心竞争力。

2. 全球协同的研发体系

海信集团不断完善其在全球的研发体系，在我国青岛、上海、武汉、深圳、顺德设有五个研发中心，均是由顶尖的技术研发人员组成的国内领先的研发团队，负责家电产品、芯片、多媒体、宽带通信等领域的研发工作。

海信在海外相继建立了硅谷研发中心、北美研发中心、光器件研发中心（美国）、加拿大研发中心、欧洲研发中心、以色列研发中心以及日本研发中心七大海外研发中心（见图5）。海外研发中心一方面对新技术进行跟踪和预研，服务国内研发项目，确保新技术可以在产品上及时应用；另一方面，研究所在地区的技术发展趋势和市场走向，确保开发的产品符合当地市场需求。

海信全球研发体系的建立，国内外研发中心的协同发展，使得其研发效率和研发水平、自主创新的深度和广度明显提升。例如，海信从2010年至2015年在美国成立了三大研发中心——硅谷研发中心、光器件研发中心和北美研发中心，这三大研发中心的建立，研发任务从与数字音视频芯片相关的预研设计，扩大到显示技术、芯片、光通信、人工智能等前沿高端产品和核心技术研究，并配合青岛研发中心完成高端智能电视产品开发，提高了海信全产业链的纵向集成能力和核心竞争力。

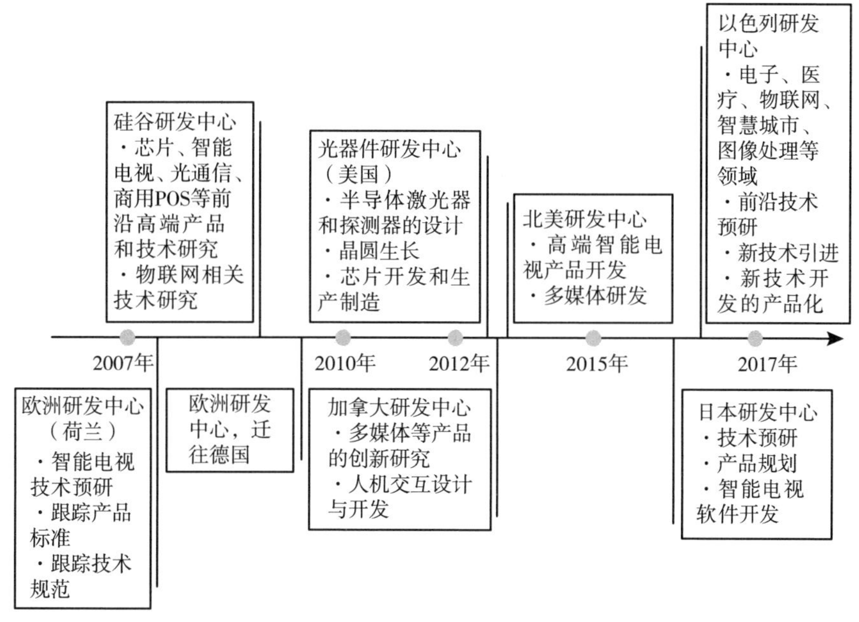

图5　海信海外研发中心概况

3. 覆盖全球的海外公司

世界经济全球化之后，海信集团在海外市场的重点地区和国家投资成立了18家海外公司（见表4），这些海外公司的设立，加快了海信集团国际化进程的速度。

第一，依托海信产品“高质中价”的产品定位，海外公司的设立，可以与海信主流渠道商建立合作关系，拓展渠道资源，从而提高产品市场竞争力。例如，美国海外公司的成立，使海信迅速进入美国的多家全国性大型连锁渠道（如沃尔玛、亚马逊、山姆俱乐部等），海信品牌已经成为当地市场的主流品牌。此外德国、俄罗斯、英国、迪拜等海外公司的成立均是为了拓展渠道资源，这是海信集团成立海外公司最重要的原因。

第二，海外公司的设立，可以让海信利用当地资源优势，助力品牌发展。例如，捷克地处欧洲中心，交通发达，捷克海外公司的成立，使海信集团搭建起了一条高效灵活的生产、物流和服务支持体系，成为海信拓展国际市场的重要保障。

第三，区位辐射优势明显，海外公司的设立可以协力构建全球销售网络。例如，墨西哥海外公司的成立，直接带动海信产品在墨西哥的生产和销售，同时，海信以墨西哥海外公司为基础，进一步拓展其在拉丁美洲的品牌业务。

表4　海信集团海外公司主营业务一览

序号	海外公司	成立年份	主营业务
1	南非海外公司	1994	电视、冰箱等家电产品
2	美国海外公司	2001	电视、空调、冰箱等多媒体和家电产品
3	意大利海外公司	2002	智能电视、冰箱、空调，以及智能手机、平板电脑等电子类产品
4	澳洲海外公司	2006	电视、空调、冰箱
5	西班牙海外公司	2009	电视、冰箱、洗衣机、空调等家用电器，以及智能手机等电子类产品
6	马来西亚海外公司	2010	智能电视、空调、洗衣机、冰箱、冰柜和其他家用电器，以及商用空调
7	日本海外公司	2010	家电产品

续表

序号	海外公司	成立年份	主营业务
8	墨西哥海外公司	2011	全品类产品
9	德国海外公司	2011	家电、智能手机等全品类产品
10	加拿大海外公司	2012	高端电视产品、冰箱、除湿机、空调等家电
11	英国海外公司	2012	高端家用电器，如智能电视、冰箱和洗衣机等
12	迪拜海外公司	2012	家电产品，以及消费类电子产品
13	法国海外公司	2014	电视、冰箱、洗衣机和智能手机等
14	印度尼西亚海外公司	2014	智能手机等多媒体及通信产品
15	捷克海外公司	2015	电视等家电产品
16	泰国海外公司	2016	消费电子产品
17	俄罗斯海外公司	2017	智能电视、冰箱和洗衣机等
18	阿根廷海外公司	2017	电视、空调及其他产品线

数据来源：根据海信集团官方网站整理。

三　海信集团国际化进程中的关键因素分析

（一）海外市场拓展战略

目前，海信集团在北美、西欧、南非、日本等海外重点市场均保持领先市场地位，海信在进入海外市场时，不可避免地面临着贸易壁垒的阻碍，最终能在国际市场获得一席之地，离不开其拓展海外市场的战略选择。海信集团选择的是“综合立体式拓展战略”，从市场拓展模式来看，包括直接出口、设立海外分支机构、直接投资建厂；从产品进入模式来看，是以贸易和投资相结合的方式，包括国内完全生产海外销售、国内散件生产海外组装销售、海外本土采购海外销售。

南非市场是非洲经济发展的代表，也是海信最先打开的海外市场，下面以南非市场拓展为例，阐述海信的海外市场拓展战略。海信在南非市场的扩张战略为“三步走”战略，分别是以产代销的“走出去”战略、实现产品领先的“走进去”战略、注重品牌建设的“走上去”战略。

第一，“走出去”战略。这一阶段，海信在南非市场面临的最重要的问题是如何让合适的产品迅速进入海外市场，海信采取了直接投资收购海外工厂的策略。一方面，配合南非政府鼓励当地工业发展政策，绕开关税壁垒；另一方面，在本地采购较大物料，可降低总体成本，并直接提高了其产品竞争力。海信本地化生产策略取得了非常好的效果，例如当时的电视市场份额一度超过30%，南非市场基本全面覆盖，以产代销的“走出去”战略使海信较快地从国内市场走向了国际市场。

第二，“走进去”战略。这一阶段，海信面临的主要问题是如何提高市场份额及利润空间，海信在产品规划和销售渠道两方面共同发力。在产品规划方面，海信在南非设置了高新产品研究中心，提前研发符合当地需求的主流产品，并快速将差异化的产品推向市场，后期随着市场需求的扩大，海信开始延伸自身产品线，采取家电行业的相关多元化战略，充分利用海信品牌的辐射效应。另外，海信结合在西欧的销售情况，根据产品的生命周期及不同区域间技术呈现的差异特征，提前将西欧反响较好的产品规划到南非市场，缩短了产品研发周期，节约了产品研发成本。在销售渠道方面，海信在熟悉南非的商业环境后，为避免渠道冲突，开始选择渠道层面的战略合作伙伴，例如与当时南非最大的连锁零售集团保持战略合作关系，并提供质量过硬的售后服务、前端技术咨询服务以及供应链管理。实现产品领先的“走进去”战略使得海信在南非保持快速发展。

第三，“走上去”战略。这一阶段，海信开始发力品牌建设，集中资源将海信打造成为当地主流名牌。一方面，海信积极放宽品牌营销活动，例如，举办新产品发布会、参加区域展会、赞助大型宣传活动，通过高密度的营销活动，海信打开了包括智能电视、高端节能冰箱等在内的中高端市场，提升了品牌知名度。另一方面，海信着力关注当地公益活动和慈善活动，例如，赞助南非当地教育事业、体育事业、医疗机构等，提升了海信品牌的美誉度。注重品牌建设的“走上去”战略使得海信成为南非市场的知名品牌，同时也树立了全新的国际形象。

（二）追求技术领先

近年来，海信秉承“科技型企业”的发展定位，持续投资国内外研发基地，不断完善以自主创新为核心的全球研发体系，通过技术产品的不断创新，建立了海信集团的核心竞争力。

从研发投入来看。以海信家电为例，无论是研发投入占营业收入比例，还是研发人员占员工总数比例，历年来均保持稳步提高（见表5）。研发环节的大力投入，带来的是终端产品的不断创新、不断突破、不断升级。海信的拳头产品海信ULED电视曾在国际消费电子展（CES）上，荣获“年度显示技术金奖”；再如，法国影响力最大的第三方评测机构AVCESAR曾给海信ULED电视“六颗星”的顶级评价，也是截至目前获得此机构最高级别评价的中国品牌。

表5　海信家电研发投入情况

年份	研发投入金额（百万元）	研发投入占营业收入比例（%）	研发人员数量（人）	研发人员数量占比（%）
2015	507	2.16	995	3.02
2016	573	2.15	1093	3.22
2017	726	2.17	1170	3.47
2018	1008	2.80	1309	3.98

数据来源：海信家电财务报告。

从研发基地建设来看。在我国，海信拥有国家级企业技术中心、企业博士后科研工作站、国家认可实验室、广东省重点工程技术研究开发中心，以及业内领先的研发团队。在海外，海信大力投资海外研发中心，围绕IT智能、通信、人工智能等领域，大力引进海外研发人员，依托发达国家研发实力，持续升级核心技术。海信集团整合全球研发技术资源，使研发效率和研发水平、自主创新的深度和广度明显提升，是中国“自主创新品牌价值”当之无愧的冠军，实现从“中国制造”向“中国创造”的转变。

（三）海外精准营销

随着海信集团研发能力的不断提升，海信产品已经以“高质中价”的品牌形象实力转型为全球中高端产品，同时，海信品牌营销策略也转向了高端市场的精准营销。

首先，海信和沃尔玛、好市多、山姆会员店、百思买等国际家电、百货巨头建立了稳定的战略合作关系，依托这些国际巨头，海信产品渠道覆盖了海外主要市场七成以上的国家，连续三年成为全球销量三甲品牌。

其次，统计数据显示，每提升1%的品牌知名度，预计广告营销费需要增加投入约2000万美元，但利用大型体育赛事营销，相同的营销费用支出，品牌知名度可提高约10%。可以看出，与全球最具商业价值的体育赛事合作，是最具成本效益的海外营销策略。海信从2018年开始，连续6年冠名澳网两大主场；2016年成为欧洲杯顶级赞助商，并打出“中国第一”的广告语；2018年成为俄罗斯世界杯赞助商；2020年成为欧洲杯全球官方合作伙伴。海信通过加大与全球大型体育赛事合作力度，展现海信“年轻、时尚、国际化”的品牌形象，全面提升了海信品牌的全球影响力。

在过去两年中，海信国际营销收入年平均增长率超过20%，其中的自有品牌占比将近60%，在全球主要市场如西欧、北美、南非等均保持超过10%的高增长态势。在最难进入的日本家电市场上，海信日本品牌销售量同比增长79.3%，海信品牌已经是日本市场份额最大的海外品牌。

据益普索对2018年俄罗斯世界杯赛前、赛后的调研数据，海信在海外的整体认知度较2017年提升了6%，特别是在西欧、北美、日本等重点国家及地区市场，品牌认知度均显著提升。通过海信精准的海外营销策略，海信品牌迅速转型为全球高端品牌。

（四）聚焦品牌建设

海信国际化战略成功的关键因素之一是其不断提升的海外知名度和品牌影响力，海信已连续五年入选“外国人最熟悉的十大中国品牌”。近几年，随着海信在南非、北美、西欧等海外市场的定位逐渐提升为中高端产品，品牌的推广效果也逐渐提升到了一定高度。一方面，海信始终坚持“制造温暖、输出信赖”的品牌愿景。在海外市场，海信支持当地的公益事业，例如赞助学校教育事业、赞助医疗机构、支持当地体育事业等，使得海信在海外顾客心中形成具有社会责任感的企业形象。另一方面，海信注重产品的“绿色”与“环保”。在2017年绿色生产与消费国际交流会上，海信空调系列产品荣获“2017绿色设计国际大奖”，根据海关统计数据，2017年海信空调产品出口量同比增长35%，远高于行业11.5%的增长水平。

目前，海信集团拥有“海信”“容声冰箱”“科龙”“东芝电视”等多个品牌，均有良好的品牌美誉度和市场基础。“海信”品牌位列“2018年BrandZTM中国出海品牌50强”排行榜中的第九名；“容声”品牌有35年的悠久历史，“容声”牌冰箱曾连续11年获得全国第一，其“大容共生、品质传承”的品牌形象也深入人心；“科龙”品牌以“青春、年轻化”为市场定位，品牌形象的转型带来了年轻化的市场拉力，“科龙”在多年技术沉淀基础上不断创新，在产品能效、控温技术等专业层面保持行业前沿水平。海信集团多年来深植品牌建设，不断在国际市场上赢得赞誉，在成为国际知名品牌的同时，也树立了中国企业全新的国际形象。

四　发现与启示

（一）先易后难，开拓全球市场

海信在国际化的模式上，与一般代加工、贴牌生产的企业不同，海信对国际市场有着长远的战略规划。在打开国际市场大门的模式上，海信选择了“先易后难”的方式，南非是海信最先进入的市场。与发达国家市场不同，同属于发展中国家和地区的南非市场，在技术以及管理经验方面，与国内市场没有明显的差距，在实施国际化战略初期，海信选择发展中国家和地区市场作为国际化的第一步，能够在更大范围内整合要素资源，减少贸易摩擦，提高产品的核心竞争优势。

之后，海信凭借在海外市场积累的规模效应和产品优势发力发达国家和地区市场，如美国、西欧，这个阶段，海信通过灵活精准的营销策略、不断延伸的产品线以及不断升级的产品技术，迅速攻克一个又一个的海外市场。最后，通过产品升级、塑造品牌及企业形象，将海信的产品打造为海外市场主流产品，海信品牌也随之转型为全球中高端品牌。

（二）根植创新，争做行业标杆

近十几年，海信集团快速地打开了全球市场，集团规模不断扩大，子公司不断增多，从成立之初到现在，海信集团一直坚持着“追求技术领先”的经营理念，根植创新，很多技术上的突破和自主创新的产品，已成为全球行业内的标杆。例如，2018 年海信自主研发的 ULED 超画质技术，在全球彩电业树立了崭新的标杆；同年，海信已经在激光电视领域申请了 764 项专利，推动了国内外激光显示技术标准和规范的制定，引领电视产业革命性升级。

在商业模式上，海信也在尝试着创新。例如，截至 2018 年 12 月，海信互联网电视全球用户数突破 3961 万，同比增长 28.7%，互联网运营业务快速增长，海信凭借 AI 智能电视系统的优化和不断研发，不断探索新的商业模式，在智能家电行业，2019 年，海信将以“全球最大的客厅智慧生活流量入口”为发展目标，打造新一代的人工智能家庭，为用户提供最完美的产品和体验。

海信从为用户提升价值的角度出发，一方面，不断提升自主创新能力，努力提高产品性能，提升公司核心竞争力，为产业升级提供雄厚的技术支持；另一方面，不断创新商业模式，在变幻莫测的全球经济形势下，给海信提供了转型的可能。

（三）塑造品牌，定位企业形象

“海信”取自“海纳百川，信诚无限”，“诚信”也是海信企业文化的核心内容，是海信持续发展的经营理念。海信秉持“诚信”的核心价值观，对员工、对供应商、对客户、对全球的消费者始终恪守诚信，这也使得海信不断在国际市场上赢得赞誉。

近年来，海信品牌指数持续上升，其国际化战略的阶段性成功，还离不开海信重视品牌形象的塑造。作为全球性的企业，海信在国内外市场积极参与当地公益事业和慈善活动，体现了海信的社会责任，“品牌优势”已然成为海信拓展国际市场的核心竞争力。例如，海信集团旗下的“海信”“容声冰箱”“科龙”“东芝电视”等多个品牌，均有良好的品牌美誉度和市场基础。海信集团多年来深深植根于品牌建设，赢得了国际市场的赞誉，成为国际知名品牌。

作为中国跨国企业的领军者，海信专注“中国创造”，在激烈的国际市场中，持续专注自身的高标准，使海信品牌成为国际知名品牌的同时，树立了中国企业良好的国际形象。

参考文献

孙聪：《海信集团国际化发展战略研究》，硕士学位论文，山东大学，2017。

王鑫：《海信集团国际化的成功经验与启示》，《对外经贸实务》2015 年第 2 期，第 72 ~ 75 页。

杨继刚：《海信转型的“一个中心、两个基本点”》，《中国工业评论》2016 年第 5 期，第 85 页。

刘一又、王丽：《企业国际化发展的要素分析及风险应对策略——以海信集团为例》，《现代商贸工业》2019 年第 10 期，第 31 ~ 33 页。

许晖、王睿智、许守任：《社会资本、组织学习对企业国际营销能力升级的影响机制——基于海信集团国际化发展的纵向案例》，《管理学报》2014 年第 2 期，第 244 ~ 253 页。

毕雅婷：《海信国际化经营战略研究》，硕士学位论文，河北工业大学，2013。

B.17 三一重工国际化发展案例研究

汪春雨*

摘　要： 三一重工是全球工程机械制造领域的标杆企业，是中国民营企业国际化发展的典范。本文以三一重工为研究对象，对其国际化发展历程及现状特征进行了阐述，重点分析了三一重工国际化发展的动因，以及国际化成功的关键因素，在此基础上得出中国企业尤其是民营企业国际化发展的一些启示。研究认为，国内经济增速放缓、行业竞争日趋激烈，"一带一路"倡议稳步推进、基础设施需求增加，扩大市场规模、打造国际知名品牌等共同推动三一重工不断拓展海外市场业务和深化国际化发展，而正是卓越的品质、持续的创新和优质的服务这三大关键要素，促使三一重工成功探索出一条适合企业自身发展特点的国际化发展道路，其加强自主创新、开拓多元化市场、抱团和借船出海以及做好本地化服务等做法值得国内企业参考和借鉴。

关键词： 三一重工　国际化　一带一路

一　案例现状及问题提出

（一）企业概况

1994 年三一集团创建三一重工股份有限公司（SANY HEAVY INDUSTRY

* 汪春雨，对外经济贸易大学博士，主要研究方向为对外投资与区域合作。

CO.，LTD，以下简称“三一重工”），主要从事工程机械的研发、制造、销售与服务。自公司成立以来，三一重工取得了显著发展，行业竞争力不断提升。2003 年成功上市，2005 年率先成为中国股权分置改革的试点企业。2011 年，三一重工取得了历史性的突破，在国际舞台上大放异彩，以 431 位的排名进入 2011 英国《金融时报》全球 500 强企业排行榜，成为中国第一家入选该榜单的企业，其在当年的市值高达 215.84 亿美元。2012 年与中信产业基金合作，出资收购混凝土机械全球第一品牌德国普茨迈斯特的全部股份，改变了混凝土机械行业全球竞争格局。2018 年荣获《财富》最受赞赏中国公司、中国 500 强、最具影响力创新公司、海外榜 TOP50 以及中国创新方法大赛全国一等奖等诸多奖项和荣誉。

作为当前世界最大的混凝土机械制造商和中国最大的工程机械制造商，三一重工的主导产品涵盖混凝土机械、挖掘机械、起重机械、桩工机械、筑路机械、建筑装配式预制结构构件六大领域。其挖掘机业务已经连续八年蝉联国内挖掘机销量榜第一，稳坐国内挖掘机领域的头把交椅。

2018 年，其混凝土机械、挖掘机械和起重机械营收占工程机械行业营收比重分别为 35.42%、31.22%和 17.20%，三者对工程机械行业营业收入贡献度超过 80%，其他营业收入来自桩工机械（8.63%）、路面机械（3.92%）及其他产品（3.60%）。前两大业务，已具备世界级品质和竞争力。

（二）主要发展阶段

工程机械行业发展与中国宏观经济联系紧密，往往受到基础设施建设以及固定资产投资规模影响。2008～2018 年三一重工经历了中国工程机械行业发展的整个周期，具体可划分为三个阶段。

一是 2008～2011 年快速增长阶段。该阶段经营业绩表现良好，营业收入由 2008 年的 137.45 亿元增长到 2011 年的 507.76 亿元，年均增速高达 54.59%（如图 1 所示）。2008 年全球金融危机爆发，国内经济增速回落，为了缓解经济放缓的趋势，国家出台“四万亿”刺激计划，对全国机场、公路、铁路、水运等众多重大基础设施项目进行大规模投资，以拉动对工程机械设备的巨大需求。三一重工领导层和决策层审时度势，加大科研创新力度，及时跟进国内外市场，调整企业产品结构，营业收入保持了良好的增长势头。

二是 2012 ~2016 年行业调整阶段。2012 年国内经济增速放缓，固定资产投资逐渐缩水，加之国际经济持续低迷，工程机械行业面临巨大挑战，进入长达五年的漫长调整期。该阶段，三一重工未能幸免，其各产品销量不断下滑，甚至在个别年份出现负增长，销售收入由 2012 年的 468. 31 亿元下降至 2016 年的 232. 80 亿元，平均增速为负 16. 03% 。2015 年三一重工仅售出 6. 05 万台挖掘机，同比下降 41. 40% ，仅为 2011 年高峰期的 31. 21% 。面对市场重重压力，三一重工及时调整企业发展战略，进一步优化公司内部管理结构，提升流程化信息水平。

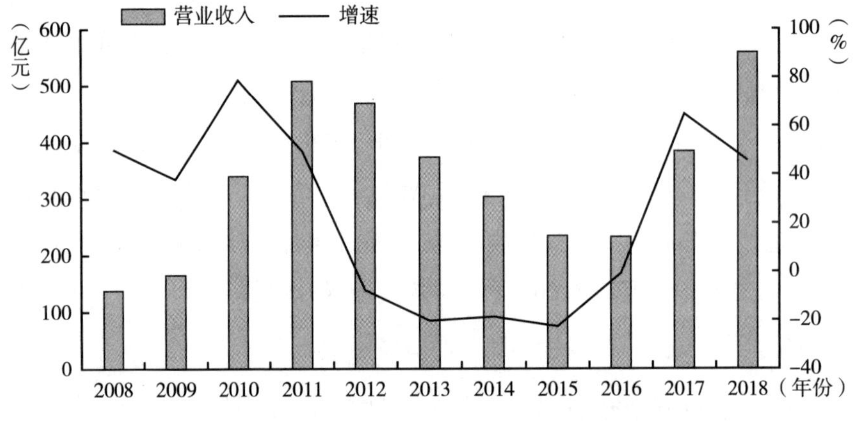

图 1　2008 ~2018 年三一重工营收及增速

资料来源:《三一重工年度报告》（2008 ~2018 年）。

三是 2017 年至今的行业复苏阶段。得益于国家政策扶持、国内下游基建回暖、“一带一路” 对基建的巨大需求，以及工程机械设备的升级换代，2017 年中国工程机械行业逐渐走出低谷。在经历五年的行业调整期后，工程机械产品产能利用率提高，销量大幅提升，进入全面复苏阶段。2018 年三一营收创下历史新高，达到 558. 22 亿元，2017 ~2018 年平均增速为

55.14%。三一重工借助“一带一路”发展机遇，积极布局和启动全球化战略，深耕国际化之路，转变传统营销模式，建立全球营销网络，实现海外业务收入和经营质量的进一步提升。

综上所述，三一重工成就的取得，离不开国际市场开拓。为借助典型，发挥经验，下面将深入剖析三一重工的国际化发展历程和现状，进一步展现其清晰的海外布局，洞察其成功的关键因素，对有国际化发展意向的中国其他企业特别是民营企业提供借鉴或启发，以推动中国企业“走出去”，提升海外市场竞争能力。

二　三一重工的国际化现状分析

三一重工通过海外投资自建营销渠道、海外并购及战略合作等方式，逐步深化国际化战略，为企业可持续发展打下了坚实基础。尤其是2011年并购德国普茨迈斯特公司后，全球混凝土行业格局发生改变，其国际化步伐向前迈出重要一步。截至目前，三一重工在全球拥有多个生产基地，业务范围涵盖150多个国家和地区，海外销售收入的70%～80%归功于国家提出的“一带一路”倡议。

（一）全球布局

随着经济一体化趋势增强，诸多企业不再对国内市场和国外市场进行分割，而是将全球市场作为一个有机整体，制定行之有效的整体发展战略。三一重工早在2001年就已开始接触海外业务，开辟海外市场，其通过销售全球化、生产全球化以及资本全球化一步步深入海外市场。2001年其与美国迪尔公司合作，代理该公司部分产品，开启了国际化之路，2002年首次实现对印度和摩洛哥出口，这是其成功进入国际市场的第一步，对其国际化发展意义重大。之后三一重工通过独资及合资方式建立国际营销子公司，通过建立科研生产基地进行海外生产和制造等方式不断开拓海外市场。2011～2013年是其海外市场布局的重要年份，建立全球分散但各司其职的产业基地和产业园区。2011 年设立三一全球，在德国投资建厂；2012 年对亚太地区、中东地区、北美地区、俄罗斯市场布局；2013 年向中亚、拉美、北非等大区迈进。经过多年努力经营和市场开拓，三一目前在海外拥有 4000 多名员工，以印度、美国、德国和巴西这四个国家为核心初步建立其四大海外工程机械研发制造基地，以及亚太大区、拉美大区、南非大区、北非大区、中亚大区、中东大区和俄罗斯为辅助的七个海外销售大区，在全球 70 多个国家和地区建立产品销售网络，业务覆盖 150 多个国家及地区。其中，亚太大区（三一重工发展最为迅猛的国际单元之一）、北非大区、拉美大区以及印度产业园（三一重工筹建的第一个海外产业园）发展迅速。在国内，三一重工还建有北京产业园、珠海产业园、新疆产业园，以及长沙产业基地、沈阳产业基地和上海产业基地。随着三一重工全球布局步伐加快，其品牌国际知名度和海外影响力不断提升，引领着行业发展。

从海外营业收入角度分析。2008 年全球金融危机前，三一重工 90% 的营业收入在国内，2009 年起海外市场逐渐发挥着越来越重要的作用（如图 2 所示）。2004 年三一工程机械行业海外营收为 0.69 亿元，占公司营收比重仅为 2.60%，2008 年飙升至 34.64 亿元，占公司营收比重高达 29.17%。受 2008 年全球金融危机影响，2009 年海外营业收入出现严重下滑，其后逐渐恢复。2013 年海外营收首次超 100 亿元，占比为 29.92%；2015 年海外营业收入比重进一步提升至 44.24%，较 2012 年提高 24.82 个百分点，创下历史新高；2018 年海外营收达到 136.27 亿元，较 2017 年多出 17.29%，占主营业务收入比重为 25.08%。三一重工海外业务基本盈利，特别是在印度、拉美和亚太等地区业绩表现良好。尽管经历了全球经济低迷和市场需求疲软挑战，但三一重工海外营业收入总体规模在不断扩大，这得益于其坚定推进国际化战略，利用海外布局优势大力进军海外市场，拓宽企业销售市场和渠道，产品国际竞争力明显提升。这也在一定程度上缓解和弥补了国内市场个别年份营业收入波动和市场销售不景气境况，分散了企业经营风险，增强了抵御风险能力。

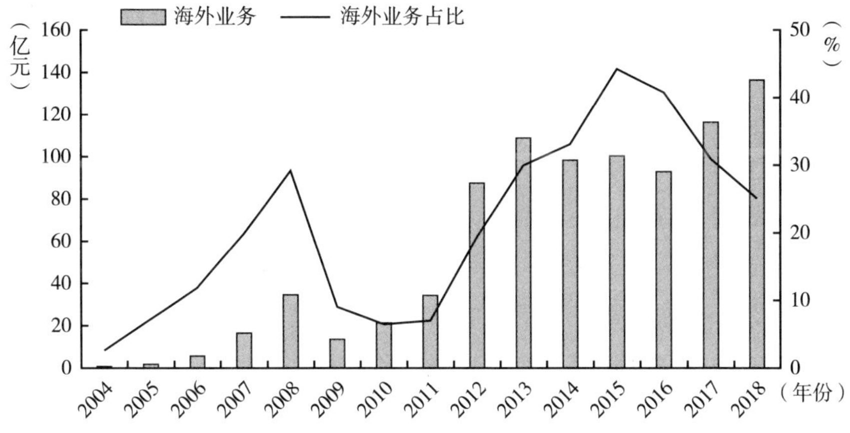

图 2　三一重工海外业务收入情况

资料来源：《三一重工年度报告》（2004 ~ 2018 年）。

（二）并购整合

跨国并购是企业整合国际资源、扩大海外市场和经营范围的一种重要的资本运作方式。随着经济全球化和信息全球化发展，不少国家和地区的跨国集团除了在他国进行产品的正常销售外，还纷纷掀起跨国并购浪潮，通过兼并和收购一些当地企业，把这些当地企业纳入跨国企业母公司的海外经营当中，在全球范围内建立起自己的子公司为其国际化助力。三一重工也不例外。2012 年 1 月三一重工与中信产业投资基金联合，以 100% 股份收购了工程机械行业"大象"——德国普茨迈斯特（以下简称"普迈"），改变了全球机械工程行业领域竞争格局，自此迈进国际化扩张和并购之路。德国普迈实力雄厚，专门从事研发和生产销售各类混凝土输送泵等，业务遍及全球上百个国家和地区，同时还拥有丰富的销售与服务经验。此次并购，使三一重工拥有了普迈的先进生产技术和发达的全球销售网络，而普迈则拥有了三一的雄厚财力，这是一次完美的资本与技术的结合。2012 年 7 月普迈凭借三一重工资金支持，成功收购欧洲 IntermixGmbH 公司 100% 的股权，实现了产品优势互补，完善了产品生产线，同时助推三一重工的国际化步伐。

2013年三一重工与奥地利帕尔菲格集团签订战略合作协议，成立两家合资公司（三一重工首次以成立合资公司形式与海外企业合作），共同进军起重机领域。帕尔菲格拥有全球领先的液压起重、装卸和搬运系统，核心产品为折臂随车起重机，在欧洲、北美、南美及亚洲等地区设有产业基地，其销售和服务中心横跨各大洲。三一重工借助帕尔菲格的先进技术与营销渠道，进一步开拓随车起重机领域的全球市场，实现了产品销售多元化，帕尔菲格也利用三一重工的品牌影响力进军更广阔市场。跨国并购已经成为三一重工开拓海外市场最便捷和最有效的途径，获取的不仅是全球市场资源通道，更重要的是一些海外技术研发平台以及优质的技术人员。

（三）“一带一路”

2013年习近平主席提出“一带一路”合作倡议。“一带一路”沿线国家和地区经济发展水平存在较大差异，基础设施项目融资需求巨大，直接刺激工程机械出口。作为中国工程机械行业的领头羊，面对如此庞大的市场，三一重工抓住此次扩张发展机遇，利用行业领先优势，积极响应国家“一带一路”倡议，深入布局海外市场，优先享受“一带一路”倡议的发展红利。2016年三一重工海外营业收入占总收入比重为40.78%，其中“一带一路”沿线国家和地区贡献了其中的70%～80%。三一重工国际化发展战略与“一带一路”倡议高度契合。在“陆上丝绸之路”三一重工建立了西北产业园与北京产业园，占据有利的地理位置。在“海上丝绸之路”三一重工在印度大区的一些国家和重点区域投资建厂，2014年三一重工在印度的履带吊市场份额达到第一位。2014年“海上丝绸之路”沿线的中东大区销售额增长迅速，起重机连续两年获得销量冠军，挖掘机在中资品牌出口量中占据第一。同时，亚洲基础设施投资银行是“一带一路”的金融基础，为其沿线国家和地区提供资金和贷款等相关业务。人民币国际化推动了“一带一路”建设向纵深发展，这为三一重工等国内有实力的工程机械类企业提供了便利，在融资渠道上助推其全球化。随着

“一带一路”倡议的深入推进，三一重工在与沿线国家和地区的长期合作中，已不再满足于仅仅销售机械设备，而是更加深入当地，多领域开发其业务。

三　三一重工的国际化发展动因分析

在经济全球化背景下，企业想要获得长足发展，国际化是其必然选择，三一重工较早地开拓海外市场，将国际化作为企业的第三次创业。这不仅是为了避免依靠单一市场，分散企业经营风险，应对越来越激烈的同行竞争，同时也是为了能够拓展海外市场，学习发达国家和地区的先进技术和管理经验以打造属于自己的国际品牌。

（一）国内经济增速放缓，行业竞争日趋激烈

2012 年国内经济增速放缓，工程机械行业面临去产能、去库存调整周期的影响，需求动力不足，市场逐渐趋于饱和，工程机械企业盈利能力大幅下滑，进入五年的行业调整期。在国内，有来自中联重科、徐工和柳工等企业的激烈竞争，而在国外又有卡特彼勒和小松等工程机械巨头强势竞争，面对这些挑战，三一重工适时提出战略转型，在此期间通过调整公司内部结构、裁员等方式进行产能调整，同时通过跨国并购合作和依靠“一带一路”转移过剩产能等方式加速国际化进程，以缓解国内市场销售业绩下滑对三一重工经营业绩影响。自 2009 年至今，三一重工海外市场整体维持了增长的基本面。2012 年前三一重工各主要工程机械产品的海外市场占有率低于徐工和柳工（见图 3），自 2012 收购普茨迈斯特后，三一重工的各主要工程机械产品海外营收占比远远领先于柳工、徐工和中联重科，确立了国内工程机械厂商的霸主地位。即使在遭遇国内外工程机械市场低迷，海外市场也能维持相对稳定的营业收入，这大大增强了企业抵御风险的能力。

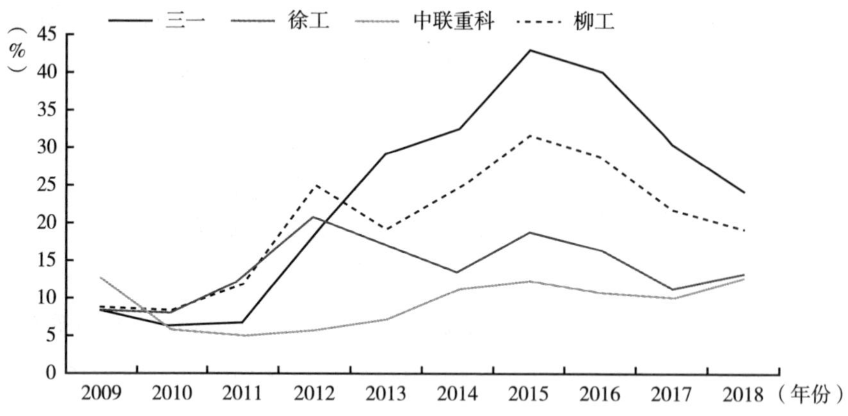

图 3　2009 ~2018 年主要重型机械企业主机厂海外收入占比情况

资料来源：《三一重工年度报告》（2004 ~2018 年）。

（二）“一带一路”倡议稳步推进，基础设施需求增加

“一带一路”倡议作为国家的对外经济政策，已经上升为国家顶层设计，其涉及的国家众多，除去中国，沿线经过的 64 个国家和地区以发展中国家为主。这意味着这些国家总体上经济实力较弱，基建设备也不健全。但同时这些国家有着人口、资源和生产要素等方面的优势，发展潜力巨大，随着经济的发展，这些国家对基建设备投资需求巨大。因此，完善的基础设施是“一带一路”建设的重要前提。

经过几十年的发展，中国在基础设施建设领域的技术日臻成熟，产品性价比也较高，完全能够满足“一带一路”大部分沿线国家和地区对基础设施建设的巨大需求。国内工程机械行业迎来了又一个发展春天，业内跨国企业已逐渐把其沿线国家和地区作为海外市场的重点开辟对象。对于部分中国工程机械企业来说更是如此，这些企业可以凭此契机加快转移国内过剩产能以及推进国际化进程。中国政府与沿线多个国家和地区已经展开合作，在能源建设、产能合作、产业园区建设、基础设施建设等方面共建合作项目。2013 ~2018 年中国企业对“一带一路”沿线国家和地区的对外承包合同总额就超过 4000 亿美元，直接投资突破 900 亿美元。工程机械制造商以“一

带一路”为依托，开展与沿线国家和地区贸易往来，不仅出口产品，还利用当地生产要素优势在当地投资设厂，选择寻找当地合作伙伴，采取经销商代卖的模式，将产品销往“一带一路”沿线国家和地区。三一重工积极响应“一带一路”倡议，及时调整企业发展战略，依托大项目，通过海外直销、海外投资等方式加速企业国际化。目前已经在韩国、俄罗斯、土耳其、印尼、泰国、印度、德国、法国、西班牙等国家和地区进行投资设厂，为其提供优质的产品和服务，这标志着三一重工已经完成在“一带一路”沿线国家的海外布局。截至目前，“一带一路”沿线国家90%以上的项目都有三一重工的参与。在国家信息中心首次评选的《“一带一路”企业影响力50强榜单》中，三一重工是唯一上榜的工程机械企业。三一重工将持续从“一带一路”发展中获益。

（三）扩大市场规模，打造国际知名品牌

2001年中国加入WTO，中国诸多企业融入经济全球化浪潮，开辟出更广阔的海外市场。在不同时期，三一重工结合自身实力以及国内外经济形势采取了不同的国际化输出方式。2002~2005年为三一重工出口阶段，主要通过代理商出口以及在海外设立分公司等方式来拓宽产品的销售渠道。2002年三一重工在印度成立了三一印度有限公司，从成立之初到现在，三一印度有限公司在十八年的时间里经历了快速发展，通过与当地代理商合作，从最初进入印度市场的仅40余台机械设备发展到现在新机市场占有率第一，其服务网点已经由印度辐射到其周边五国，成功打开20多个国家的市场。2006~2010年三一重工开启了国际化布局的初级阶段，对海外地区一些工厂进行投资，建立起自己的海外生产基地及配件仓库。2006年三一重工与印度马邦政府签订投资备忘录以建立工程机械生产基地。2007年在美国投资设立研发制造基地；2008年和2010年分别在德国和巴西进行投资，建立自己的工程机械研发生产基地。有前面两个阶段铺垫，2011年后三一重工进入国际化加速阶段，基本完成了其全球布局，通过进行海外并购，扩张已有产能，吸收高新技术，不断改善和扩张其国际营销网络，以海外事业部主导研发与生产，以大区为销售平台，

双轮驱动合理助推三一重工国际市场发展，在国际市场打响“三一重工”这个品牌。

四 三一重工国际化关键因素分析

当今世界尤其是发展中国家和地区城镇化进程越来越快，有着很强烈的发展本国经济的诉求，特别是亚非拉等一些自然资源丰富型国家和地区逐步加大对基础设施建设、能源建设等领域投资，对国际市场释放出巨大需求信号。三一重工利用此契机一步步加速全球化布局，由最初的仅进行产品出口到完成对海外巨头的成功并购与合资建设，国际化程度在不断提高，产品国际竞争力越来越强，形成了遍布全球的智能销售网络。三一重工国际化的成功推进离不开其卓越的产品质量、持续的自主创新以及其多元化的产业格局。

（一）卓越的品质

三一重工以“品质改变世界”为企业使命，严格把控产品制造的每个细节，以其卓越的产品质量和精湛的制造工艺，打造中国工程机械企业在国际市场上的良好形象。三一重工通过采用六西格玛方法优化流程，运用 IT 平台进行资源的合理配置，以“流程化、准时化、自动化”为三大支柱，提出旨在改善产品质量的 SPS 生产模式，以期用更低的成本、更快捷的方式实现其“高品质，低成本”的目标，逐步建立从图纸到工厂的整套设计制造标准。从最初的产品设计延伸到产业链的客户末端，三一重工都一一进行严格的质量把控。在提高产品生产效率方面，公司推广使用移动机器人替代原先由人工完成的大量工艺操作；同时紧跟科技时代的潮流，利用大数据分析、物联网等前沿技术服务于研发、生产、制造的各个环节，通过互联网的接入，实现对生产各个环节的跟踪、定位等可视化远程管控，实现工业领域的数字化转型升级；在质量把控方面，公司已经通过 ISO9000 质量体系认证、ISO14001 环境管理体系认证、OHSAS18001 职业健康安全管理体系认证以及美国 UL 认证、德国 TUV 认证、欧盟 CE 认证等国际认证。2013 年 11

月，三一重工凭借其高品质产品质量，荣获“全国质量奖”，为业内唯一获此殊荣的企业。凭借优秀的产品质量成功打开国际市场，全球很多重点工程都有三一重工设备产品的参与。在国内只要是建设500米以上的高楼，使用的大部分是三一重工的泵送设备来完成泵送施工任务；在国外三一重工参与了阿联酋迪拜塔、新加坡世界第一摩天轮、俄罗斯最大水电站的建设等重大项目。2012年，三一重工履带起重机进入欧洲高端市场，获得了欧洲客户的广泛认可。在“2018全球工程机械制造商排行榜”中，三一重工位列第八位，其国际地位和国际化发展的步伐走在了全球工程机械制造企业的前列。

（二）持续的创新

三一重工之所以能够一步步打开国际市场与其长期坚持自主创新的发展战略有着密不可分的关系。国际化之初，三一重工希望通过引进外国的先进技术来提升实力，但因是刚成立不久的民营企业，经济实力和品牌影响力很弱，频繁遭遇“闭门羹”。三一重工深刻认识到，国内装备制造业落后和依赖其他发达国家和地区的最主要原因是企业缺乏自主创新能力。三一重工随即组织研发团队，增加投入研发费用，推进其自主创新能力培养。为打造世界一流品牌，三一重工每年都会将销售收入的5%～7%投入研发。与国内其他同行业竞争对手相比，三一重工研发费用占比在业内领先（见图4）。2009年以来三一重工研发投入持续增加，到2012年研发费用超过25亿元，占营业收入的5%，而同期徐工和中联重科研发费用占比还在4%左右徘徊。随后，尽管三一重工受到国内外经济形势低迷影响导致企业营收有所下降，但是其研发费用占比仍然维持在5%左右。2017年中国工程机械行业全面复苏，三一重工营业收入在不断上升的同时，研发投入也在持续增加。2018年其研发投入为30亿元，达历史新高，同比增长56.62%。截至2018年，三一重工专利申请量累计高达13126件。其中得以授权的专利数为9461件，两者数量皆为国内行业首位。

三一重工研发投入的增加，促使其自主创新能力不断提升，陆续推出多款极具竞争力的创新产品，突破行业内多个第一。三一重工全液压平地机属世界首创，具有效率高和故障率低等优势，在中国出口的平地机中，三一重工几乎占据了半壁江山。获得众多海外客户的信任；2007 年，其自主研制的 66 米世界最长臂架泵车成功下线，再次问鼎世界纪录；2010 年，三一重工“工程机械技术创新平台”项目荣获国家科技进步二等奖。此外，其自主研发的 3600 吨级履带起重机被誉为“全球第一吊”，并申请了多项发明专利。

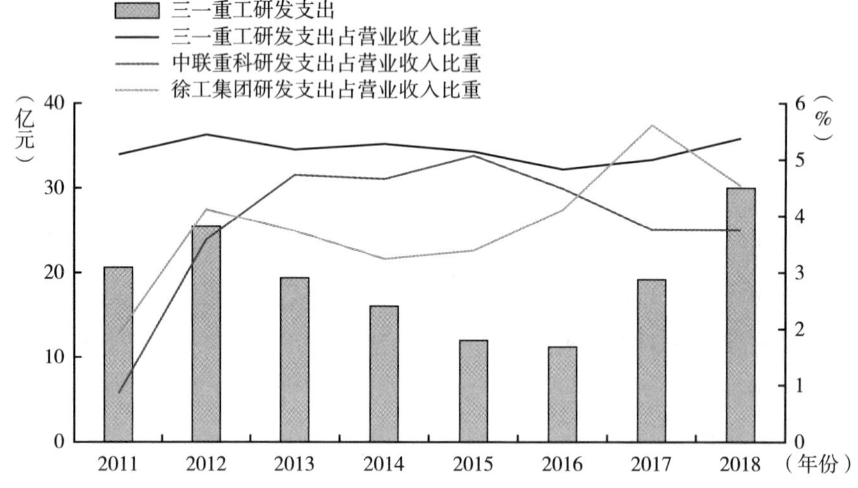

图 4　2011 ~ 2018 年三一重工与国内其他机械企业研发支出比较

资料来源：各企业年度报告（2011 ~ 2018 年）。

（三）优质的服务

服务是三一重工的核心竞争力之一。自 1995 年三一重工成立售后服务部开始就确立“一切为了客户，创造客户价值”为核心的服务理念。以“超越客户期望、超越行业标准”为服务追求，为客户提供“更快捷、更可靠、更满意”的优质服务。三一重工在对国内外客户广泛调研，结合国内外最新服务状况的基础上，不断创新其服务方式，提出了“520”服务战略。其中，“5”是指综合服务水平领先行业 5 年；“2”是指配件供应和服务技能 2 方面做到最优；“0”是指通过信息化手段实现与客户沟通和服务的0距离，此外三一重工还会为客户提供融资服务。目前三一重工在全球拥有1700多个服务中心，可通过全球客户门户系统（Sany Global Customer Portal，即GCP查询系统[①]）实现“365天×24小时”的全时服务。三一重工“一生无忧的服务承诺”体现了以客户利益为核心的价值追求。其首创的ECC信息化服务体系可以对各个地区每台机械设备的运行状况进行远程监控，同时还能自动识别故障为客户提供机械设备的诊断与维护，并为公司领导层提供信息查询功能（见图5）。这一整套系统有效提升了公司的服务效率，降低了公司的运营成本，其服务模式与管理手段的不断创新提高了国内外客户的满意度和信任度，提升了三一重工在国内外市场上的综合竞争实力。

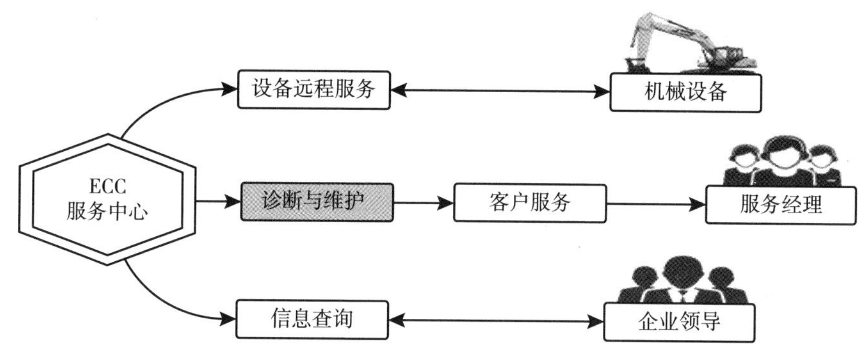

图5　三一重工ECC企业控制中心

资料来源：三一重工官方网站。

五　发现与启示

随着世界经济区域一体化和中国对外开放的不断加深，以及“一带一

① Sany GCP通过智能设备管理系统（IEM）实时读取设备工况信息，为客户全面提供设备管理、配件查询、配件申购、个人助理、知识园地、网上留言等功能，其中，配件在线申购则实现配件的电子商务采购，极大地满足了客户需求。CSM客户服务系统实现服务信息全球联网、实时追踪在线服务。7000余名服务工程师、行业资深服务专家、万余名总部研发精英实现一二三线协同、天地人合一的高效服务模式。

路”倡议的引领，国际化成为中国企业壮大实力、获得可持续发展的必经之路。与此同时，国家政策也在大力支持实力雄厚的国内企业走出国门，加快海外业务拓展，鼓励国内本土企业勇于与外国企业展开竞争，打开本国企业长期增长的空间。三一重工走在中国民营企业国际化前列，二十多年间，三一重工已经成长为一个拥有遍布全球营销网络的跨国企业集团。在赞叹三一重工如此成功之时，更多的应该去思考三一重工是如何一步步走出国门，开辟国际市场，并最终成为被越来越多国际客户所认可的国际知名品牌。这对中国企业如何制定国际化战略，拓宽海外发展空间具有很重要的借鉴意义。

（一）加强自主创新，提高核心竞争力

创新是一家企业实现可持续发展，在行业内保持领先地位的第一动力，技术创新对企业的国际化发展发挥着至关重要的作用。因此，要不断提高公司产品的技术研发水平。三一重工在其发展过程中一直秉持着创新驱动发展的理念，大幅增加研发费用投入，提升其研发能力，增强技术、产品、营销服务三大核心竞争力。多年来的不断创新让三一重工逐渐成长为一个国际型的大企业，核心竞争力不断提高。

因此，中国企业要想成功开辟海外市场，实现国际化发展，必须把自主创新作为公司发展的第一要义。而其中关键的一步就是要增加公司对研发的投入力度，广纳科研人才，这样才能推动技术创新，形成自己独特的竞争优势。因为只有技术创新才能推动产品创新，才能不断根据客户的需求及时更新自己的产品，赢得更多客户的信赖，进而开辟更广阔的市场。技术创新也意味着服务创新，在当今这个信息化时代，企业的服务体系，硬件设备也应当随着技术的创新得到不断的更新与改进，以满足当前各类客户的多样化需求，同时还能吸引一批潜在客户。

（二）多元化市场结构，降低企业经营风险

假如一家企业只在一个单一市场进行产品销售，其受到经济周期和市场

波动的可能性会很大，抵御风险的能力也会相对较弱。当市场需求减少，甚至是趋于饱和时，质量再上乘、性价比再高的产品也无用武之地，客户的需求就是市场，才能让企业的生产发展得以延续。三一重工在经历 2011 年前行业快速发展期后，国内整个工程机械行业就陷入需求低迷状态。三一重工意识到，单一的市场结构不利于企业发展壮大，公司并没有将业务仅局限于国内，而是放眼全球，通过构建销售网络、在当地投资设厂、海外兼并收购等方式，同时借助“一带一路”的东风多元化全球市场结构，所以当 2011 年国内工程机械行业进入行业调整期时，三一重工的销售业绩虽然在国内有所下滑，但海外市场营收却比较稳定，在很大程度上减少了市场需求低迷导致国内销售业绩大幅下滑的风险，进一步稳固了其行业领先地位。2016 年后国内工程机械行业进入快速发展期，加之“一带一路”沿线国家和地区对基建投资的大量需求，加速了国内基建设备输出，逐渐成为国内外跨国工程机械企业争夺客户资源的主战场。三一重工积极对接“一带一路”，不断扩张其业务范围，从原先的工程机械项目逐步扩展到发电站和风场建设领域，为“一带一路”沿线国家提供更高品质的产品和更贴心的服务。

对于即将或正在“走出去”的国内企业，应当审时度势，及时调整经营策略，根据自身发展状况，结合自身优势和海外市场需求，确定好海外目标市场，在稳步推进的基础上一步步扩大海外市场，实现多元化市场结构目标。当国内机械工程设备需求萎缩时，海外不断上升的销售业绩可以形成很好的对冲，避免受到某一地区业绩波动的影响，稳定公司业绩，实现公司更加持续平稳的发展。

（三）坚持抱团和借船出海，并肩作战

企业在国际化过程中，仅仅依靠孤军奋战和单打独斗很难打开海外市场并与国外行业巨头进行竞争。作为一家仅拥有二十多年发展历史的民营股份制企业，三一重工通过与国内企业一起“抱团出海”，与海外企业进行国际产能合作，实现双方优势互补，加速国际化进程。例如，与国家电力投资集团合作，实现对各国多领域、多模式“抱团出海”；与阿达尼集团等企业在

印度、中国以及第三国家和地区通过合作实现优势互补。三一重工还与中非发展基金携手共进，共同开展先进工业制造、清洁能源电力灯领域的“抱团合作”。此外，三一重工还善用“借船出海”模式加强与国际市场合作。“借船出海”有三种形式，一是大型企业将出口产品的相关零部件生产外包给小型企业以此来推动出口，其依托中小企业生产中低端产品的成本优势，在国际市场更有竞争力。二是为大型跨国公司进行生产代加工，在借助其强大的全球销售网络将产品销往海外。三是与外商合作，借用外商技术、管理等资源来完成自身国际化进程目标。三一重工与帕尔菲格集团的强强联合就是运用了“借船出海”的第三种模式，加强了其与国际企业的文化融合，进一步开展了产业链整合，利用帕尔菲格发达的全球销售网络扩大销售渠道。不仅如此，双方战略合作还能实现优势互补，提升双方技术层面创新能力、国际化运营水平以及双方品牌国际影响力，是一个国际化的双赢过程。

国内企业开展国际化可以适当借鉴“借船出海”与“抱团出海”这两种模式，寻找国内有实力的企业进行合作。不管是“借船出海”还是“抱团出海”，企业都应该借助自身的绝对优势或者比较优势与国内外有实力的企业进行合作，实现优势互补，取长补短，以应对越来越激烈的同行竞争。

（四）走稳本地化之路，用好本地化人才

跨国企业发展到一定阶段，往往会面临本地劳动力成本、土地成本等生产要素成本上升的问题，产品出口时可能还会受到贸易壁垒影响。很多企业往往会在这时选择去海外投资建厂，利用当地廉价的生产要素资源。但是海外投资建厂不是简单地模仿国内生产经营模式，而是会面临与本国不同的社会文化、不同的价值理念、不同的风俗习惯、不同的政治环境与法律制度，甚至可能还会面临不同的自然地理环境资源状况。这些差异对跨国公司融入当地社会有着巨大阻碍，而进行本地化则成为跨国企业成功开辟海外市场的关键一步。很多企业在别国建立工厂时，往往会雇用当地工人管理生产，实现本地化经营。这样可以与当地社会、文化更好地融合，也能同时为当地带来就业机会，扩大企业在当地的影响力和品牌知名度，更好实现本地化的深

度融合。以全球工程机械巨头卡特彼勒为例，其大部分产品的生产都是由国外的生产基地完成的，本国只负责很小一部分的生产任务，实现了在“当地生产，当地销售”的模式。随着中国经济发展，人口老龄化的程度日益加剧，土地成本也在上升，原来制造业所依赖的人口和土地红利逐渐消失。贸易保护主义逐渐抬头的趋势也增加了工程机械产品的出口成本。在这种情况下，三一重工以生产经营本地化来扭转成本上升的不利局面。2006 年三一重工印度员工中 96% 是当地人。三一重工吊车是黄色，为适应巴西当地文化，其将吊臂颜色改为当地人比较喜欢的红色，这样红黄相间颜色体现了三一重工将中国文化与巴西文化很好地融合，更加贴近巴西市场客户需求。不仅如此，三一重工还进行了海外团队海外员工的本地化，在发达国家和地区吸纳当地高科技人才进入研发团队，在发展中国家和地区则雇用当地人才，降低生产和管理成本。

对于国内其他想要开拓国际市场的企业而言，本地化是其扫清国际化发展障碍的第一步。生产本地化、人员本地化、文化本地化等可以帮助这些企业顺利避免一些政策、法律、文化观念差异所可能造成的冲突与不便，这也是企业成功打开国际市场所必须经历的过程和关键所在。

参考文献

曹晓岩：《三一重工并购德国大象与双汇国际并购案的融资方式比较研究》，《企业科技与发展》2019 年第 3 期。

杜金华：《三一重工企业国际化发展战略研究》，《商场现代化》2012 年第 5 期。

何海良：《三一起重机公司关系营销策略研究》，硕士学位论文，湖南大学，2016。

李晓亮：《长沙工程机械企业提升国际竞争力的对策研究》，《经济师》2013 年第 3 期。

李秀丽、王璐璐：《基于事件研究法的三一重工并购德国普茨迈斯特价值创造研究》，《现代商业》2018 年第 6 期。

李永华：《“一带一路”上的中国工程机械》，《中国经济周刊》2017 年第 19 期。

刘璐、刘光明：《企业跨国并购分析——以三一重工为例》，《商场现代化》2016 年第 18 期。

三一：《三一与帕尔菲格战略合作　发力起重机械领域》，《工程机械》2014 年第 1 期。

王倩：《三一重工走出去：从借船出海到深入本地化》，《商学院》2017 年第6 期。

王腾：《三一重工：十年海外投资之路》，《首席财务官》2017 年第 15 期。

吴先明、梅诗晔：《基于自主创新的追赶战略：资源依赖视角》，《经济管理》2016 年第 6 期。

向文波：《企业“走出去”应该做好“本地化”》，《中国中小企业》2018 年第 11 期。

宗林：《三一加速海外布局　与帕尔菲格成立合资公司》，《工程机械》2012 年第 5 期。

B.18
宇通集团国际化发展案例研究

毛志刚*

摘　要：“一带一路”倡议的提出到执行，为学术和实践领域提供了更多研究空间和发展空间，同时为我国企业国际化和“走出去”提供了战略引导和政策支持。宇通集团时刻把握国家发展脉络和行业发展机遇，在客车行业国际化道路上树立引导示范和先锋作用。本报告通过案例研究和质性研究方法，通过对宇通客车国际化路径进行背景介绍、案例提出、驱动因素分析、特征概括和发现总结。通过案例研究发现，宇通客车在国际化过程中核心技术研发、创新及工程化能力是其国际化程度提升的核心因素；“一带一路”倡议是其国际化战略引导，营造了良好的政商环境，将公司战略和国际潮流发展相融合；供应链上中下游相融合，推动产销平衡；积极培育国际市场新增长点，为客车行业转型提供助力。宇通集团国际化路径的研究为理论和实践提供了新视角，为中国企业国际化提供了丰富的案例素材，同样也为行业内和行业间的企业发展提供了可借鉴的依据。

关键词：中国企业国际化　宇通集团　客车行业　供应链管理

---

* 毛志刚，对外经济贸易大学博士，主要研究方向为供应链管理。

一　案例现状及问题提出

（一）公司的概况

郑州宇通集团有限公司（简称“宇通集团”，下同）核心发展客车业务，是以工程机械、汽车零部件、房地产战略业务为发展重点，兼顾其他多种形式投资业务的大型企业集团，集团总部坐落于河南省省会郑州市。集团的战略愿景是：发展成多产业、高科技、高技术、跨地域的国际化大型企业集团。业务线融合客车、机械、地产开发、金融等行业，致力于科研、制造、国际贸易、投资于一体的全方位立体式的核心模块。

宇通集团成立之初注册资本达到 80 亿元人民币。截至 2019 年 7 月 1 日，公司现有职员 19527 余人。截至 2018 年 12 月 31 日，营业收入累计达到了 317.46 亿元人民币，净利润累计达到了 78.45 亿元人民币。主营业务利润率达到 24.71%，同比增长 30.74%。

全球 6 大洲都有宇通集团产品的重要足迹，以客户需求为导向，目前集团产品已遍布全球，远销欧洲、非洲、亚洲、南北美洲等 130 多个国家和地区，拥有 10 余家海外分支机构及 10 余家海外 KD（Knocked Down，散件组装）工厂，大中型客车市场需求量大，销量可观，累计出口超过 40000 台，全球市场领先，市场占有率超过 10%，受到全球客户的普遍信赖。在主要目标市场，已经成为极具国际竞争力的客车主流优质供应商之一。

缔造国际品牌，积极协调资源、加强生产、销售网搭建等方式，拓展国内和国际市场，致力于成为在客车全球价值链中的全球化产业集团，同时兼具国际视野和全球影响力，业务线突出以客车为主线。2019 年 2 月卢森堡 EmileWeber 采用宇通 Ice 12 纯电动车作为校车专用车，并在全国进行大力推广。2005 年，卢森堡 MAN 集团商用车公司从全球合作伙伴视角出发，选择与宇通集团签署战略合作协议，致力于形成强强联合的目标，开拓国际市场。2007 年，宇通集团客车出口总量达到 3319 台，同比增长 84%，出口收入额达13.9亿人民币，同比增长92%。宇通在海外五大战略区域的市场业务增长迅猛，特别是公司与古巴签订的客车出口合同，总台数为5348台，总价值达3.7亿美元，缔造了中国客车出口史上的新纪录。2018年服务于俄罗斯世界和新突破杯，载60余位国家领导人参加一战胜利百年纪念日。2010年6月13日，交通运输部副部长翁孟勇在视察中做出表示，作为国内客车行业龙头和知名民族品牌，给予宇通更好的发展前景。

（二）集团的发展情况

纪念改革开放40周年，“与改革开放同行·中国商用车40年巨变”颁奖典礼上，宇通集团一举获三项大奖，分别是“大国重器”、“创新车型”和“经典车型”，这三项大奖充分证明了中国客车在改革开放期间的进程。

宇通集团作为与改革开放共同发展的见证者和践行者，其发展历程，就是改革开放以来，中国客车行业大力发展的典型和典范。20世纪90年代至今，在艰苦奋斗的环境中，宇通客车不断突破瓶颈、不断创新，留下产品创新、流程创新的闪光点，不仅成为行业中国内主要制造商的“领头羊”，也是世界范围内“中国制造”的中国名片。

40年前，有15年发展历史的“河南省交通厅郑州客车修配厂”（宇通客车前身），顺应潮流，把握机遇，紧跟改革开放的步伐，大力推行改革政策。

20世纪90年代，宇通集团重点推出宇通卧铺客车，成为时代烙印，为新时代中国客车发展书写了浓墨重彩的一笔。宇通卧铺客车成功推出，不仅奠定了宇通客车的行业地位，创造了宇通客车的收入开门红，而且打开了卧铺客车大发展的时代大门。

1993年，宇通客车抓住机遇，大力推行股份制改革，成立了“郑州宇通客车股份有限公司”。同年，宇通客车结合市场规律和特点，通过对生产车间进行规划，率先在行业内推出个性化需求和生产相结合的生产模式。

1997年，宇通客车在市场开发领域再创辉煌，在上交所挂牌上市，成为国内大客车行业内首家上市公司。自此，通过市场资源盘活和综合开发，宇通客车的主营收入、利润、资产、股票收益都得到大幅度提升。

宇通客车快速崛起和腾飞主要依靠的是自主创新。通过一系列的体制改革、流程创新、产品创新、服务升级，宇通客车迅速拓展行业内市场，打牢基础，并一路领跑客车行业。

其中，宇通客车斩获“经典车型”奖的重要产品是 ZK6980 卧铺客车。据了解，20 世纪 90 年代初，宇通客车在充分调研市场的基础之上，推出首款卧铺客车，一经上市，深受消费者和市场好评，此后，宇通客车不断通过制造工艺升级，产品品质更优，产品持续热销。1994 年，全国客车行业销量下降 11.7%，行业环境和市场环境相对低迷，在此情况和背景下，宇通客车市场销量强势提升 98%，再创奇迹。

此外，宇通 T7 车型获得“创新车型”荣誉。作为宇通客车自主研发的车型，在国内客车行业标准检测中——“三高试验”（高寒、高温、高原）检测和“半载侧翻试验”，T7 车型成功通过测试，为用户营造了尊享体验。宇通 T7 的出现，不仅重构了国内对中高端商务车的市场格局，更是中国自主品牌主动创新和升级。

从表 1 中可以看出，2018 年宇通客车的营业收入达到了 332.22 亿元人民币，相比 2014 年的 220.94 亿元，增长了 50.37%，2018 年的净利润是 31.29 亿元，比起 2014 年的 18.23 亿元，增长了 71.64%，资产总额达到 361.65 亿元。因此从这三个比较主要的指标来看，宇通客车的国际化道路路是成功的。

表 1　宇通客车 2014 ~ 2018 年部分应收报表

单位：亿元

类别	2014 年	2015 年	2016 年	2017 年	2018 年
营业收入	220.94	257.28	312.11	358.50	332.22
资产总额	161.98	238.24	301.39	351.54	361.65
净利润	18.23	26.13	35.35	40.44	31.29

（三）“一带一路”倡议下与宇通集团的国际化战略高度结合

“一带一路”倡议提出以来，硕果累累。在此过程中，国家主要对外直接投资，为中国企业“走出去”奠定基础，支持“一带一路”建设。中国企业国际化也蓬勃发展。据统计，我国对“一带一路”沿线国家和地区的对外投资已超过1.5亿美元，2018年总投资达156.40亿美元，投资国家高达56个，并且这项项目进展取得良好效果。

与此同时，宇通集团产品、技术创新提速，服务升级，企业制造成本缩减，企业利润提高，企业核心竞争力得到很大提升，这些更多源自对“一带一路”沿线国家和地区投资实践①。

1. 平台助力，融通全球

“一带一路”成为满足客户新需求、金融服务引领、融资便利的优质平台，借力中国在国际市场的影响力和发展动力，在为运输业全球价值链中客户供应汽车和客车的同时，融合金融服务、融资条件，为客户和市场改善交通，改善民生。

“一带一路”机遇促使宇通集团在国际化进程中获得更广阔的空间，更远大的国际战略或者说更大的推动因素。“一带一路”意义深远，在沿线的60多个国家基础上，包括非洲、拉美国家更积极、更主动、更倾向融入中国“一带一路”的倡议，这给中国企业国际化带来了很大商机②。

2. 金融投资，持续发力

自2018年起，金融投资事业板块的成立和发展，成为集团战略之一，以更好响应国际市场不同客户需求，提前布局融资，以满足供应链下游海外市场的动态需求。其中，通过支持和服务供应链中订单为导向③。

---

① 余梦洁：《客车：宇通份额升1%、中通坐稳第二、海格前进3位》，《商用汽车新闻》2018年第29期，第2页。

② 《宇通："一带一路"战略下的中国客车业样本》，《中国经济周刊》2015年第13期，第74～75页。

③ 余梦洁：《宇通亿金融加速电动客车商业化》，《商用汽车新闻》2014年第50期，第10页。

3. 立足核心，突破创新

在量大客车主要生产基地（传统客车生产制造基地及新能源客车生产制造基地）基础之上，宇通集团拥有客车专用车，还有房车以及零部件。工厂占地总面积达 359 万平方米，日均产能突破 445 台，单日突破产能高达 475 台。针对欧洲客户市场，结合制造实践数据，欧洲一国的需求，在宇通集团一天就能大大满足，极大地缩短了时间，具备世界顶级的生产制造能力。宇通集团力争把更好的产品、服务、销售模式、交付能力、客户价值传递给消费者①②。

4. 依托订单，产业链竞争

早期贸易主要是依靠单纯的先报价、后交定金、再供货及服务，是完整的闭环系统。现在销售模式大幅创新，从单一产品竞争，升级到整体大包竞争，主要包括服务、金融、全产业链的竞争。但是现在很多时候需要交钥匙，团队合作实现把客户所有响应全部交付，推动客户价值实现③。

二　郑州宇通集团有限公司国际化发展驱动力因素分析

（一）国家政策的驱动

“一带一路”倡议自提出以来，学者们广泛关注此倡议带来的积极影响，研究成果也与日俱增。如何在全球更大范围内整合经济要素和发展资源，形成聚合能力，逐渐成为当前政策和学术研究的重点议题。同时，《中国制造 2025》给我国建设制造强国指明了方向，将向高端化、智能化、绿色化、服务化的总体目标迈进。在全球制造业供应链生产中，我国已经成为名副其实的制造中心，在全球制造业供应链中不可或缺。

2015 年，中国企业为了实现海外市场开拓，积极做出调整和行动，通过

---

① 陈琴：《宇通：加快推进燃料电池产业布局》，《汽车纵横》2018 年第 12 期，第 26～27 页。

② 商车：《宇通领衔客车产业“氢”时代》，《商用汽车新闻》2019 年第 3 期，第 9 页。

③ 谢静涵：《ERP 环境下的制造企业内部控制优化研究》，硕士学位论文，河南大学，2017。

增加沿线投资，其中投资总额同比增加38.6%，高达189.3亿美元。截至同年年底，国家直投高达1156.8亿美元，占比10.5%，惠及50多个国家，在全球投资增幅中，是其2倍。随着企业国际化进程逐渐加深，“一带一路”发挥了重要作用，同时基础设施建设领域的互信合作逐渐加强。2015年全年，中国企业在沿线国家中的新签合同额高达926.39亿美元，同比增长7.4%。这些目的国庞大的市场进一步推动了能建集团这种性质的集团的国际化进程。

“一带一路”为企业国际化创造和营造了良好的国际环境，同时国内产业政策助力产业升级和供给侧结构性改革为其提供了支持和保障。

（二）企业自身技术储备优势

宇通集团技术储备从前瞻性、系统性和客户价值三方面进行战略定位。前瞻性主要综合竞争力环境诸多因素分析与判断，了解市场下游需求信息，基于历史客观大数据对未来交通的可持续发展的洞察，挖掘潜在客户需求。同时，宇通集团对全产业链进行整合和优化，从供应链上游、集团及下游进行深度融合，努力搭建平台型、融合性、共进型供应链平台，从设计、生产、仓储、配送、营销、推广、售后等环节为客户提供优质、高效、全面的解决方案。客户价值始终是最核心资产，宇通集团努力开发客户支付能力范围内、市场有需求及公司生产出的三位一体型产品。

1. 新能源技术与时俱进

为了凸显科技创新的积极作用，国家召开2015年科技技术表彰大会，宇通集团的新能源客车的核心技术研发及应用斩获二等奖，在整车行业率先突围。新能源技术在安全方面能够将电磁舱温度恒定在26℃左右，保障核心控件的安全，提高产品寿命。在行驶稳定性技术上能够有效降低故障率，通过高度集成技术，使高压节点减少59%。节能技术方面，宇通拥有专属电控系统，插电式混合动力能耗降低55%，节约成本10%～55%。

2. 安全保障技术稳步前行

针对安防、安全国际化要求，2016年工信部发布的《电动客车安全技术条件》要求，宇通集团从国际标准视角研究技术规范，发布《新能源客车3S客车安全技术要求》，通过设计、生产、运维等过程规范，建立材料安全、封闭安全、结构安全标准，提升安全规范水平和标准①。

3. 智能网联科技不断突破

以安睿通、客运职能管理系统、智旅景区版和智能机务为领先科技的车联网，不断在“车辆+互联网”角度进行技术革新，同时加载GPS卫星定位系统、无线网络、CAN总线技术、智能终端、服务平台，打造“科技+安全”的智能化服务。

4. 耐用科技持续领航

通过完全引进德国、日本进口工艺、原材料的客车企业，宇通电泳与世界级轿车工艺相同；对产品车身+车架进行全侵式阴极电泳处理，使材料防腐、整体美观度大幅度提高。在盐雾性大于1000小时环境下，10年内不发生结构性腐蚀现象。

（三）企业资源和企业能力转化共同提升战略

宇通集团拥有丰厚的企业内资源和市场资源，基于集团积累的国际化销售数据，将“研、产、能、销”一体化结合，在国际化供应链中实现整体突破。通过完整的生产设计流水线，宇通集团拥有精益制造和敏捷制造的流程，同时通过对市场需求的不断开发，具备了大规模定制能力和产品创新及流程创新能力，共同作用、协同发展，为国际社会贡献新产品。

（四）“一带一路”国际市场需求

截至目前，宇通集团已经在“一带一路”沿线40多个国家实现了整车出口。据统计，2004年至今，集团累计出口客车3.5万辆，远销拉美、中东、亚太、欧美等全球6大洲地区②，为中国制造业升级转型和去产能贡献

① 陈春、何必元：《宇通新能源客车旋转变压器故障3例》，《汽车维护与修理》2019年第7期，第47~49页。

② 《宇通：“一带一路”战略下的中国客车业样本》，《中国经济周刊》2015年第13期，第74~75页。

了实质性力量。

在全球次发达地区，如非洲、拉丁美洲、南亚、东南亚及中东地区，基础建设急需提升，市场需求量较大。如主要车型 ZK6129H、ZK6899HA、ZK6938HB9、ZK6122H9、ZK6852HG、ZK6118HGA 多次出口圣彼得堡，获得客户持续信赖。

三　郑州宇通集团有限公司国际化特征分析

（一）技术优势打造“中国制造”品牌形象

随着全球竞争多元化，国际环境愈发复杂和多边，经济增长速度放缓，“一带一路”倡议的提出符合时代的特点且具有重要性。“一带一路”倡导合作共赢，为中国企业国际化提供更加充沛的国际市场空间、发展机遇和契机，中国企业将此机遇和企业战略相融合，加快走出国门的步伐。对于宇通集团而言，战略中的基础设施互联互通与宇通集团的国际化大集团战略相融合。

宇通集团作为全国客车行业的领头羊，将国家战略部署有效转化为集团国际化战略的一部分，倡导创新合作模式，为“中国制造”走出国门，走向全球、实现客车产业链转移、增强中国企业国际影响力做出了自己的贡献。

产品质量是制造业开拓市场的必要条件和先决条件，其同时结合优质服务，可以为市场创收再次贡献力量。例如，前几年在缅甸市场的开拓，在宇通进入之前，缅甸市场上的交通工具以亚洲日韩企业的二手车为主，安全性问题暴露无遗。结合波特的战略理论，宇通集团在现有市场资源条件下，大力开展市场调研、数据挖掘等，以客户需求为出发点和立足点，将客户需求和产品设计融合在一起，为缅甸市场开创性地提供客车产品和客车优质服务。

（二）国际化战略与“一带一路”倡议的契合度高

中国国家主席习近平2013年多次在亚洲访问期间提出“一带一路”倡议，李克强总理在外访问时也向多国提出区域经济合作的战略。结合时代发展需求，中国国家级多部委联合发布在“一带一路”建设的愿景和行动纲领文件。此后，中国企业以积极姿态加入“一带一路”的国际化战略中去。2017年5月“一带一路”第一次高峰论坛在京召开，可以说“一带一路”的发展建设已经取得了一系列丰硕的成果，尤其中国企业在建设沿线国家中扮演着至关重要的角色。在高峰论坛中诞生了成果清单，再次明确、深化了合作领域：(1) 促进基础设施互联互通，其中重点提及加强基础设施的建设，促进运输便利化，联通能源设施和打造信息网络；(2) 提升经贸合作水平；(3) 扩大产能和投资合作，再次强调了装备制造和国际产能合作的重要地位，并且明确扩大相互投资是战略的另一优先合作方向；(4) 加强生态环保合作；(5) 拓展金融合作空间；(6) 有序推进海上合作；(7) 深化人文社会及其他领域交流合作。

在经济合作、资源共享、共同发展思路的推动下，中国和沿线主体国家有了进一步合作，主要表现在交通设施、能源合作、经济协同等方面，迎来共同协作、共同奋进、共同创造、共同缔造的新时代。

随着全球经济的进一步融合，“一带一路”合作程度加深和持续发力，中国经济进一步融入世界经济的脚步亦刻不容缓。在客车行业供应链中，中国客车企业与世界客车市场深度融合不仅是战略行为，更重要的是企业综合发展的重要一极。

在近10年客车发展历程中，宇通创造的“古巴模式”在业界具有很高的研究价值和实践意义。该模式的核心是通过技术融合、市场调研、用户需求满足、个性化定制实现海外市场规划、构建、运营和再构建。

自2005年起，经过14年的发展，从古巴第一批从宇通进口的客车至今已接近10785辆，占当地进口客车总量的95%，充分证明宇通客车已经成为名副其实的核心品牌。通过宇通集团的努力，人才输出、与客户深度沟通、洞悉市场需求、产品原材料筛选、精益制造、个性化定制、配件中心升级、售后服务升级与跟进是宇通持续改进技术提供优质服务的成果。以全球先进的动态生产突破市场，打破了14年来中国客车输出“一锤子买卖”模式，不断刷新在古巴创下的出口纪录，并成功做到了产品升级、技术输出和品牌输出，代表中国装备“走出去”。

宇通集团在国家“一带一路”倡议下，合作模式由原先的传统模式转变为合作共赢模式，为“中国制造”实现产业链转移、提高产业效能、增强制造业核心地位、提高国家实力和影响力贡献力量。

（三）科学的公司治理之道

1. 紧握时代脉络，大力推行股份制改革

20世纪80年代，我国经济体制正处于转型期，开放了对汽车工业的合资限制，促进行业出现“技术引进、合资经营、合作生产”的新模式，宇通集团从体制上做出根本性改变，成为行业的“先行者”。1993年，宇通集团抓住机遇，积极改革公司组织结构，大力推行国家股份制改革试点工作，成立“郑州宇通客车股份有限公司”，同年，宇通率先在行业内变革生产模式，推行个性化定制生产，迎合和满足市场需求①②。

2. 加快上市步伐，积极主动优化社会资源

在股份制改革的重要转折点上，宇通集团捷足先登。大力促进公司上市，促使宇通集团飞速发展，通过社会募集资金，可以促使社会有效资源得到更优化配置③。

1997年，宇通集团在上交所上市，作为行业内第一家上市公司，股本7300万股，依靠上市盘活资金，对陈旧生产线进行更新换代，高效解决产能不足的困难局面，也给宇通客车在行业内处于领先地位提供了良好契机。

---

① 张维迎、余晖：《西方企业理论的演进与最新发展》，《经济研究》1994年第11期，第70~81页。

② 厉以宁：《中国股份制改革的历史逻辑》，《智慧中国》2018年第9期，第35~38页。

③ 郑立：《基于RS-LSSVM制造业上市公司财务危机预警模型》，《工业技术经济》2019年第7期，第108~113页。

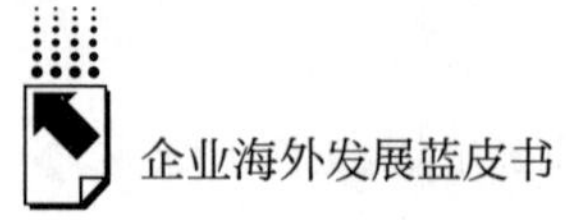

3. 启用工业园区，扩大领先优势

在上市获得得天独厚的优势之后，宇通集团于1998年启用宇通工业园，成为亚洲大型客车生产基地之一。通过技术改良和扩大资本，形成技术优势和资金优势，企业实力迅速增强①，宇通集团规模不断扩大，产能得到大幅度提高。由1997年产能不足4000辆，扩大到2003年的13500辆，极大程度上满足了不断扩大的市场需求。

4. 提高国际视野，引进先进管理体系

改革开放给客车行业带来了重大机遇，发展环境良好以及经济基础牢固优势凸显。从企业内部视角，管理上政企分开，并且市场竞争环境日益激烈，这些给宇通集团增添了自主权，有效调动了宇通集团内部的资源、管理权，使宇通集团在市场上的主动性、积极性、创新性都更迎合市场需求。

在信息化建设大趋势下，宇通引进国际先进管理体系，大大提升了公司整体的运转效率、营运能力、财务能力和整体竞争力②。宇通打开国际市场凭借的是深厚扎实的基础，这些技术基础主要表现在1999年引进的ISO9001国际质量体系认证和2004年通过的ISO/TS16949质量管理体系认证。

四　发现与启示

1. 启示一：促进供应链上中下游积极融合，实现产销平衡

在国际环境影响以及产业政策支持下，全国上下汽车制造业项目出现"遍地开花"现象，进而造成行业内、企业间的无序竞争和激烈竞争，严重扭曲了资源配置。为此，宇通集团通过实现供应链上游、中游和下游的适度融合，打造共赢平台，实现利益共享。通过供应链上中游积极融合，促进集团内部资源整合，淘汰落后生产设备，同时引进国际先进生产技术，实现原

① 刘会成、林立清：《新建开发区生态工业园区建设路径探讨》，《科技创新与应用》2019年第15期，第139～140页。

② 张思帅：《制造业企业一体化管理体系建设的思考》，《河北企业》2017年第4期，第42～43页。

材料供给、设计、生产制造一体化。同时利用互联网和大数据技术，积极捕捉和分析消费行为以及发展趋势，努力搭建集团与消费市场的互通渠道，让供给侧更好地匹配需求侧。为此宇通集团积极参与供应链整合，致力于从低端生产向高端制造积极转型，努力促进生产端和消费端匹配。

2. 启示二：加强核心技术研发创新，推动工程化能力

虽然2016年我国汽车市场在全球制造业市场份额中仅占28%，但是，宇通集团在多项核心技术领域取得了瞩目成绩，产业基础雄厚，在产品开发、关键核心技术研发、标准打造、产品稳定性方面不断缩小与国际先进水平的差距。宇通集团紧握时代脉络，积极加强产品创新与智能化跨界合作，推动车联网技术发展，加强智能网联+汽车研发体系开发，自动驾驶科技在2018年5月已经达到自动驾驶等级的纯电动客车在郑州宇通厂区实现常态化运营水准，面向全球用户直播展示。自主研发的超空气悬架技术，成功与ECASⅡ电控悬架技术匹配应用，较大幅度削弱了车身遇到阻碍震动的峰值，降低对冲感，在提高安全性的基础上增加了舒适感，提高了乘客的主观感受。NVH静音技术的出现，从声源入手，通过对内部件减少噪音产生和区域吸声结构设计，降低噪音干扰，提高形式品质。自主开发的驾驶区人机工程，通过3D设计、人机工程设计、人体视野前端校对，规避不合理的布局因素，提升人体舒适感。

3. 启示三、积极培育国际市场增长点，推进制造业转型

国内市场消费转型日益明显，客车消费市场规模迅速扩大。不过在可持续发展供应链中的空气污染等严重环境问题，以及国家提倡从战略出发推进绿色发展理念影响下①，宇通集团加快研发提高绿色技术标准，迎合国际趋势生产更多安全节能的、多品类、多层次、个性化需求的客车，满足消费者需求。

同时“一带一路”倡议的积极推进，给宇通集团“走出去”创造了广

① 路阳：《制造业在我国经济结构转型中的应对研究》，《现代营销》（经营版）2019年第7期，第41页。

阔的海外市场机遇。宇通集团积极融入，最大限度利用该战略提供的支持，优化布局，与此同时，加大研发投入、加快研发培育、加强自主汽车品牌竞争力。

通过对细分市场的主动调研和分析，结合宇通集团创造价值的战略出发点，对细分用户进行市场、竞争、技术深入调查，创新性提出“耐用性”品牌差异化战略。在确保质量品质的同时，不仅向海外市场传递了产品耐用的特色优势，还向客户传递了“为国际市场客户创造价值”的品牌理念，收到了“内功外化”的双重效果。

4. 启示四、国际化战略引导，抢占产业制高点

在国家层面，“工业 4.0”制造强国战略为新一轮工业革命提供了新方向①，客车工业中的新能源客车逐渐成为重点领域，同样被相关部门给予高度重视。宇通集团通过相应的技术规范，引导产品在开发上降低成本、缩短提前期、减少无用流程浪费等方式，推进节能客车发展。加快了“互联网 +”对客车的配套融合发展，建立车联网大数据平台，积极引导客车跨界互联网，突破关键技术，培育良好的产业生态圈。同时在引导新能源客车生产消费方面加快制定科学合理的生产标准和业界标准准入规则，实现客车行业的绿色发展。

参考文献

余梦洁：《客车：宇通份额升 1%、中通坐稳第二、海格前进 3 位》，《商用汽车新闻》2018 年第 29 期，第 2 页。

《宇通：“一带一路”战略下的中国客车业样本》，《中国经济周刊》2015 年第 13 期，第 74 ~ 75 页。

余梦洁：《宇通亿金融加速电动客车商业化》，《商用汽车新闻》2014 年第 50 期，

① 刘建武：《高新技术：提升国际竞争力的战略制高点》，《西安电子科技大学学报》（社会科学版）2001 年第 3 期，第 49 ~ 53 页。

第 10 页。

陈琴：《宇通：加快推进燃料电池产业布局》，《汽车纵横》2018 年第 12 期，第 26 ~ 27 页。

商车：《宇通领衔客车产业“氢”时代》，《商用汽车新闻》2019 年第 3 期，第 9 页。

谢静涵：《ERP 环境下的制造企业内部控制优化研究》，硕士学位论文，河南大学，2017。

陈春、何必元：《宇通新能源客车旋转变压器故障 3 例》，《汽车维护与修理》2019 年第 7 期，第 47 ~ 49 页。

张维迎、余晖：《西方企业理论的演进与最新发展》，《经济研究》1994 年第 11 期，第 70 ~ 81 页。

厉以宁：《中国股份制改革的历史逻辑》，《智慧中国》2018 年第 9 期，第 35 ~ 38 页。

郑立：《基于 RS-LSSVM 制造业上市公司财务危机预警模型》，《工业技术经济》2019 年第 7 期，第 108 ~ 113 页。

刘会成、林立清：《新建开发区生态工业园区建设路径探讨》，《科技创新与应用》2019 年第 15 期，第 139 ~ 140 页。

张思帅：《制造业企业一体化管理体系建设的思考》，《河北企业》2017 年第 4 期，第 42 ~ 43 页。

路阳：《制造业在我国经济结构转型中的应对研究》，《现代营销》（经营版）2019 年第 7 期，第 41 页。

刘建武：《高新技术：提升国际竞争力的战略制高点》，《西安电子科技大学学报》（社会科学版）2001 年第 3 期，第 49 ~ 53 页。

Abstract

Since the Chinese economy entered the new situation, the pressure of transformation and development has put Chinese enterprises to focus more on overseas markets, and the total outward investment has shown a clear upward trend. Enterprises of China are facing a complex international environment when they develop the oversea markets. On the one hand, the deep-seated contradictions of the international financial crisis triggered by economic globalization and the recovery of the world economy have not yet been resolved, which has intensified competition in the global market, making trade protectionism rise in some countries, and the trend of "reverse globalization" surging. So all of these bring many new and thorny issues to the internationalization strategy of Enterprises of China. On the other hand, with the rise of a new round of technology and industrial revolution, the international division of labor system has accelerated and the global value chain has been deeply reshaped, giving new meaning to economic globalization. These have given Chinese enterprises the resources and promotion on a global scale, and provide a rare strategic opportunity to China's enterprises "going out" strategy and promoting international regional economic cooperation. Under the new international situation, in order to accelerate the national economic restructuring and transformation and upgrading strategies, it is more important to seize opportunities, seek advantages and avoid disadvantages, occupy new foreign markets and new resources, and implement the effective overseas strategy of Chinese enterprises.

The report focuses on the status of overseas development of Chinese enterprises in 2018, and summarizes the characteristics of overseas growth. The report has two special characteristics, that are focusing on "the Belt and Road" and Beijing enterprises' internationalization. Firstly, the report analyzes Chinese enterprises' growth in oversea markets and the major import and export rankings in

2018. Secondly, it studies the impact of "the Belt and Road" initiative on Chinese enterprises in 2018. Thirdly, it analyzes the internationalization of Beijing enterprises. Finally, it focuses on case study, that is on four typical enterprises' internationalization in 2018. In general, this report has carried out a comparative systematic analysis and evaluation of the status quo, trends, and policy orientations of Chinese enterprises' internationalization.

Keywords: Chinese Enterprises' internationalization; Import and Export Rankings; "the Belt and Road Initiative"; Internationalization of Beijing Enterprises

Contents

I General Report

Abstract: 2018 is an important turning point in the great changes, major developments, and major adjustments in the world economic structure. From the perspectives of the system, level, and technology, all countries in the world are completely immersed in the process of economic globalization. China actively seizes the opportunity of a new round on industrial transformation and technological revolution, optimizes the added value of product technology and export quality standards, accelerates the transformation of China's international trade characteristics from large import and large export to high-quality import and export. China has been the world's largest exporter of goods and the second largest importer of goods for ten consecutive years. As China builds a globalized international marketing network, emerging market countries and developing countries have become the main destinations of China's import and export trade, and the scale of trade has shown a rapid expansion. At the same time, under the condition that investment protectionism is heating up, China actively promotes the signing of free trade agreements with developing countries in order to reduce the difficulty of China's foreign investment, lower the threshold for enterprises to "go global", and increases the proportion of investment in Africa, Southeast Asia and Eastern Europe. To better cope with the increase in global uncertainty, China should attach importance to strengthening bilateral, multilateral and regional cooperation with countries along " the Belt and Road" . China actively participates in the formulation of international investment rules, and protects the interests of Chinese enterprises investing abroad at all levels and in all directions. And China has further accelerated the formulation of relevant laws and regulations, and strengthened the guidance and regulation of overseas competition.

Keywords: International Trade; International Investment; Chinese Enterprises

Ⅱ Specific Reports

Abstract: In 2018, international unilateralism rose, globalization entered a new stage, domestic supply-side structural reform continued to push forward, and speeding up the development of high quality economy became the main goal of Chinese enterprises' export. By ranking the top 100 enterprises in 2018, and analyzing their structure, nature and regional distribution, this section summarizes the overall trend of Chinese enterprise exports in 2018, and draws a conclusion that the top 100 export volume and growth rate of Chinese enterprises have a small increase compared with 2017. From the point of view of industrial distribution, the top three industries are information transmission, computer services and software, manufacturing, as well as transportation and warehousing, while the share of the mining industry fell. In terms of regional distribution, most of the top 100 enterprises still come from the eastern region, but the number and size of enterprises in the central and western regions have increased compared with 2017. This book holds that when the industrial 4. 0 era comes in the future, Chinese export enterprises should grasp the technological innovation brought about by the fourth industrial revolution and improve their own management mode and technological upgrading to improve quality and increase efficiency.

Keywords: Chinese Enterprises; Top 100 Exports; Regional Distribution

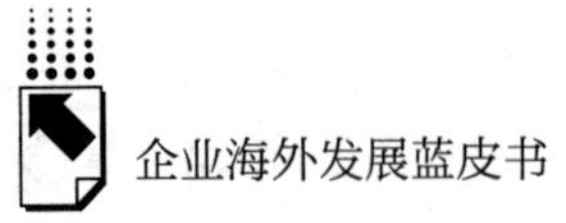

B. 3 Analysis of Top 50 Chinese Private Enterprises Export in 2018

Chen Lian / 079

Abstract: In 2018, China's private enterprises continued to be the largest exporter, contributing more than 50% to the growth of foreign trade imports and exports. Through the overall evaluation of the top 50 export rankings of private enterprises, the analysis of typical enterprises and newly-developed enterprises, the paper finds that the export of private enterprises in China presents the characteristics of endogenous power strengthening and overall situation improving, regional imbalance in export situation, advanced and diversified export industries, and puts forward some suggestions for improvement, such as enhancing business environment, reducing the burden of enterprises, encouraging enterprises to innovate and improving the corporate governance structure enhance the export strength of China's private enterprises.

Keywords: Private Enterprises; Top 50 Exporters; Ranking

Ⅲ Regional Reports

B. 4 Analysis of the Chinese Enterprises' Foreign Labor Services Ranking by Province in 2018

Luo Yubo / 105

Abstract: In recent years, the scale of China's foreign labor cooperation has gradually expanded, which has played an important role in China's economic and social development. On the one hand, foreign labor cooperation provides a large number of employment opportunities and relieves the pressure of employment. On the other hand, foreign labor cooperation means that Chinese enterprises go abroad, promote industrial and cultural exchanges between China and different countries, and promote the formation of good cooperative relations. However, it should also be noted that China's foreign labor cooperation after decades of development, the high-speed growth stage has basically ended, into a stable stage of development. In addition, the current international trade situation is still serious, especially with the continuous escalation of Sino-US trade frictions, to the global industry and trade chain has brought great uncertainty, it can be expected that China's foreign labor cooperation will face more severe challenges.

Keywords: Labor Cooperation; Foreign Trade; Provincial Rankings

Abstract: In 2018, affected by slowing global economic growth, rising trade protectionism and slowing development of new projects in countries along "the Belt and Road", the newly signed contract value of China's foreign contracted engineering industry was US $241.8 billion, down 8.8% year-on-year; the completed turnover was US $169.04 billion, up 0.3% year-on-year. From the perspective of the provinces, the country's first foreign contracted project in 2018 was Guangdong Province, with a turnover of US $17.57 billion, followed by Jiangsu Province and the third was Shandong Province; The number of new contracts for foreign contracted projects ranked first is Hubei Province, with a new contract value of 14.88 billion US dollars; followed by Shanghai and the third is Sichuan Province. In 2018, the development of China's foreign contracted engineering industry has the following characteristics: First, although the business share of foreign contracted projects in various provinces has fluctuated, it has shown a steady growth trend. Second, the concentration of various professional fields has remained relatively stable. Third, the business models continue to transform and upgrade. Fourth, the market share of the countries along "the Belt and Road" has grown steadily. Fifth, the construction of the credit system and the compliance and legal operation of the foreign contracted engineering industry have achieved initial results. In the future, China's foreign contracted engineering industry still faces many challenges and opportunities. China should adhere to the concept of mutual benefit and win-win, and actively carries out project cooperation with countries and well-known enterprises to promote the future development of foreign contracted engineering industry towards diversification, specialization and internationalization.

Keywords: Foreign Contracted Projects; Newly Signed Contracts; National Market Share along "the Belt and Road"

Abstract: Based on the analysis of the top 50 Chinese enterprises in the list of foreign contracted projects from 2017 to 2018, this paper clarifies the changes, development trends and trends of the list. Affected by the international economic environment, the completion amount and new contract amount of China's foreign contracted project business decreased in 2018. This paper makes an in-depth analysis of this, and puts forward development proposals from four aspects: establishing industry credit system, rationally avoiding external risks, doing a good job in enterprise transformation and upgrading, and strengthening industrial chain cooperation.

Keywords: Foreign Engineering Contracting; Ranking List; Sustainable Development

Ⅳ "The Belt and Road Initiative" Specific Reports

Abstract: The organic combination of the internationalization strategy of China's banking industry and China's "the Belt and Road Initiative" strategy can promote the further development of China's banking industry and the promotion of national comprehensive strength. Over the past five years, China's commercial banks have continuously implemented the national initiative, vigorously supported the construction of "the Belt and Road Initiative", and adopted different development strategies to continuously improve the layout of institutions along the route. "The Belt and Road Initiative" provides a broad market area, a wide range of customer groups and rare overseas development opportunities for the integration and communication between China and the countries along the route and the international development of commercial banks. Starting from the overall situation of national strategy, China's commercial banks should seize the opportunity of "the Belt and Road Initiative" and accumulate. We will carry out overseas expansion, do a good job of top-level design, deepen the extension of overseas networks, and cultivate a strong overseas commercial presence.

Keywords: Commercial Banks; "the Belt and Road Initiative"; Layout of International Institutions

Abstract: after the huge external shock in 2014 – 2016, the five countries of Central Asia experienced a period of recovery. At present, the growth prospects remain stable, and the economic and financial system is also in a period of transition. "The Belt and Road Initiative" initiative provides a broad market area, a wide range of customer groups and rare overseas development opportunities for the integration and exchange between China and the five Central Asian countries and the international development of commercial banks. However, in recent years, the financial risks of Central Asian countries are frequent. The downside risks faced by global growth and the rising global policy uncertainty pose a threat to the near future, which hinders the operation of Chinese commercial banks in the region to a certain extent. China's commercial banks need to combine the economic and financial development characteristics of the five Central Asian countries, open "the Belt and Road Initiative" financial cooperation model, and deepen the network extension in the five Central Asian countries.

Keywords: "the Belt and Road Initiative"; Commercial Bank; Five Central Asian Countries

B. 9 Research on the Promotion of "the Belt and Road" International Cooperation in Green Energy

Lan Qingxin, Li Shunshun and Peng Yiran / 174

Abstract: Activing green energy cooperation is the key to promote the construction of green Belt and Road Initiative. The development of green energy industry in China is closely related to the green energy endowment and development needs of "the Belt and Road Initiative" related countries, and it has a strong potential to promote green energy cooperation. At present, China has initiated green energy cooperation with "the Belt and Road Initiative" related countries and regions, but many problems are encountered in the process of cooperation, and effective countermeasures should be taken to promote it.

Keywords: "the Belt and Road Initiative"; Green Energy; International Cooperation

B. 10 Research on "the Belt and Road" Conception and China-Pakistan Bilateral Trade Development

Yang Liqiang, Hu Guanlin and Zhu Xiaomin / 186

Abstract: Pakistan, with its unique geographical position and political and economic relations between China and Pakistan, is not only the core intersection of "the Belt and Road", but also constitutes an important energy strategic channel for China, a bridge to the Arab and Islamic world, and a model of international friendship and people-to-people exchanges. This paper first analyzes the trade status and potential of Pakistan under the conception of "the Belt and Road Initiative", then focuses on the basis and challenges of bilateral trade between China and Pakistan, and finally puts forward some ideas for promoting the rapid development of bilateral trade between China and Pakistan.

Keywords: "the Belt and Road Initiative"; Pakistan; Regional Economic Cooperation; Bilateral Trade

V Beijing Enterprise Internationalization Specific Reports

Abstract: the report of the 19th CPC National Congress requires that we should focus on the construction of "the Belt and Road Initiative", attach equal importance to introducing in and out, innovate the way of foreign investment, promote international capacity cooperation, form a global-oriented trade, investment and financing, production, and service network, and speed up the cultivation of new advantages in international economic cooperation and competition. As the capital, Beijing is economically developed and has a high degree of openness. The level of foreign investment and international management capacity of enterprises are in a rising period. Beijing has entered a new stage of continuous transformation and innovation of foreign investment cooperation and continuous transformation and innovation of foreign investment model. In order to strengthen the top-level design and guidance, to achieve the innovation and high-quality development of Beijing's foreign investment cooperation mode in the new era, will expand the depth and extent of Beijing's integration into "the Belt and Road" construction, improve the influence of the enterprise in the global value chain and strengthen the voice of the enterprise's control force, It is necessary to make a systematic analysis of the key tasks and safeguard measures of Beijing's foreign investment. In this paper, we should strengthen the capacity-building of international service, the construction of external economic cooperation platform, and the mode of external investment cooperation as the key task to promote the foreign investment in Beijing, and from the organization system, the overseas operation of the enterprise and the foreign investment cooperation, To guard against financial risks and to ban the dispatch of illegal labor services Start with five aspects to ensure the smooth implementation of key tasks.

Keywords: Beijing; Foreign Investment; Key Tasks; Safeguard Measures

Abstract: Under the influence of urban positioning, Beijing's export trade fluctuates under the condition that the current "high, fine and sharp" industries have not yet been fully developed. Although this phenomenon is inevitable in the process of industrial structure adjustment, transformation and upgrading, and promoting the balanced development of industry, it should also be paid attention to. This paper first analyzes the present situation of Beijing's export trade, and then focuses on Beijing's industrial products as the research object, mainly from the price factors (such as the actual effective exchange rate, etc.) and non-price factors (the number of industrial enterprises on FDI, regulations, etc.), in-depth analysis of the influencing factors and degrees of Beijing enterprise product exports, in order to promote Beijing Industrial structure adjustment and transformation and upgrading, enhance the export competitiveness of industrial products.

Keywords: Beijing Enterprise Product Export; Multiple Linear Regression; Export Trade

Abstract: Under the background of supply-side reform, the export of Beijing enterprises (especially industrial enterprises) has been greatly affected, and the industrial export volume has continued to decline greatly, which has affected the realization of Beijing's open economic system and the development strategy of open economy to a certain extent. This study intends to explore the targeted measures and suggestions to enhance the export of Beijing enterprises from the government level, enterprise level and intermediary organization level, and strive to make due contributions to the construction of Beijing open city.

Keywords: Beijing Enterprise "Go Out"; Government; Enterprise; Intermediary Organization

Abstract: At present, in the process of transformation and development in Beijing, the volume of export trade is showing a downward trend, although 2017 is showing a steady and good situation, the total export volume is still not high. This is a stage problem in the process of transformation and development of Beijing, which should be paid enough attention to. It is of great significance to make clear that the choice of the future export path of Beijing enterprises can avoid the economic "de-realization to the virtual", to upgrade the industrial level, to increase the high-end employment and tax revenue, to promote the realization of the "four centers" and the integration strategy of Beijing, Tianjin and Hebei. This study aims to develop cross-border e-commerce by fostering foreign trade parks, supporting key industry exports, transforming and upgrading foreign trade, and developing cross-border e-commerce. From the point of view of supporting Beijing local enterprises and realizing the diversification of export countries, this paper explores the way to enhance the export trade volume of Beijing enterprises, so as to provide strong support for the export of Beijing enterprises.

Keywords: Beijing Enterprise Export; Path Selection; Foreign Trade Park; Transformation and Upgrading

Ⅵ Case Studies

B. 15 Research on Beijing Automotive Group's Internationalization

Tang Wan / 236

Abstract: BAIC is one of the five major automobile groups and the backbone of China's auto industry, its international competitiveness and brand strength are constantly improved in the rapid development process. In the new era, the company starts to transform from traditional manufacturing industry to manufacturing service industry and now manufacturing innovative enterprises will be opened, and its business scope will be expanded to achieve an extension of the industrial chain such as general aviation to the strategic industry sector. In 2019, BAIC continued to promote the Group's transition to high-quality development, adjusted new energy industry policy orientation and accelerated the restructuring of industry structure. At the same time, BAIC has started the transformation of internationalization 2. 0 in an all-round way, and has established sales channels in more than 100 countries and KD factories in more than 10 countries. BAIC will focus on four overseas base projects, including South Africa, Iran, Southeast Asia and Mexico, and radiate the surrounding markets to seek regional breakthroughs. At the same time, it will focus on five major markets—North Africa, the Andes, the six gulf countries, Eastern Europe, Central Asia and Southeast Asia to deepen the international high-quality development model and continue to promote cross-border cooperation and international development.

Keywords: "the Belt and Road Initiative"; BAIC Group; International Development; Innovation Driven

Abstract: In recent years, the global home appliance industry has undergone tremendous changes, Japanese brands have gradually declined, and European and American brands have divested their home appliances business. At present, China has become a major home appliance manufacturing country in the world. From the perspective of the global home appliance market, domestic appliance companies are creating an era of Chinese brands, such as Hisense. Whether in the European and American markets that best represent competitiveness, or in developing countries such as Asia, Africa and Latin America.

Based on the international management practice of Hisense Group, this paper analyzes its international development characteristics from three aspects: production base, R&D system and overseas branch, and summarizes the four key factors in Hisense's internationalization process. This paper provides a representative case of internationalization of enterprises, through the research on the internationalization strategy of Hisense Group. It has certain reference value and practical significance for other domestic appliance enterprises.

Keywords: Hisense Group; Internationalization; Home Appliance Industry

Abstract: Sany heavy Industry is a benchmark enterprise in the field of global construction machinery manufacturing, and it is a model of international development of Chinese private enterprises. This paper takes Sany heavy Industry as the research object, expounds its internationalization development course and present situation characteristics, analyzes the motivation of Sany heavy Industry internationalization development and the key factors of internationalization success, and on this basis, draws some enlightenment from the internationalization development of Chinese enterprises, especially private enterprises. According to the study, the domestic economic growth rate is slowing, the competition in the industry is becoming increasingly fierce, "the Belt and Road Initiative" is steadily advancing, the demand for infrastructure is increasing, the market size is expanded, and the building of internationally renowned brands is jointly promoted. Sany heavy Industry continues to expand its overseas market business and deepen its international development, and it is the three key elements of outstanding quality, continuous innovation and high quality service that promote Sany heavy Industry to successfully explore an international development road suitable for the development characteristics of the enterprise itself, which strengthens its independent innovation and opens up diversified markets. Holding groups and borrowing ships to sea, as well as doing a good job of localization services and other practices are worthy of reference and reference by domestic enterprises.

Keywords: Sany Heavy Industry; Internationalization; "the Belt and Road Initiative"

Abstract: The proposal and implementation of "the Belt and Road" not only provide more possibility of research and practices, but also provide strategic guidance and policy support for Chinese enterprises' globalization. Yutong Group is a pioneer in the field of bus industry globalizationthrough grasping the national development vein and industry development opportunity. This study uses case study and introduces the background of Yutong bus globalization, through putting forward the case, analyzing the driving factors, summarizing the characteristics and concluding the findings. The results show that the core technology design and development, innovation and engineering ability of Yutong bus are the core factors to improve its globalization degree. "The Belt and Road initiative" is its international strategic guidance to create a good political and business environment. The integration of company's strategy and the international trend to promote the balance of production and marketing. Actively cultivate new growth points in the international market to provide impetus for the transformation of the bus industry. This study concerning on the globalization path of Yutong Group provides a new perspective for theory and practice enriches case materials for the globalization of Chinese enterprises, and provides the basic materials and rules for the development of enterprises within and between industries.

Keywords: Chinese Enterprise Globalization, Yutong Group, Bus Industry, Supply Chain Management

✥ 皮书起源 ✥

“皮书”起源于十七、十八世纪的英国，主要指官方或社会组织正式发表的重要文件或报告，多以“白皮书”命名。在中国，“皮书”这一概念被社会广泛接受，并被成功运作、发展成为一种全新的出版形态，则源于中国社会科学院社会科学文献出版社。

✥ 皮书定义 ✥

皮书是对中国与世界发展状况和热点问题进行年度监测，以专业的角度、专家的视野和实证研究方法，针对某一领域或区域现状与发展态势展开分析和预测，具备原创性、实证性、专业性、连续性、前沿性、时效性等特点的公开出版物，由一系列权威研究报告组成。

✥ 皮书作者 ✥

皮书系列的作者以中国社会科学院、著名高校、地方社会科学院的研究人员为主，多为国内一流研究机构的权威专家学者，他们的看法和观点代表了学界对中国与世界的现实和未来最高水平的解读与分析。

✥ 皮书荣誉 ✥

皮书系列已成为社会科学文献出版社的著名图书品牌和中国社会科学院的知名学术品牌。2016 年，皮书系列正式列入“十三五”国家重点出版规划项目；2013~2019 年，重点皮书列入中国社会科学院承担的国家哲学社会科学创新工程项目；2019 年，64 种院外皮书使用“中国社会科学院创新工程学术出版项目”标识。

权威报告 · 一手数据 · 特色资源

皮书数据库

ANNUAL REPORT(YEARBOOK) DATABASE

当代中国经济与社会发展高端智库平台

所获荣誉

- 2016年，入选“‘十三五’国家重点电子出版物出版规划骨干工程”
- 2015年，荣获“搜索中国正能量 点赞2015”“创新中国科技创新奖”
- 2013年，荣获“中国出版政府奖·网络出版物奖”提名奖
- 连续多年荣获中国数字出版博览会“数字出版·优秀品牌”奖

成为会员

通过网址www.pishu.com.cn访问皮书数据库网站或下载皮书数据库APP，进行手机号码验证或邮箱验证即可成为皮书数据库会员。

会员福利

- 已注册用户购书后可免费获赠100元皮书数据库充值卡。刮开充值卡涂层获取充值密码，登录并进入“会员中心”—“在线充值”—“充值卡充值”，充值成功即可购买和查看数据库内容。
- 会员福利最终解释权归社会科学文献出版社所有。

数据库服务热线：400-008-6695
数据库服务QQ：2475522410
数据库服务邮箱：database@ssap.cn
图书销售热线：010-59367070/7028
图书服务QQ：1265056568
图书服务邮箱：duzhe@ssap.cn

社会科学文献出版社 SOCIAL SCIENCES ACADEMIC PRESS (CHINA) 皮书系列
卡号：636192393656
密码：

S 基本子库
UB DATABASE

中国社会发展数据库（下设 12 个子库）

全面整合国内外中国社会发展研究成果，汇聚独家统计数据、深度分析报告，涉及社会、人口、政治、教育、法律等 12 个领域，为了解中国社会发展动态、跟踪社会核心热点、分析社会发展趋势提供一站式资源搜索和数据分析与挖掘服务。

中国经济发展数据库（下设 12 个子库）

基于"皮书系列"中涉及中国经济发展的研究资料构建，内容涵盖宏观经济、农业经济、工业经济、产业经济等 12 个重点经济领域，为实时掌控经济运行态势、把握经济发展规律、洞察经济形势、进行经济决策提供参考和依据。

中国行业发展数据库（下设 17 个子库）

以中国国民经济行业分类为依据，覆盖金融业、旅游、医疗卫生、交通运输、能源矿产等 100 多个行业，跟踪分析国民经济相关行业市场运行状况和政策导向，汇集行业发展前沿资讯，为投资、从业及各种经济决策提供理论基础和实践指导。

中国区域发展数据库（下设 6 个子库）

对中国特定区域内的经济、社会、文化等领域现状与发展情况进行深度分析和预测，研究层级至县及县以下行政区，涉及地区、区域经济体、城市、农村等不同维度。为地方经济社会宏观态势研究、发展经验研究、案例分析提供数据服务。

中国文化传媒数据库（下设 18 个子库）

汇聚文化传媒领域专家观点、热点资讯，梳理国内外中国文化发展相关学术研究成果、一手统计数据，涵盖文化产业、新闻传播、电影娱乐、文学艺术、群众文化等 18 个重点研究领域。为文化传媒研究提供相关数据、研究报告和综合分析服务。

世界经济与国际关系数据库（下设 6 个子库）

立足"皮书系列"世界经济、国际关系相关学术资源，整合世界经济、国际政治、世界文化与科技、全球性问题、国际组织与国际法、区域研究 6 大领域研究成果，为世界经济与国际关系研究提供全方位数据分析，为决策和形势研判提供参考。

法律声明

“皮书系列”（含蓝皮书、绿皮书、黄皮书）之品牌由社会科学文献出版社最早使用并持续至今，现已被中国图书市场所熟知。“皮书系列”的相关商标已在中华人民共和国国家工商行政管理总局商标局注册，如LOGO（ ）、皮书、Pishu、经济蓝皮书、社会蓝皮书等。“皮书系列”图书的注册商标专用权及封面设计、版式设计的著作权均为社会科学文献出版社所有。未经社会科学文献出版社书面授权许可，任何使用与“皮书系列”图书注册商标、封面设计、版式设计相同或者近似的文字、图形或其组合的行为均系侵权行为。

经作者授权，本书的专有出版权及信息网络传播权等为社会科学文献出版社享有。未经社会科学文献出版社书面授权许可，任何就本书内容的复制、发行或以数字形式进行网络传播的行为均系侵权行为。

社会科学文献出版社将通过法律途径追究上述侵权行为的法律责任，维护自身合法权益。

欢迎社会各界人士对侵犯社会科学文献出版社上述权利的侵权行为进行举报。电话：010-59367121，电子邮箱：fawubu@ssap.cn。

社会科学文献出版社